ことばの意味を計算するしくみ

計算言語学と自然言語処理の基礎

著 谷中 瞳 *Hitomi Yanaka*

講談社

まえがき

　本書は，自然言語処理と計算言語学の共通の研究対象である，ことばの意味を計算するしくみの理論について，わかりやすく解説することを目指したものです．2010 年代の深層学習の隆盛，2020 年代の大規模言語モデルの誕生と，自然言語処理の研究は近年急速な進歩を遂げています．同時に，深層学習を用いた自然言語処理技術の内部構造はブラックボックスであり，深層学習のアプローチだけで人のようなことばの意味の計算を実現できるのか，そもそも人はどのようにことばの意味を計算しているのかといった素朴な疑問に対する関心がますます高まっています．そのような状況において，統計的言語処理や大規模言語モデルの本は多数ある一方で，人のことばの形式的な理論を研究する形式統語論や形式意味論の研究と，自然言語処理の研究とのつながりについて議論する本はほとんどないのが現状です．そこで，本書では形式統語論と形式意味論の理論を応用した計算言語学によることばの意味の計算のしくみと，深層学習を中心とした統計的言語処理によることばの意味の計算のしくみの紹介を主眼としています．とくに本書では，他書でほとんど扱われていない，計算言語学に関わる形式統語論と形式意味論の理論を丁寧に説明すること，深層学習を中心とした統計的言語処理技術に残る本質的な問題を提示することに重きをおきました．

　第 I 部では，ことばにまつわる曖昧性を中心として，ことばの分析と解析の難しさを説明し，計算言語学と自然言語処理の概要を紹介しています．第 II 部では，前半で計算言語学に関わる形式統語論と形式意味論の理論の考え方と，理論を考えるときの道具立てを解説し，後半ではイベント意味論や談話意味論といった自然言語処理とも関連の深いトピックを扱っています．第 III 部では，近年の深層学習を中心とした自然言語処理の技術と，その根底に

ある分布意味論の基本を紹介しています．第 IV 部では認知科学分野の古典的計算主義とコネクショニズムとの対立のアナロジーを通して，第 II 部の論理を用いたことばの意味の計算アプローチと第 III 部の深層学習を用いたことばの意味の計算アプローチの融合の展望について議論しています．本書では，ことばの意味を計算するしくみに少しでも関心をもってもらえるよう，野心的に多岐にわたる内容を扱ったため，筆者の力不足で一部概要しか紹介できなかったところもありますが，その代わりに文献案内を充実させるように心がけました．ぜひ本書をきっかけにさまざまな文献に触れていただけたら嬉しいです．本書は自然言語処理を学びはじめた大学の学部上級から大学院の学生や技術者を想定読者としていますが，ことばの意味を計算するしくみに関心のある多くの方に本書を手にとっていただけたら幸いです．

　本書の執筆は，筆者が東京大学理学部情報科学科 4 年前期の講義「計算言語学」のために作成した資料をアップデートしたものになります．講談社サイエンティフィクの横山真吾様には本書の出版に際して大変なご理解をいただき，大量の校正にも柔軟にご対応いただきました．心より感謝申し上げます．また，横山様と私をおつなぎいただき，本書の企画を実現する機会を作ってくださった佐藤一誠先生に感謝いたします．本書の一部には [**294**, **295**] で発表したものを含みます．本書の内容の一部は JST さきがけ JPMJPR21C8，JSPS 科研費 JP20K19868，JSPS 科研費 JP24H00809 の支援を受けたものです．本書の執筆にあたり，峯島宏次先生には本書の構成から大小の誤りのご指摘に至るまで，さまざまな示唆に富むコメントをいただきました．峯島宏次先生との議論がなければ，本書が完成することはなかったと思います．戸次大介先生には形式統語論と形式意味論の章を中心として，多くの貴重なアドバイスをいただきました．宮尾祐介先生には自然言語処理の章を中心として，数々の助言をいただきました．また，本書の査読もご快諾いただいた峯島宏次先生，宮尾祐介先生にこの場をお借りして心より御礼申し上げます．また，乾健太郎先生からはとても素敵な推薦文をいただき，大変感謝しております．この推薦文には本当に励まされました．乾先生からは本書に関して重要な指摘もいただきました．ありがとうございました．東京大学大学院情報理工学系研究科コンピュータ科学専攻の先生方には本書の出版準備を温か

く見守っていただき，感謝しております．また，同専攻の学生の皆さんからは，本書の草稿に対してさまざまなご意見をいただきました．草稿に目を通しコメントしてくださった黒澤友哉さんと杉本智紀さんに感謝します．とくに，松岡大樹さんには第 II 部を中心に詳細なコメントをいただきました．また，高瀬翔さんには第 III 部について的確なコメントをいただきました．ありがとうございました．本書のすべての誤りや不備の責任は筆者にあります．最後に，他のさまざまな業務の合間をぬいながら日夜本書の執筆にもがき苦しむ筆者の姿を温かく励まし続けてくれた両親に深く感謝いたします．

2024 年 6 月

谷中　瞳

Contents

第 III 部　自然言語処理からみた，ことばの意味を計算するしくみ **173**

第 IV 部　学際的視点からみた，ことばの意味を計算するしくみ 211

第 I 部

ことばの意味を
計算するには

第 1 章

はじめに：文の容認可能性

　私たちは日々，ことばを使って物事を考え，コミュニケーションを行っている．私たちが日常的に使用することばは**自然言語** (natural language) と呼ばれているが，私たちは日々どのようにして自然言語を使い，理解しているのだろうか．そもそも，自然言語を理解するとはどういうことなのだろうか．自然言語を理解するという所作を定義することは難しいけれども，その所作の中にはおそらく，ことばの意味を考えるという所作，言い換えると，与えられたことばがどのような状況を表しているのかを頭の中で計算する所作が含まれるであろう．では，私たちがことばの意味を計算するとき，私たちの頭の中ではことばに対してどのような処理が行われているのだろうか．さらに，私たちの頭の中で（いままさに）行われている処理は，コンピュータによって再現できるのだろうか．人のようにことばの意味を計算できる人工知能は，どうすれば実現できるのだろうか．これらの問題について，ことばの意味の計算に関する二つのアプローチ：**自然言語処理** (Natural Language Processing, NLP) と**計算言語学** (Computational Linguistics, CL) では，どのように考えているのだろうか．

　たとえば，「太郎」「が」「ケーキ」「を」「食べた」という語を組み合わせた次の文字列の並びについて考えてみよう．

(1)
- ⓐ *が太郎食べたをケーキ.
- ⓑ *が食べたをケーキ太郎.
- ⓒ 太郎がケーキを食べた.
- ⓓ *をケーキが太郎食べた.
- ⓔ *を太郎がケーキ食べた.
- ⓕ *食べた太郎がをケーキ.

日本語を母語とする話者であれば，これらの文字列のうち，(1 ⓒ) だけが意味のある文字列であり，一つの完結した自然言語の文を構成しているとすぐに判断することができるはずである．このように，私たちは日常的に文を一つの単位としてことばの意味を計算しているが，私たちが文の意味を計算するとき，文を構成する語単体の意味だけでなく語順も重要であることがわかる．このとき，(1 ⓒ) は日本語の文として**容認可能** (acceptable) であり，文法的 (grammatical)[*1] であるという．日本語の文として容認不可能である文には「*」（アスタリスク）や「?」というマークをつけ[*2]，容認可能な文と区別する．

さらに，次の例をみてみよう．

(2)
- ⓐ 太郎しか泳がなかった
- ⓑ *太郎しかが泳がなかった
- ⓒ *太郎しか泳いだ
- ⓓ 太郎だけが泳がなかった
- ⓔ 太郎だけが泳いだ
- ⓕ 誰も泳がなかった
- ⓖ *誰も泳いだ

日本語を母語とする話者であれば，これらの例のうち，(2 ⓑ) と (2 ⓒ) と (2 ⓖ) は文法的におかしな文だ，つまり日本語の文として容認不可能であると自然に判断するはずである．一方で，残りの 4 つの例については，自然な文だと判断し，その文がどういう意味であるのかもすぐに頭に入ってくるはずである．また，注意深く読んでみると，(2 ⓐ) と (2 ⓔ) がほぼ同じ意味を表しているということにも気がつく．さらに，(2 ⓐ) と (2 ⓓ) は文字列の並び

[*1] 正確には，文法性は言語学者の Noam Chomsky（ノーム・チョムスキー）によって提唱された概念であり，文法理論からの予測可能性であるのに対して，容認可能性は自然言語の母語話者が文として理解しうるかどうか，という経験的な事実に属する事柄である [285].

[*2] 一般に，「*」は非文法的な文，「?」は話者によって文法的か非文法的か判断が分かれ，やや非文法的な文に付与される.

こそ似ているものの，まったく反対の意味を表しているということもわかる．

このように，自然言語の話者は，文法的な文と非文法的な文とを区別することができ，文法的な文についてはその意味をほとんど即座に把握できるという能力を身につけている．しかも，私たちは (2 ⓐ) と (2 ⓔ) が同じことをいっていて，(2 ⓐ) と (2 ⓓ) が反対のことをいっているといったことを判断する能力も，とくに意識することもなく身につけ，日常的に使用している．そして，私たちはこれまでに一度もみたことがない文に対しても（たとえば「太郎」をこれまでにみたことのない人名に置き換えてみよう），同じような判断をすることができる．

文の意味を計算しようとするとき，私たちは言語に関する能力を少なくとも二つ用いていると考えることができる．一つは，文法的な文とそうでない文を区別する能力である．語のどのような組合せ方（統語構造）が容認可能な文とそうでない文を形成するのかを明らかにすることは，自然言語の文法理論を構築するということであり，自然言語の**統語論** (syntax) と呼ばれる研究分野の目的である．もう一つは，文法的な文の意味を，その文を構成する語の意味と統語構造にしたがって計算する能力である．自然言語の意味を扱う研究分野を，自然言語の**意味論** (semantics) という．とくに，現代論理学（記号論理学）や情報科学で発展した**形式言語** (formal language) という形式的な道具立てを使って自然言語の文法に関して分析を行う研究分野を**形式統語論** (formal syntax) や**形式文法** (formal grammar) と呼び，自然言語の意味に関して分析を行う研究分野を**形式意味論** (formal semantics) と呼ぶ．

私たちは日常的にことばを話したり理解したりするという能力を使っているのにもかかわらず，これらの能力がどのようなしくみから成り立っているのかは，いまだに明らかになっていない．形式的な手法を使って私たちの言語に関する能力の基底にあるしくみをできるかぎり統一的に記述し明らかにすることが，形式統語論や形式意味論の研究の目的である．形式的な手法は，自然言語に対する計算論的なアプローチの基礎的な考え方の一つである．

ただし，文法的な文であれば常に容認可能であるというわけではなく，そもそもどういう条件を満たせば「文として容認可能である」といえるのかは，それほど自明でない．たとえば次の例をみてみよう．

(3)　太郎はうるさい形容詞をつかまえた

この表現は日本語の文として奇妙であり，ほとんど意味をなさない．この奇妙さは (1 ⓐ) の「が太郎食べたをケーキ」や (2 ⓒ) の「太郎しか泳いだ」と同種のものだろうか．(3) は，文法的にはおかしい文ではないが，意味的にはおかしい文と通常みなされる．(3) の不自然さは文法に起因する不自然さではなく，「形容詞」は生き物ではないので，「うるさい」とか「つかまえる」といった述語の主語には適していないという，述語の**選択制限**（selectional restriction, 選択制約や選択選好と呼ばれることもある）と呼ばれる意味的な制限に起因するものであるとされている．たとえば，(3) の「形容詞」を「小鳥」といった生き物を表す名詞に置き換えた文であれば，その文がどういう意味を表すのか自然に解釈できるはずである[*3]．

　また，はじめに紹介した容認不可能な文も，人によっては日常会話の中などの状況によっては容認可能ではないか，と考えるかもしれない．古典文法から現代語文法へと時代とともに日本語文法が変遷をたどってきたように，文法というものは白黒はっきりつけられるものなのだろうか，という考えもあるだろう．このように，容認可能性は文法的な要因だけでなく，意味的な要因などのさまざまな要因の影響を受けることがあるということ，また，確率的な側面[*4]があるということを注意しておきたい．

　物理学などの自然科学研究において分析する対象を自然現象と呼ぶように，形式統語論や形式意味論では，分析対象となる言語表現やその統語構造と意味を**言語現象**（linguistic phenomenon）として扱う[*5]．言語現象を一つ一つ注意深く観察し，仮説を立てて分析してみることが，自然言語を理解するための第一歩である．

[*3] たとえば，太郎が「形容詞」と名づけた小鳥を飼っているという状況を考えると，(3) の意味を理解できることから，やはりこの文は文法的には間違っていないことがわかるだろう．

[*4] 容認可能性の確率的な側面について論じている文献としては[147]などがある．

[*5] とくに言語表現の統語構造に注目するときは統語現象，意味については意味現象と呼ぶことがある．同様に，分析対象となる言語表現間の推論については推論現象と呼ぶことがある．

第 2 章

ことばの分析から解析へ

　言語学では自然言語の「分析」を行うのに対して，自然言語処理では自然言語の「解析」を行う．このとき，6 章で紹介する命題論理などの形式言語とは異なり，自然言語では言語表現が二つ以上の意味や意図をもちうるという**曖昧性** (ambiguity)[*1] の問題について考える必要がある．自然言語の曖昧性をどのように扱うかという問題は，ことばの意味を計算できる人工知能の実現に向けて重要な問題の一つである．ここでは自然言語の**語彙** (lexicon，単語などの語を構成する要素の総体のこと)，文，文脈（文の前後のつながり）という三つの段階で，自然言語の曖昧性としてどういうものがあるのか，どのような自然言語処理の解析技術があるのかをみていきたい．

2.1 ● 語彙の曖昧性

　英語の場合は，単語と単語の間が空白（スペース）で分けられている．それに対して，日本語のように単語を空白で分けない（いわゆる「わかち書き」をしない）言語の場合は，そもそも何をもって一つの単語とみなすかという単語分割の問題がある．単語分割は，研究者の間でもしばしば考え方が分かれる難しい問題である．たとえば，「法隆寺は聖徳太子によって建てられた」の「によって」は一語なのか，それとも「に＋よって」のように二語に分割するのか，「本棚」や「日本人」は「本＋棚」「日本＋人」のように分けるのか，といった問題である．自然言語では与えられた文字列を単語に分割するという段階で，まず曖昧性が生じる．たとえば，「くるまでまつ」という文は「くるま＋で＋まつ（車で待つ）」と読むこともできれば，「くる＋まで＋まつ（来るまで待つ）」と読むこともでき，曖昧性がある．

---

*1 なお，曖昧性と関連する用語として，**漠然性** (vagueness) がある．漠然性はたとえば「私のいとこ」という言語表現について，いとこの性別や人数はわからないといったように，ある事柄が言語表現だけからは特定できないことを指す．

練習問題　2.1.1　「ここではきものを脱ぎなさい」という文にはどういう曖昧性があるか，考えてみよう．

　単語よりも小さな単位を語彙として考えることもある．たとえば，英語のunknown という語は否定の意味を表す接頭辞 un と形容詞 known のように分けることができる．また，日本語の「新しさ」という語は，形容詞語幹「新し」と形容詞語幹と接続して名詞を構成する接尾辞「さ」のように分けることができる．ここで意味を構成する最小の単位のことを**形態素** (morpheme)と呼び，文を形態素に分割する自然言語処理の技術のことを**形態素解析** (morphological analysis) という．日本語や中国語のようにわかち書きをしない言語では，文の構造を特定するのに先立って，形態素解析が非常に重要な役割を果たす．たとえば，「食べさせました」を「食べ＋させ＋まし＋た」と分割することで，その構造や意味を特定することが可能になる．また，一般に形態素解析では，文を形態素に分けるだけでなく，各形態素の品詞も自動的に出力する．形態素に品詞を割り当てる処理は**品詞タグづけ** (part-of-speech tagging, POS tagging) という．

　形態素の単位の基準は短いものから長いものまでさまざまであり，形態素解析器によって異なる．複数の単位で形態素解析を行う日本語の形態素解析器の例として，Comainu (http://comainu.org/) や Sudachi (https://github.com/WorksApplications/Sudachi) がある．Comainu のデモページ (http://comainu.org/try_comainu/) を使って，例として，「勉強しなければならない」という文を形態素解析してみよう．すると，次のように短い単位の形態素に分ける「短単位」と長い単位の形態素に分ける「長単位」の 2 通りのレベルで解析した結果が表示されるだろう．

(4)　勉強/し/なけれ/ば/なら/ない

(5)　勉強し/なければならない

(4) の短単位の解析結果は日本語においては合理的な分析であるが，いずれの形態素についても英語の must に対応する「必然性」を表す情報が入ってい

ないので，英語の言語現象と日本語の言語現象とを形態素のレベルで対応づけることが難しいという問題がある．それに対して，(5) の長単位の解析結果は「なければならない」が英語の must に対応するが，「勉強しなければ！」といった「ならない」が省略されるケースは，「なければならない」とほぼ同じ意味であるものの，別の形態素として扱わなければならなくなるという問題がある．このように，短単位の解析結果を採用するか長単位の解析結果を採用するかは，形態素解析を用いる目的によっても変わってくる．

また，自然言語の語彙は形式言語の語彙と比べてはるかに多様であり，絶えず新しい言語表現（語やフレーズ，文）が生まれるという特徴がある．自然言語のこのような特徴は，形態素解析では未知語の処理として考えられている．

単語分割をうまく同定できたとしても，本題である語彙の曖昧性の問題がある．例として，次の文を考えてみよう．

(6) はしがここにある．

この文の「はし」は複数の解釈が考えられる．たとえば，道に迷っている人に地図で場所を説明している場合であれば，「橋」である可能性があるし，ご飯を食べるときに使う道具がおいてある場所を教えている場合であれば，「箸」である可能性が考えられる．「はし（橋，箸，端など）」，「かき（下記，牡蠣，柿など）」，英語の bank（土手，銀行）などのように，発音が同じで意味の異なる語は同音異義語と呼ばれ，**語彙的曖昧性** (lexical ambiguity) が生じる原因の一つである．

また，同じ単語が多義的な意味をもつことによる語彙の曖昧性もある．このような語彙の曖昧性を**多義性** (polysemy) という．次の三つの文の「明るい」について考えてみると，一つ目の「明るい」は性格が明るいという意味であるが，残り二つの「明るい」は照明が明るいという意味であり，意味あいが異なる．

(7) 太郎は 明るい 人だ

(8)　電球が 明るい

(9)　部屋が 明るい

また，次の三つの文の格助詞「に」の意味あいもそれぞれ異なる．

(10)　太郎は 3 時に 行く

(11)　太郎は 公園に 行く

(12)　太郎は 旅行に 行く

一つ目の「に」は時に関する用法，二つ目の「に」は場所に関する用法，三つ目の「に」は目的に関する用法を表す．これらの格助詞「に」の用法の違いは，さきほどの「明るい」の意味あいの違いとも異なることに注意したい．これは「明るい」と「に」の語の性質の違いによるものである．「明るい」は**内容語** (content word) に分類される．内容語とは，名詞や動詞，形容詞や副詞など具体的な内容をもつ単語のことであり，時代とともに語の意味やニュアンスが変化し，新しい語が生まれやすく，語彙数が大きく変化する傾向がある．そのため，内容語は open word class とも呼ばれている．

　それに対して，「に」はそれ一語では意味をなさず，動詞や形容詞などの述語に対する名詞（句[*2]）の文法的な役割を表す語であり，**機能語** (function word) に分類される．機能語は，接続詞 (and, or, but)，助動詞 (can, must)，否定詞 (not)，代名詞 (it, they)，限定詞 (some, all, a, the) など，内容語を伴って文法的・論理的な役割や関係を表す単語のことである．現代ではほぼ固定され，語彙数が増えることがないことから，機能語は closed word class とも呼ばれている．

　なお，内容語・機能語と関連する語の分類として，**自立語** (Independent word) と，**付属語** (ancillary word) という分類がある．自立語は内容語に対応し，単独で意味をなし，文節（自立できる最小の意味的なまとまり）を作ることができる語（たとえば，「太郎」や「旅行」「行く」など）であるのに

---

*2 本書では，一つの語からなるものも句として扱う．

対して，付属語は機能語に対応し，単独では意味をなさず，それだけでは文節を作ることができない語（たとえば，「は」「に」など）である.

2.2 ● 文の曖昧性

　語彙が無事に同定されたとしても，語彙同士がどのように結びつくか，つまり，文の構造を同定する場面でも，自然言語では曖昧性が生じる. 自然言語の構文の曖昧性もまた，あらかじめ与えられた規則によって構造が一意に定まる形式言語とは，大きく異なる点である. たとえば，「警官が自転車で逃げる泥棒を追いかけた」という文は曖昧であり，2通りの解釈が可能である. この曖昧性は角括弧 [ ] を使用することで示すことができる.

(13)　警官が [[[自転車で逃げる] 泥棒を] 追いかけた]

(14)　警官が [[自転車で][逃げる泥棒を追いかけた]]

　この種の曖昧性は，**構造的曖昧性** (structural ambiguity) という. ここで，括弧で示されている文の構造の単位として機能する語のまとまりのことを**構成素** (constituent) という. 構成素の違いによって，先ほどの文では警官が自転車に乗っているのか，泥棒が自転車に乗っているのか，意味にも違いが現れる.

　構造的曖昧性は日本語に特有の特徴というわけではなく，自然言語一般の特徴である. たとえば，次の英語の文もまた曖昧な構造をもち，「私が望遠鏡で，丘の上にいる人をみた」という解釈と，「私が，丘の上で望遠鏡をもっている人をみた」という2通りの解釈が可能である.

(15)　I [saw [someone on the hill] [with a telescope]]

(16)　I [saw [[someone on the hill] [with a telescope]]]

練習問題　2.2.1　次の英文はどのような曖昧性が生じるのか，考えてみよう.

(17)　Jake saw her duck

(18)　Susan told some woman that Bob liked the story

6 章で紹介する命題論理の形式言語では，「かつ (∧)」と「または (∨)」を組み合わせたときに $A \wedge B \vee C$ のように丸括弧を省略して論理式を書くことは通常認められていない．これは丸括弧がないと，この論理式を $(A \wedge B) \vee C$ と読むのか，$A \wedge (B \vee C)$ と読むのかが曖昧になってしまうからである．形式言語の構造的曖昧性は，このように丸括弧を明示的に使用することによって取り除くことができる．

一方で，自然言語では書き言葉でも話し言葉でも，括弧を使って文の構造を明示的に表す習慣はない．頭の中で括弧を補完して構造的曖昧性を解消し文や発話を解釈するということは，人が日常生活の中で無意識に行っていることである．これをコンピュータで自動で行うのはいまだに難しい問題の一つである．たとえば，次の助詞「と」を含む二つの文の構造の違いを見出すには，「帽子」と「靴」が同じ装飾品というカテゴリに属する語であるので「と」で並列につないだ構造をもつことができるのに対して，「友達」と「靴」の場合は共通のカテゴリをもたないので並列の関係にはならない，といった常識的な知識が必要になる．

(19)　帽子と靴を買った → [帽子と靴] を買った

(20)　友達と靴を買った → 友達と [靴を買った]

このようにコンピュータによって括弧を補完して文の構造を明らかにする処理が，2.4 節で紹介する構文解析である．

また，文の意味に関する曖昧性として**スコープ**（作用域, scope）の曖昧性がある．たとえば，次の文について考えてみよう．

(21)　私は給食を全部食べなかった．

この文は否定「ない」のスコープによって，意味が曖昧な文である．ここで，

そもそも文の意味とは何かという問題についてはさまざまな考え方があるが，有力な考え方の一つとして，文の意味とは**命題** (proposition)，すなわち真偽を問うことができるものである，という考え方がある．この考え方については 4.3 節で詳述する．

(21) の意味の話に戻ると，否定「ない」のスコープの適用範囲が「私は給食を食べる」という命題であれば，(21) は「私は給食をまったく食べなかった」という意味となり，否定のスコープの適用範囲が「私は給食を全部食べる」という命題であれば，「私は全部は給食を食べず，一部残した」という意味となる．

否定のスコープに関わる別の例として，たとえば，次の肯定文には P_1: The shop was closed と P_2: I heard P_1 という二つの命題が含まれていると考えることができる．

(22)　I heard that the shop was closed.

したがって，(22) を否定した文を作ろうとしたとき，否定語 not を用いて，次のように P_1 を否定した文と P_2 を否定した文という 2 通りを考えることができる．

(23)　I heard that the shop was not closed.

(24)　I did not hear that the shop was closed.

このとき，(23) においては not は P_1 を，(24) においては not は P_2 をスコープにとるという．not のスコープのとり方によって (23) と (24) の意味の違いが現れており，(23) ではお店が閉まっていたことが否定されているのに対して，(24) ではお店が閉まっていたことを聞いたことが否定されている．

同様に，次の (25) も not のスコープのとり方によって 2 通りの否定文を考えることができるが，先ほどの例とは異なり，(26 ⓐ) と (26 ⓑ) は not のスコープのとり方は異なるものの，「私は太郎が約束を守ると思ったことはない」と同じ意味で解釈するのが自然である．

(25)　I thought Taro would keep a promise

(26)
　🅐 I did not think Taro would keep a promise
　🅑 I thought Taro would not keep a promise

この例は従属節の否定表現が主節に繰り上がる現象と考えることができ，**否定繰り上げ** (negative raising) と呼ばれる．否定繰り上げは 1960 年代の初期の生成文法理論では変形規則の一つとして考えられていた [**110, 143**].

　このように，スコープはとり方によって意味が変わる場合もあれば変わらない場合もあり，スコープの扱いもまた，自然言語の曖昧性をコンピュータで扱う上での難しさの一つである．スコープの問題は否定文に限られた話ではなく，8.7 節でも紹介する．

2.3　● 文脈の曖昧性

　自然言語の曖昧性について，最後に前後の文脈や発話の状況によって意味が曖昧になる例をみていきたい．次の文はどこに曖昧性があるだろうか．

　(27)　昨日，太郎の妻と妹が家にやってきた．

この文では，「妹」が誰の妹を指すのかという点で曖昧性がある．(27) の「妹」は少なくとも太郎の妹を指す可能性と，太郎の妻の妹を指す可能性が考えられる．また，この文の直前に次のような文があれば，(27) の「妹」は話者（私）の妹を指す可能性が高くなる．

　(28)　私には妹が一人いる．

　もう一つの例をみてみよう．

　(29)　この教室は寒いね．

(29) は，単に教室の中の気温が低いという状況を述べているだけなのか，教

室のエアコンをつけてほしいという要求を言外の意味として伝えているのか，静かな教室で話者と聞き手以外には誰もいない状況において，何か話をしないと気まずいという言外の意味を伝えているのか，さまざまな解釈が考えられる．

　これらの例のように，前後の文脈や発話の状況によっても文の意味は曖昧になる．ここまでで紹介してきたように，自然言語はさまざまな曖昧性の問題をはらんでいるということを，自然言語を分析するときには常に意識しておく必要がある．

練習問題 2.3.1 次の文は曖昧である．どのような解釈が可能であるのか，考えてみよう．

(30) 花子は太郎より研究が好きだ．

(31) 私は太郎です．

(32) 父親の教育が重要だ．

2.4 ● ことばの意味の計算

　ここまでの内容を踏まえて，ことばの意味を計算することについて考えてみると，ことばの意味の計算には，語の意味を計算するという側面と文の構造を計算する側面，そして前後の文脈を考慮して計算するという側面があり，それぞれの側面で曖昧性の問題があるといえる．そこで本節では，もう少し具体的にどのような自然言語処理の技術がことばの意味の計算に関わっているのかについてみていこう．

2.4.1 ▌ 構文解析

　与えられた文に対して特定の統語論に基づいて，その文の構造を出力する処理のことを**構文解析** (syntactic parsing) という．構文解析は形式言語だけでなく，自然言語処理でも活発に研究されているトピックの一つである．自然言語の文の構造（統語構造）は，たとえば次のような木構造（**構文木**，syntactic tree）で表すことができる．例として，正解の構文木が付与された大量のデー

タをニューラルネットワークで学習することで構築された構文解析器として，Berkeley Neural Parser [**134**]*³ という構文解析器がある．Berkeley Neural Parser を用いて I gave Mary a book という文を解析してみると，次のような構文木が得られるだろう．

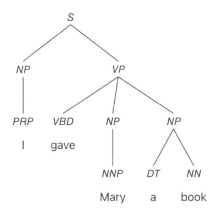

　このように構成素の関係に基づいて文の構造を表した構文木を**句構造** (phrase structure) と呼ぶ．句構造に現れる S (文, Sentence) や NP (名詞句, Noun Phrase)，VP (動詞句, Verb Phrase) は，単語や句の品詞に対応するラベルである．また，句構造に現れる規則性を**句構造規則** (phrase structure rules) といい，たとえばさきほどの文の句構造をたどっていくと，以下の句構造規則の組合せからなることがわかる．

$$S \rightarrow NP\ VP$$
$$NP \rightarrow PRP$$
$$VP \rightarrow VBD\ NP\ NP$$
$$NP \rightarrow NNP$$
$$NP \rightarrow DT\ NN$$
$$PRP \rightarrow \mathrm{I}$$

---

*3　Berkeley Neural Parser は確率的文脈自由文法 (Probabilistic Context-free Grammar, PCFG) に基づく構文解析器で，https://parser.kitaev.io/ で公開されている．

$$VBD \rightarrow \text{gave}$$

$$NNP \rightarrow \text{Mary}$$

$$DT \rightarrow \text{a}$$

$$NN \rightarrow \text{book}$$

これらの句構造規則は生成規則と呼ばれ，句構造は文 S を生成規則によって I, gave, Mary, a, book, といった句構造の終端の構成素（終端記号）の列に変換する様子を表したものといえる．上のような，矢印の左側に非終端記号のみが現れる形式文法の体系は**文脈自由文法** (Context-free Grammar, CFG) といい，3.3 節で改めて紹介する．なお，終端記号は矢印の右側にしか現れず，生成規則によってそれ以上は変換されないことに注意したい．この例でみてきたように句構造から生成規則を抽出することを**文法導出** (grammar induction) といい，句構造規則によって定義された文法体系を**句構造文法** (phrase structure grammar) という．

　生成文法（generative grammar, 変形文法や変形生成文法と呼ばれることもある）は，句構造文法に基づいて自然言語の文法的な文が決定（生成）されるという 1950 年代の Noam Chomsky（ノーム・チョムスキー）の言語理論の考え方にはじまる．Chomsky は Syntactic Structures [46] の中で，人が短期間に言語を獲得できるのは生まれながらにして普遍的な**言語機能** (language faculty) を備えているからであり，すべての言語が人のもつ普遍的な文法で説明できるとする**普遍文法** (Universal Grammar, UG) の理論を主張している．そして，英語や日本語といった個別の言語（個別言語）の理論は普遍文法のパラメータの設定によって得られるとしている．その中で生成文法は，個別言語の理論構築と，すべての言語に共通する普遍文法の特定，そして普遍文法から個別言語の理論への変遷を明らかにするという役割を担う．その後 Chomsky は 1980 年代に極小主義 (Minimalist Program) という句構造文法ではなく，普遍文法として最小限必要な文法を仮定する生成文法の考え方を提唱しており，生成文法は時代とともに修正と改訂が加えられている．

　句構造文法に基づく構文解析以外の自然言語処理の構文解析としては，3.1

節で紹介する範疇文法に基づく構文解析や，次のような文節の係り受け関係に注目した係り受け構造（**依存構造**, dependency structure）に基づく構文解析がある．依存構造のアノテーションの基準を言語間で統一させることを目指して構築されたフレームワークである Universal Dependencies に基づいて I gave Mary a book という文の依存構造を解析すると，次のようになる．

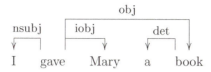

　この図をみると，gave という動詞を中心（根, root）として矢印が出ており，gave の名詞句の主語 (nsubj) として I，与格（間接目的語, iobj）として Mary，対格（直接目的語, obj）として book がそれぞれ対応する．修飾される側（係り先）をこの依存構造の主要部 (head) や主辞，主要素と呼び，修飾する側（係り元）を修飾句 (modifier) や従要素と呼ぶ．文節の依存関係を表す矢印の向きは，通常はこの図のように係り先から係り元の方向で記述されるが，日本語では係り元から係り先の方向で記述されることが多い．また，係り受け構造も係り元を子ノード，係り先を親ノードとすることで，次のように木構造で表現できる．

2.4.2 ┃ 意味解析

　統語論に関連する自然言語処理の技術が構文解析であったのに対して，意味論に関連する自然言語処理の技術は**意味解析** (semantic analysis) である．語彙に関する意味解析としては，文中の多義語の語義を推定する**語義曖昧性解消** (word sense disambiguation) や，与えられた語と似た意味の語（類義語）や

同じ意味の語（同義語）を特定する類義語・同義語抽出 (synonym extraction) がある．

セマンティックパージング (semantic parsing) は文に関する意味解析であり，与えられた文に対して意味表現（意味表示，semantic/meaning representation）と呼ばれる構造化された形式でその文の意味を出力する技術である．セマンティックパージングは，本書で紹介する形式意味論の分析に基づいた意味表現を導出する技術のほか，文中の述語と項（日本語では述語と格関係にある語）との関係を同定する述語項構造解析 (predicate argument structure analysis) や，抽象意味表現 (Abstract Meaning Representation, AMR) と呼ばれる抽象的なグラフ構造を同定する技術，自然言語文をデータベースクエリに変換する技術など，その用途や目的に応じて多岐にわたる．

2.4.3 ▍ 文脈解析

文脈解析 (context analysis) は文章中の文と文とのつながりを解析する技術であり，共参照解析，照応解析，談話構造解析などがある．次の例文を考えてみよう．

(33) 太郎は 8 時に起きた．彼は 9 時に家を出発した．

(33) では「太郎」と「彼」が同一の対象を指していると解釈できる．**共参照解析** (coreference resolution) は，このように文章中の二つの表現が同一の対象を指していること（**共参照**，coreference）を同定する解析技術である．(33) では，「彼」が「太郎」を参照しており，「太郎」と「彼」の間に照応関係 (anaphoric relation)*4 が成り立っていると解釈することもできる．ここで，「彼」のような代名詞や指示詞などの文中の他の表現を参照する表現を**照応詞** (anaphor) といい，照応詞が参照する表現を**先行詞** (antecedent) という．**照応解析** (anaphora resolution) は文章中の照応詞が参照する先行詞を特定す

る解析技術である．

　しかし，日本語では次のようにしばしば照応詞が省略されることがある．

　　(34)　太郎は 8 時に起きた．9 時に家を出発した．

省略された照応詞は**ゼロ代名詞** (zero pronoun) と呼ばれ，ゼロ代名詞が他の表現を参照することをゼロ照応 (zero anaphora) という．ゼロ代名詞を特定し文章中の省略された項を補う解析は，**ゼロ照応解析** (zero anaphora resolution) または**省略解析** (ellipsis resolution) と呼ばれている．

　また，**談話構造解析** (discourse structure analysis) とは因果関係といった文章中の文や節の間の意味的な関係を表す談話構造を解析する技術である．談話構造解析としては**談話表示構造解析**などがあり，10 章で紹介する．

2.4.4 ▎計算言語学と自然言語処理

　母語話者は母語の言語表現に対して，1 章で示したような**判断** (judgement) を行うことができる能力をもつ．このとき，母語話者がもっている文法的な知識は**言語能力** (linguistic competence) と呼ばれ，母語話者が言語能力に基づいて実際に言語表現に対して判断などの活動を行うことは**言語運用** (linguistic performance) と呼ばれている．Chomsky が提唱して以来，言語能力と言語運用は区別されている．自然言語処理の構文解析を例に言語能力と言語運用の違いを考えると，文法は言語能力，実際に文法に基づいて文の構文解析を行う実装やアルゴリズムは言語運用に対応する．言語表現に対する一度の判断からは母語話者の言語能力を測ることが難しいことから，言語運用は言語能力と必ずしも一致するわけではないことがわかる．

　形式統語論や形式意味論の研究では，母語話者の言語直観を主たるデータとして，形式的な手法を用いて自然言語の文法や意味に対する言語能力や言語運用に関する理論を構築していく．この手法は，**内省** (introspection) に基づく演繹的なアプローチであり，形式統語論や形式意味論を含む現在の**理論言語学** (theoretical linguistics) で広く用いられている．このアプローチではまず，データを観察し，データに基づいて仮説を形式的に表し，仮説に基づく予

測を行う．そして正しい予測が成立しない可能性のある反例を挙げて仮説の妥当性を検証し，仮説をアップデートするというサイクルを踏み，自然言語の理論をトップダウンに構築していく．このように理論言語学では，仮説を形式的に記述し，反例を挙げて理論の妥当性を検証できるようにする**反証可能性** (falsifiability) が重視されている．文法理論にしたがって自然言語の構造や意味の計算を行う演繹的なアプローチは，これまでは理論的な研究が中心であった．しかし，構文解析技術の発展に伴い，近年ではこの演繹的なアプローチを計算機上で実現することが可能となりつつある．本書では言語の計算的側面への自然科学的なアプローチを**計算言語学** (computational linguistics) と呼び，言語を取り扱うアプリケーションを対象とした工学的アプローチを**自然言語処理** (natural language processing, NLP) と呼ぶ．ただし，これらのアプローチの間にはもちろんオーバーラップがある[*5]．

　自然言語処理分野では，英語や日本語のような自然言語の文章を集めた大規模な言語資料，すなわち，**コーパス** (corpus) がさまざまな形で整備されつつあり，これまでにない規模で自然な言語データの収集が可能になっている．コーパスの整備によって，自然言語の通時的変化，話し言葉と書き言葉の違い，言語間の違い，ドメインの違いといった自然言語の統計的な傾向を大規模に分析できる環境が整いつつある．コーパスから自然言語の統計的な傾向を分析することは，自然言語の理論を実際の言語使用の集積からボトムアップに発見していく帰納的なアプローチとみることができる．さらに，コーパスにさまざまな言語情報を**アノテーション**（注釈, annotation）として付与し，深層学習などの機械学習による統計的な手法と組み合わせて，計算機上で自然言語の構造や意味の計算を行う帰納的なアプローチが発展しつつある．たとえば，文に統語構造がアノテーションされたコーパスは**ツリーバンク** (treebank) と呼ばれており，統計的な手法による構文解析器の構築や評価に用いられている．

　しかし，Web などから実際の言語使用を機械的に集めたコーパスが，理論

言語学で分析が進められているようなクリティカルな言語現象を網羅しているかについては，議論の余地がある．言語学者は容認可能な文と容認不可能な文とを経験的に比較検討しながら文法理論を構築しているが，ここで検討される容認不可能な文を母語話者は通常使用しないため，実際の言語使用の集積には現れないであろう*6．その意味では，実際の言語使用を集めるだけでは，どういう文が容認可能でどういう文が容認不可能であるかという文法理論の「きわ」を必ずしも反映できない可能性がある．

　以降では，自然言語に対する計算論的なアプローチとして，計算言語学の演繹的なアプローチと，自然言語処理の帰納的なアプローチを概観していく．わかりやすさのため，計算言語学と自然言語処理を演繹的なアプローチと帰納的なアプローチという二項対立的な表現を用いて紹介したが，これは計算言語学と自然言語処理という研究分野に対する一つの見方にすぎないことに留意してほしい．実際はどちらの分野においても，演繹的なアプローチと帰納的なアプローチをさまざまな観点から組み合わせて，日進月歩で研究が進められている．重要なことは，計算言語学と自然言語処理ということばの計算に対する二つの考え方を詳細に理解することで，私たちがふだん何気なく使用していることばに対する視点が変わってくるはずだ，ということである．コーパスと統計的な手法を用いた自然言語処理の考え方については，本書の後半でみていく．本書の前半では，自然言語の文法と意味を形式的手法を用いて分析する形式統語論と形式意味論の考え方と，その考え方がどのように計算言語学に応用されるのかについて紹介していく．

---

*6　もちろん，話者が日常会話の中で偶発的に誤った文法で発話してしまう可能性や，そのような例がたまたま言語使用の集積に含まれる場合はあるはずである．また，話者が容認不可能な表現を意図的に使用することは，その表現が一つの流行語として定着しつつある場合など，限定的であるだろう．

第II部

計算言語学からみた，
ことばの意味を
計算するしくみ

第 3 章

形式統語論の考え方

　形式統語論の一つとして，本書では範疇文法と，範疇文法から派生した文法体系である組合せ範疇文法を紹介する．本書で範疇文法を文法理論として扱う理由は主に二つある．一つは，範疇文法は次に紹介する形式意味論の理論との親和性が高い文法体系であるからである．もう一つは，範疇文法（中でも，組合せ範疇文法）は計算言語学の研究の中で構文解析器の開発が比較的活発に進められているからである．近年では深層学習を用いた組合せ範疇文法に基づく構文解析器が提案されており [49, 150, 266]，高精度を達成しつつある．このように，範疇文法は理論言語学と計算言語学，そして自然言語処理との架け橋を担う文法理論の一つとみることもできる．

3.1 ● 範疇文法

　範疇文法 (categorial grammar) は，語とその文法的な性質を表す**統語範疇** (category) を対応づける**語彙項目** (lexical item) と，統語範疇の合成のしかたを定める**統語規則** (syntactic rules) から構成される文法体系である．範疇文法は統語構造と意味解釈との対応が明示的かつ簡潔である点に大きな特徴をもつ．

　範疇文法は 1935 年にポーランドの数学者 Kazimierz Ajdukiewicz（カジミエシュ・アイドゥキエヴィチ）が形式言語の文法理論としてはじめに考案した [5]．Ajdukiewicz が考案した範疇文法は単語の結合の向きが一方向である**単方向文法** (unidirectional grammar) である．ここでは Ajdukiewicz の範疇文法を再構成して紹介する．まず，範疇文法の統語範疇は次のように再帰的に定義される．

> **範疇文法の統語範疇：**
> 1. **基底範疇** (basic category) の要素は統語範疇である．
> 2. X と Y が統語範疇であるならば，$\dfrac{X}{Y}$ も統語範疇である．$\dfrac{X}{Y}$ の形の範疇を**関数型範疇** (functional category) という．

範疇文法の統語規則である**関数適用規則** (functional application rules) は，Y という統語範疇をもつ表現と，$\dfrac{X}{Y}$ という統語範疇をもつ表現を結合すると，X という統語範疇をもつ表現が形成されるという規則である．また，ここでは S（文）と NP（名詞句）を基底範疇に含める．その理由は後で詳細に説明する統語構造と意味解釈との対応が関わっており，文 S の意味が命題（真理値），名詞句 NP の意味が個体（対象）を表すという，自然言語の意味論における配慮からきている．

　範疇文法は，統語規則を適用してあらゆる容認可能な文（単語列）を，統語範疇 S をもつ表現として導出できるようにし，容認不可能な文は導出できないようにすることを目標とする．例として，John swims という自然言語文の文法性判断を範疇文法で計算してみよう．自動詞 swims の統語範疇は $\dfrac{S}{NP}$ と定義でき，次のように S を導出できることから，John swims は文法的な文であることが判断できる．

$$\text{John swims}$$
$$NP \cdot \frac{S}{NP} = S$$

別の例として，John loves Mary という自然言語文の文法性判断を範疇文法で計算してみよう．他動詞 loves の統語範疇は $\dfrac{\left(\dfrac{S}{NP}\right)}{NP}$ と定義でき，次のように S を導出できることから John loves Mary は文法的な文であることが判断できる．

$$\text{John loves Mary}$$
$$NP \cdot \frac{\left(\dfrac{S}{NP}\right)}{NP} \cdot NP = S$$

しかし，Ajdukiewicz の単方向文法は主に形式言語を対象にしていたため，自然言語の語順，すなわち，単語が結合される方向性を考慮していない．例として，John Mary loves の文法性判断を範疇文法で計算してみよう．

John Mary loves
$$NP \cdot NP \cdot \frac{\left(\frac{S}{NP}\right)}{NP} = S$$

このように，単方向文法では John Mary loves という容認不可能な文も文法的な文として生成されてしまうことがわかる．容認不可能な文が文法的な文として生成されてしまうことを**過剰生成** (overgeneration) といい，反対に，容認可能な文が生成されないことを**過小生成** (undergeneration) という．過剰生成，過小生成の問題を解消するために，今日までにさまざまな文法理論が提案されている．

　自然言語の語順や方向性を考慮した範疇文法は，1953 年にイスラエルの数学者・哲学者・言語学者である Yehoshua Bar-Hillel（イェホシュア・バーヒレル）によって提案された [**10**]．この文法は左から結合する場合と右から結合する場合とで統語規則を分ける双方向文法であり，**AB 文法** (Ajdukiewicz/Bar-Hillel grammar) または**古典的範疇文法**と呼ばれている．AB 文法では，統語範疇と統語規則を次のように指定する．

AB 文法：

1. 基底範疇の要素は統語範疇である．

2. X と Y が統語範疇ならば，X/Y と $Y \backslash X$ も統語範疇である．この形の統語範疇を関数型範疇という．

3. 統語規則として，次のような**関数適用規則** (functional application rules) がある．

$$\frac{X/Y \quad Y}{X} >$$

$$\frac{Y \quad Y \backslash X}{X} <$$

以降では，S（文），NP（名詞句），N（普通名詞）を基底範疇に含める．また，統語規則の水平線の右側の記号 $>$, $<$ は導出に用いられる統語規則を区別するために用いられる．X/Y は X スラッシュ Y や X over Y と読む．X/Y という統語範疇をもつ表現は関数適用規則 ($>$) を適用することで，右側に統語範疇が Y である表現が現れたとき，Y である表現と結合して，統語範疇 X をもつ表現となる．$Y \backslash X$ は Y バックスラッシュ X や Y under X と読む．$Y \backslash X$ という統語範疇をもつ表現は関数適用規則 ($<$) を適用することで，左側に統語範疇が Y である表現が現れたとき，Y である表現と結合して，統語範疇 X をもつ表現となる．なお，スラッシュとバックスラッシュは左結合であり，たとえば統語範疇 $N \backslash N/S$ は $(N \backslash N)/S$ と等しい．

ここからは AB 文法について詳しくみていきたい．範疇文法の**辞書** (lexicon) には，各語への統語範疇の割り当て（**語彙項目**, lexical item）を記述する．範疇文法の辞書の例を**表** 3.1 に示す．

表 3.1　範疇文法の辞書の例.

語	統語範疇	品詞
John, Mary	NP	固有名詞 (proper noun)
student	N	普通名詞 (common noun)
a, the	NP/N	限定詞 (determiner)
run, swim	$NP \backslash S$	自動詞 (intransitive verb)
love, meet	$(NP \backslash S)/NP$	他動詞 (transitive verb)

このように，範疇文法は，語によって異なる語彙的・文法的な性質を辞書に語彙項目として記述し，言語普遍的な性質を比較的少数の統語規則で記述することから，**語彙化文法** (lexicalized grammar) と呼ばれる．範疇文法以外の語彙化文法としては，主辞駆動句構造文法 (Head-Driven Phrase Structure Grammar, HPSG) [201], 語彙機能文法 (Lexical Functional Grammar, LFG) [35]などがある．なお，語彙化文法ではない統語理論としては，木接合文法 (Tree-Adjoining Grammar, TAG) [119]がある．

表 3.1 に示した辞書について，詳しくみてみよう．この辞書において，固有名詞は基底範疇である NP が，他動詞（たとえば love）は，まず右側に名

詞句 (NP) をとり，さらに左側にも名詞句 (NP) があれば，最終的に文 S になるという統語範疇 $(NP{\backslash}S)/NP$ が割り当てられている．この辞書に基づいて，先ほど出てきた例文である John loves Mary を AB 文法に基づいて導出すると，図 3.1 のようになる．

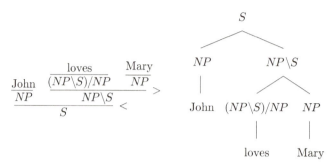

図 3.1　左図：AB 文法による John loves Mary の導出木，右図：同じ文の構文木．

　左図のように各語に対応する統語範疇に対して統語規則を適用し，文に対応する統語範疇 S を導出するまでの様子を表した木構造のことを，**導出木** (derivation tree) という．導出木の上下をひっくり返すと，右図のように 2 章で紹介したような構文木になる．導出木は基本的には次のような手順で示すことができる．

1. John: NP, Mary: NP, love: $(NP{\backslash}S)/NP$ というように，各語に割り当てられた統語範疇を辞書に基づいて確認する．
2. (John (loves Mary)) というように，語がどんな構成素を構成するのかをおおよそ予想する．
3. 統語規則にしたがって，語を合成していく．

　もう一つ例として，表 3.1 で定義した辞書に基づいて The student runs という文の導出木を書いてみよう．まず辞書を確認すると，冠詞 the は限定詞の一つであるので，右側に普通名詞 student の統語範疇 N をとり，名詞句 NP，つまり，動詞の項となる表現を形成するという統語範疇が割り当て

られている．また，run は自動詞であり，左側（つまり主語の位置）に名詞
句 (NP) をとり，文 S になるという統語範疇 $NP \backslash S$ が割り当てられている．
各語に割り当てられている統語範疇を確認したところで，次に統語範疇に基
づいて文の構造を考えると，((the student) runs) という構造が考えられる．
構成素の統語範疇に応じて統語規則を適用すると，図 3.2 のように導出木を
得ることができる．

　ここで定義した辞書はあくまで一例であり，非常に限定的なものである．
練習問題では形容詞など，表 3.1 で定義した辞書にはない品詞を含めている
ので，辞書の見直しから必要になる．このように，あらゆる文法的な文に対
して統語範疇 S を根とする導出木を導出できるような文法を考えるときは，
辞書と統語規則に対して仮説を立て，さまざまな文に対して予測を行い過剰
生成や過小生成が起こらないことを検証し，必要に応じて辞書をアップデー
トする，という手順のサイクルを行うことになる．

$$\cfrac{\cfrac{\text{The}}{NP/N} \quad \cfrac{\text{student}}{N}}{NP} > \quad \cfrac{\text{runs}}{NP \backslash S}$$
$$\cline{} \quad S \quad <$$

図 3.2　AB 文法による The student runs の導出木．

練習問題　3.1.1

1. AB 文法では John Mary loves が導出できないことを確認しよう．
2. 次の文の導出木を書いてみよう．
   (a) The white dog swims
   (b) Mary runs slowly
   (c) John read the very interesting book

3.2 ● 範疇文法と論理との関係

範疇文法が構文木ではなく導出木を用いる背景には，範疇文法と記号論理
学との間の深いつながりがある．記号論理学の各定義の説明は 6 章で行うが，

ここでは記号論理学の概要を導入する．たとえば，「A ならば B である」という条件文の意味は条件命題と考えることができる．この条件命題は「ならば（含意）」を表す ⊃ という論理記号を用いて，$A \supset B$ という論理式で表すことができる．ここで，A, B はそれ以上には分解できない命題を表しており，このような命題は**原子命題** (atomic proposition) と呼ばれる．条件命題は原子命題の組合せから構成されており，**複合命題** (compound proposition) の一種である．条件命題に関する記号論理学の最も基本的な規則として，次のような前件肯定式（モードゥス・ポネンス，modus ponens）と呼ばれる推論規則がある．

$$\frac{A \quad A \supset B}{B}$$

線の上にある命題 A と命題 $A \supset B$ は**前提** (premise)，線の下にある命題 B は**結論** (conclusion) である．前提は一つ以上の論理式からなり，結論は一つの論理式からなる．この推論規則は前提に含まれていた ⊃ が結論で除かれていることから，**含意除去則**とも呼ばれる．そして，上のように前提から結論へ至るまでの過程を示した図を，記号論理学では**証明図** (proof diagram) と呼び，前提から結論を導くことを**推論** (inference) という．なお，前提の論理式を線の上に，結論の論理式を線の下に書くような証明図の記法はゲンツェン (Gentzen) の**自然演繹** (natural deduction) と呼ばれる証明体系の記法である．自然演繹という証明体系は 6 章でも出てくるので覚えておいてほしい．

　ここで，3.1 節で紹介した範疇文法の二つの基本的な関数適用規則（< 規則と > 規則）は，前提に現れる論理式の順序を気にする含意除去則と対応する．論理式の順序を気にする含意除去則は次のように定義される．

含意除去則：

$$\frac{X/Y \quad Y}{X} \ /E \qquad \frac{Y \quad Y\backslash X}{X} \ \backslash E$$

　X/Y を $X \subset Y$，$Y\backslash X$ を $Y \supset X$ と書くと，関数適用規則と含意除去則との対応関係がみやすくなる．

　このような範疇文法と記号論理学とのつながりに最初に気づいたのは，カナダの数学者である Joachim Lambek（ジョアキム・ランベック）である．Lambek は**ランベック計算** (Lambek Calculus) を通して，言語学における統語構造の導出過程（導出木）と，記号論理学における論理式の証明過程（証明図）を同型とみなせること，言い換えれば，統語構造の導出過程と論理式の証明過程が同じ数学的な構造をもつということを提唱した [**144**]．たしかに，関数適用規則と含意除去則は同じような構造をもっていることがわかるはずである．ここまでの範疇文法と記号論理学との対応関係を整理すると，**表** 3.2 のようになる．

表 3.2　**範疇文法と記号論理学の関係.**

範疇文法	記号論理学
統語範疇	命題（論理式）
基底範疇	原子命題
関数型範疇	条件命題
統語規則	推論規則
関数適用規則	含意除去則
導出木	証明図

　なお，ランベック計算は通常はゲンツェン流シーケント計算の形式で記述するが，ここでは範疇文法との対応をわかりやすくするため，自然演繹の形式で記述している．シーケント計算については 6 章で詳しく紹介するので，ここではランベック計算の理解に必要な説明にとどめる．シーケント計算は前提も結論も論理式の列（シーケント, sequent）として扱い，証明図の上下には推論規則の適用前後の前提から結論を導く推論をそれぞれ記述する形式をとる．論理式の集合では順序を問わないのに対して，シーケントの場合は論理式の順序が異なるシーケントは異なるシーケントとして扱われるため，6 章で紹介するように，交換規則などの構造規則*1（論埋式の構造に関する推論規則）が推論規則として必要になる．

---

*1　ある推論が成立しているとき，その前提に余分な論理式を付け加えた推論もやはり成立するという弱化規則，前提中の論理式を何度用いてもよいとする縮約規則，前提の論理式の順序を入れ替えてもよいとする交換規則，の 3 種類が構造規則に相当する．詳しくは 6.3 節で述べる．

その中で，ランベック計算は**直観主義論理** (intuitionistic logic)[*2] から，構造規則を取り除いた full Lambek と呼ばれる**部分構造論理** (substructural logic)[*3] という論理体系に対応する．具体的には，ランベック計算は直観主義論理から，構造規則をすべて除いた体系である．すなわち，ランベック計算では順序の異なるシーケントは元のシーケントとは異なるシーケントとして扱っており，言語表現は単語の列のことであり単語の集合ではないという，自然言語の統語論と形式言語の統語論との本質的な差異を表しているといえる [286].

3.3 ● 範疇文法から組合せ範疇文法へ：wh 移動

AB 文法は，Chomsky が形式文法のクラスを言語生成能力に応じて分類した**チョムスキー階層** (Chomsky hierarchy)（**表 3.3**）からみると，2 型文法である文脈自由文法 (Context-free Grammar, CFG) と同等の文法クラスであることが知られている [11]．チョムスキー階層の階層間には包含関係があり，階層が上になるほど，生成規則の制限はなくなり，言語生成能力は強くなる．0 型が一番上の階層であり，チューリングマシンが認識できる，つまり計算可能な形式である言語を制限なく生成できる．1 型は**文脈依存文法** (Context-sensitive Grammar, CSG) であり，線形拘束オートマトンによって認識できる．2 型は文脈自由文法であり，プッシュダウン・オートマトンによって認識できる．文脈自由文法は 3 型の**正規文法** (Regular Grammar, RG) と比較して，プログラミング言語の入れ子構文のような，再帰的な構造を扱うことができる．木接合文法を提案した文法学者でもある Aravind K. Joshi は，自然言語の文法が文脈自由文法の性質を多くもつにもかかわらず，その言語生成能力が文脈自由文法を超えるケースがあることから，自然言語の文法理論は**弱文脈依存文法** (mildly context-sensitive grammar) もしくは

---

*2 直観主義論理の詳細は本書では割愛するが，[290]などを参照のこと．一言でいえば，最もなじみのある証明体系である古典論理 (classical logic) では命題は真であるか偽であるかが確定するものと考えるのに対して，直観主義論理では命題に確定的に真偽を割り当てるのではなく，命題が真であるとは，その証明を実際に構成して説明できることであると考える．また，証明論においては直観主義論理は 6 章で紹介する古典論理の制限であり，排中律 $A \vee \neg A$ や二重否定除去則 $\neg\neg A \vdash A$ が許容されない体系のことをいう．

*3 部分構造論理とは，構造規則のうち一部または全部をもたない証明体系である．部分構造論理の証明体系は含まれる構造規則によって分類することができ，この分類は小野階層と呼ばれている[189]．部分構造論理の教科書としては[212]などがある．

表 3.3　形式文法のチョムスキー階層. a は終端記号（形式言語で語として使われる文字）, A, B を非終端記号, α, β, γ は終端記号と非終端記号からなる文字列を表す.

階層	文法	言語	オートマトン	生成規則
0 型	句構造	帰納的可算	チューリングマシン	制限なし
1 型	文脈依存	文脈依存	線形拘束オートマトン	$\alpha A\beta \to \alpha\gamma\beta$
2 型	文脈自由	文脈自由	プッシュダウン・オートマトン	$A \to \alpha$
3 型	正規	正規	有限オートマトン	$A \to a$ $A \to aB$

1.5 型に相当すると主張している [**118**].

　さて, 表 3.2 で範疇文法と記号論理学との関係をみたときに, 含意除去則が関数適用規則に対応するのであれば, 含意導入則はどの統語規則に対応するのだろう, と疑問に思ったかもしれない. 実はランベック計算には含意導入則があるが, AB 文法には含意導入則に対応する規則はない[*4].

> **含意導入則:**
>
> $$\frac{\overset{\displaystyle \overline{X}}{\underset{\displaystyle Y}{\vdots}}}{Y/X} \, /I \qquad \frac{\overset{\displaystyle \overline{X}}{\underset{\displaystyle Y}{\vdots}}}{X\backslash Y} \, \backslash I$$
>
> ここで, $/I$ 規則について, X は開いた前提の中で一番右に位置するものとし, $\backslash I$ 規則について, X は開いた前提の中で一番左に位置するものとする.

　この含意導入則がもたらす言語生成能力は, 生成文法理論で議論されている wh 移動 (wh-movement) と呼ばれる統語現象に関わるものである [**288**]. 以降では, この wh 移動構文をどのように分析するかについて紹介したい.

　次の名詞句 (35) において, 関係節 who Mary loves の loves は他動詞であるにもかかわらず, 目的語の位置 t の名詞句を欠いている.

[*4] なお, ランベック計算は文脈自由文法と同じ文法クラスであることが示されている（Pentus の定理）[**197**].

(35)　　a student who [Mary loves t]

(35) は，あたかも関係代名詞 who が loves の目的語の位置 t から関係節の先頭に「移動」して作られたようにみえる．このような構文を wh 移動構文と呼び，wh 移動構文のいくつかの統語的な制約について生成文法では議論が進められている．なお，元の目的語の位置にある t のことを生成文法理論では痕跡 (trace) と呼ぶ．

　AB 文法に基づいて，この wh 移動構文に対する分析をいくつか考えてみよう．まずは，loves が目的語をとらなくてもよい（loves という自動詞が存在する），という分析を考えてみる．具体的には，辞書に以下の語彙項目を追加する．

語	統語範疇
loves	$NP \backslash S$
who	$N \backslash N / S$

　このとき，次の導出木を導出できるので，(35) が文法的な文であると判定できる．

$$
\cfrac{\cfrac{\text{a}}{NP/N} \quad \cfrac{\cfrac{\text{student}}{N} \quad \cfrac{\cfrac{\text{who}}{N \backslash N / S} \quad \cfrac{\cfrac{\text{Mary}}{NP} \quad \cfrac{\text{loves}}{NP \backslash S}}{S} <}{N \backslash N} >}{N} <}{NP} >
$$

しかし，この分析は，以下のような文も誤って文法的であると判定してしまう（つまり，過剰生成されてしまう）．

(36)
ⓐ *John loves
ⓑ *Bill met a student who Mary loves John

別の分析として，他動詞 loves は，目的語よりも先に主語をとってもよい，

34

という分析を考えてみる．これは辞書に以下の項目を追加することになる．

語	統語範疇
loves	$NP\backslash(S/NP)$
who	$N\backslash N/(S/NP)$

この場合も，次のように導出木を導出できることから，(35) が文法的な文であると判定できる．

$$
\cfrac{\cfrac{\text{a}}{NP/N} \quad \cfrac{\cfrac{\text{student}}{N} \quad \cfrac{\cfrac{\text{who}}{N\backslash N/(S/NP)} \quad \cfrac{\cfrac{\text{Mary}}{NP} \quad \cfrac{\text{loves}}{NP\backslash(S/NP)}}{S/NP}<}{N\backslash N}>}{N}<}{NP}>
$$

ところが，次の例で示すように，wh 移動においては節 Mary loves はいくらでも深く関係節に埋め込むことができてしまう．

(37)

ⓐ a student who [John thinks that [Mary loves t]]

ⓑ a student who [John thinks that [Bill suspects that
[Mary loves t]]]

これらの例のように，wh 移動が節境界を越える現象を，**長距離依存** (unbounded dependency)，または引き抜き (extraction) という．前述の分析では，これらの長距離依存を含む文が文法的な文であると判定することはできない．

練習問題　3.3.1　含意除去則だけでは (37) の文法性が判定できないことを確かめよう．

解決法は，wh 移動を含意導入則によって行うというものである．**表 3.4** のように辞書を指定する．以下の導出木では，まず，目的語の位置に NP が現

れることを一時的に仮定した上で（一時的に仮定していることを示すため，上線の右側に数字を記載する），Mary loves NP が S であることを示している．その後，$/I$ 規則によって一時的に仮定した NP を打ち消す（$/I$ 規則の右側に打ち消す仮定と同じ数字を記載する）ことによって，Mary loves が S/NP であることを示している．

表 3.4　　辞書の例.

語	統語範疇
a	NP/N
student	N
who	$N\backslash N/(S/NP)$
loves	$(NP\backslash S)/NP$
Mary	NP

$$
\cfrac{
  \cfrac{a}{NP/N} \quad
  \cfrac{
    \cfrac{student}{N} \quad
    \cfrac{
      \cfrac{who}{N\backslash N/(S/NP)} \quad
      \cfrac{
        \cfrac{Mary}{NP} \quad
        \cfrac{
          \cfrac{loves}{(NP\backslash S)/NP} \quad \cfrac{\overline{}}{NP}\,{}^{1}
        }{NP\backslash S}\,{}^{>}
      }{\cfrac{S}{S/NP}\,{}^{/I,1}}\,{}^{<}
    }{N\backslash N}\,{}^{>}
  }{N}\,{}^{<}
}{NP}\,{}^{>}
$$

　この分析では，節が深く埋め込まれていても，たとえば John thinks that Mary loves は次のように Mary loves と同様に S/NP であることが示せるので，同様に導出することができる．

$$
\cfrac{
  \cfrac{a}{NP/N}\quad
  \cfrac{
    \cfrac{student}{N}\quad
    \cfrac{
      \cfrac{who}{N\backslash N/(S/NP)}\quad
      \cfrac{
        \cfrac{John}{NP}\quad
        \cfrac{
          \cfrac{thinks}{(NP\backslash S)/S}\quad
          \cfrac{
            \cfrac{that}{S/S}\quad
            \cfrac{
              \cfrac{Mary}{NP}\quad
              \cfrac{\cfrac{loves}{(NP\backslash S)/NP}\ \cfrac{\overline{}}{NP}{}^{1}}{NP\backslash S}{}^{>}
            }{S}{}^{<}
          }{S}{}^{>}
        }{NP\backslash S}{}^{<}
      }{\cfrac{S}{S/NP}{}^{/I,1}}{}^{>}
    }{N\backslash N}{}^{<}
  }{N}{}^{>}
}{NP}{}^{>}
$$

(35) も (37a) も，一番右に trace（t）が位置するため $/I$ 規則が適用でき

ることに注意する．たとえば，次のように trace が一番右に位置しない構文
は medial extraction と呼ばれるが，/I 規則が適用できない．

(38)　a student who John met t yesterday

この文をどのように分析するかについては，3.5 節で紹介する．

3.4　● 組合せ範疇文法 (CCG)

3.4.1　▮ 組合せ範疇文法

組合せ範疇文法 (Combinatory Categorial Grammar, CCG) は範疇文法
を拡張した文法体系であり，Mark Steedman（マーク・スティードマン）に
よって 1980 年代に考案された．CCG は表 3.3 のチョムスキー階層において
は弱文脈依存文法の文法クラスに位置する．すなわち，CCG は文脈依存文
法 (context-sensitive grammar) よりも言語生成能力が弱く，文脈自由文法
よりも強力な 1.5 型文法である [**263**]．

まず，CCG の統語範疇は，AB 文法と同様に再帰的に定義される．

組合せ範疇文法の統語範疇：

1. 基底範疇の要素は統語範疇である．
2. X と Y が統語範疇ならば，X/Y と $Y \backslash X$ も統語範疇である．

本書では S（文），NP（名詞句），N（普通名詞）を基底範疇に含める．**表 3.5**
に CCG の辞書の例を示し，CCG の**組合せ規則** (combinatory rules) として，
関数適用規則と関数合成規則は次のように定義される．

関数適用規則 (functional application rules)：

$$\frac{X/Y:f \quad Y:a}{X:fa} > \qquad \frac{Y:a \quad X\backslash Y:f}{X:fa} <$$

表 3.5	CCG の辞書の例.
語	統語範疇
student	N
run	$S \backslash NP$
loves	$(S \backslash NP)/NP$
Mary	NP

関数合成規則 (functional composition rules)：

$$\frac{X/Y : f \quad Y/Z : g}{X/Z : \lambda x.f(gx)} >_\mathbf{B} \qquad \frac{Y \backslash Z : g \quad X \backslash Y : f}{X \backslash Z : \lambda x.f(gx)} <_\mathbf{B}$$

　たとえば，関数適用規則 ($>$) を適用することによって，X/Y という形の統語範疇をもつ表現は，その右側にある Y という形の統語範疇をもつ表現と結びつき，X という統語範疇をもつ表現が形成される．CCG では，バックスラッシュ $\backslash$ の意味が AB 文法のバックスラッシュの意味とは異なるので，CCG の文献を読むときには注意が必要である．つまり，AB 文法では左側に統語範疇が X である表現が現れたとき，X である表現と結合して，統語範疇 Y をもつ表現となることを $X \backslash Y$ と書くところを，CCG では $Y \backslash X$ と書く．なお，詳しくは 8.5 節で紹介するが，導出木の各構成素には統語範疇と統語範疇に対応する意味表示を付与することができ，本書では統語範疇：意味表示のように記述する．

　関数合成規則は Ades and Steedman [4] によってはじめに提案された規則であり，CCG に特徴的な規則の一つである．関数合成規則は記号論理学における次のような推移律に相当する．

$$\frac{Z \supset Y \quad Y \supset X}{Z \supset X}$$

3.3 節の含意導入則を用いた導出は，CCG では関数合成規則と 3.5 節で紹介する型繰り上げ規則を用いて導出できる．

3.4.2 ▮ 統語素性

文法を記述する中では，統語範疇についてカテゴリよりも詳しい指定が必要なときがある．たとえば，John loves Mary という文を考えたとき，loves の主語は主格 (nominative case) をもち三人称単数でなければならず，目的語は対格 (accusative case) をもたなければならないが単複の制約はない．これらの情報は**統語素性** (syntactic feature) として，以下の辞書に示すように，それぞれの統語範疇の右下に添え字として記述することができる．ここで統語素性 $3s$ は三人称単数であること，Nom は主格であること，Acc は対格であることを表す．また，$Nom|Acc$ は主格または対格のどちらにもなりうるということを表す．

語	統語範疇
John	$NP_{Nom|Acc::3s}$
loves	$(S\backslash NP_{Nom::3s})/NP_{Acc}$
Mary	$NP_{Nom|Acc::3s}$

文 John loves Mary の導出木は**図 3.3** のようになり，統語素性は導出木の導出過程で順に照合される．

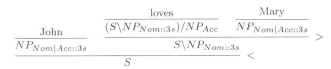

図 3.3 文 John loves Mary の導出木.

3.5 ● CCG の組合せ規則

本節では，CCG のさまざまな組合せ規則と，その規則に関連する統語現象を紹介する．

3.5.1 ▮ 等位接続構文

CCG の特徴の一つは，同じ構成素を and や or，but などの接続詞で接続

した**等位接続構文** (coordination) の文法性を正しく予測できる点である．次の文の CCG 導出木を考えてみよう．

(39) Keats [invited Mary] and [cooked apples]

(40) Keats [cooked] and [ate] apples

この文を CCG で分析するためには，統語範疇 $CONJ$ を基底範疇として追加し，等位接続規則を組合せ規則として追加する必要がある．このとき，and の語彙項目は次のようになる．

語	統語範疇	品詞
and	$CONJ$	接続詞

等位接続規則 (coordination rules)：

$$\frac{X : f_1 \ldots \quad CONJ \quad X : f_m}{X : \lambda\vec{x}.(f_1\vec{x}) \circ \ldots \circ (f_m\vec{x})} <\Phi>$$

ここで，$\circ$ は命題同士を接続する演算子を示し，$\vec{x}$ は変数の並びを表す略記法であり，以下のように解釈される．

$$\lambda\vec{x}.[\ldots f(\vec{x}) \ldots] \equiv \lambda x_1 \lambda x_2 \ldots \lambda x_n.[\ldots (\ldots ((f x_1) x_2) \ldots x_n) \ldots]$$

ここで，$\equiv$ は左辺と右辺が構文的に同一であることを表す記号である．X はどんな統語範疇でもよい．ただし，$CONJ$ の両側には同じ統語範疇 X が現れなければならない．このとき，(39) の導出木は次のように導出できる．

$$\frac{\cfrac{Keats}{NP} \quad \cfrac{\cfrac{\cfrac{invited}{(S\backslash NP)/NP} \quad \cfrac{Mary}{NP}}{S\backslash NP}> \quad \cfrac{\cfrac{and}{CONJ} \quad \cfrac{\cfrac{cooked}{(S\backslash NP)/NP} \quad \cfrac{apples}{NP}}{S\backslash NP}>}{S\backslash NP}<\Phi>}{S\backslash NP}}{S}<$$

練習問題 `3.5.1` (40) の CCG 導出木を書いてみよう．

練習問題 `3.5.2` 次の文が文法的な文であることを確認してみよう．

(41) John might love Mary

(42) John loves and might hate Mary

練習問題 `3.5.3` 次の文が非文法的な文であることを確認してみよう．

(43) *Keats [cooked apples] and [ate]

3.5.2 ▎型繰り上げ規則

等位接続構文として，次の文では Keats steals and Mary eats という並列構造がその右側に位置づけられる構成素 apples を共有している．

(44) Keats steals and Mary eats apples

このような構文は右枝節点繰り上げ構文 (right node raising) と呼ばれ，生成文法理論による変形・移動の分析において問題となる構文である．この構文をこれまでに出てきた規則を用いて導出しようとすると，Keats steals が構成素をなさないことがわかる．

$$\frac{\dfrac{\text{Keats}}{NP_{Nom}} \quad \dfrac{\text{steals}}{(S\backslash NP_{Nom})/NP_{Acc}}}{?}$$

次の**型繰り上げ規則**を用いることで，(44) の導出木を導出することができる．

型繰り上げ規則 (type-raising rules)：

$$\frac{X : a}{\boldsymbol{T}/(\boldsymbol{T}\backslash X) : \lambda f.fa} >\mathbf{T} \qquad \frac{X : a}{\boldsymbol{T}\backslash(\boldsymbol{T}/X) : \lambda f.fa} <\mathbf{T}$$

ただし，X は動詞の項がもつ統語範疇（NP など）であり，T は統語範疇を表す変数である．

この型繰り上げ規則を用いると，次のように Keats steals の構成素を導出できる（ここでの T には S が入る）．

$$\cfrac{\cfrac{\cfrac{\text{Keats}}{NP_{Nom}}}{T/(T\backslash NP_{Nom})}{\scriptstyle >\mathbf{T}} \quad \cfrac{\text{steals}}{(S\backslash NP_{Nom})/NP_{Acc}}}{S/NP_{Acc}}{\scriptstyle >\mathbf{B}}$$

(44) 全体の導出木は以下のようになる．

また，3.3 節で紹介した wh 移動構文である a student who John thinks that Mary loves を CCG で分析すると，型繰り上げ規則と関数合成規則を用いて次のように導出できる．

3.5.3 ┃ 関数交差合成規則

その他の組合せ規則として，**関数交差合成規則**を紹介する．関数合成規則と型繰り上げ規則は派生規則としてランベック計算の含意導入則から導出できるのに対して，この組合せ規則はランベック計算からは導出することができない点に注意したい．

> **関数交差合成規則** (crossing functional composition rules)：
>
> $$\frac{f : X/Y \quad g : Y\backslash Z}{\lambda x.f(gx) : X\backslash Z} {}_{>\mathbf{B}_\times} \qquad \frac{g : Y/Z \quad f : X\backslash Y}{\lambda x.f(gx) : X/Z} {}_{<\mathbf{B}_\times}$$

　この規則は 3.3 節で紹介した痕跡（trace，元の目的語位置を表すもの）t が一番右には位置しない medial extraction を含む文の導出に必要になる．(45) は，関数交差合成規則を用いると他動詞 met と副詞 yesterday で構成素をなすことができ，次のように導出できる．

(45)　a student who John met t yesterday

$$
\frac{
\frac{a}{NP/N} \quad
\frac{
\frac{student}{N} \quad
\frac{
\frac{who}{N\backslash N/(S/NP)} \quad
\frac{
\frac{
\frac{John}{NP}
}{T/(T\backslash NP)} {}_{>\mathbf{T}} \quad
\frac{
\frac{met}{(S\backslash NP)/NP} \quad
\frac{yesterday}{(S\backslash NP)\backslash (S\backslash NP)}
}{(S\backslash NP)/NP} {}_{<\mathbf{B}_\times}
}{S/NP} {}_{>\mathbf{B}}
}{N\backslash N} {}_{>}
}{N} {}_{<}
}{NP} {}_{>}
$$

　また，関数交差合成規則は次の文のような重名詞句転移 (heavy-NP shift) という現象を含む文を導出するときにも必要となる．

(46)　Kahn blocked skillfully a powerful shot by Rivaldo

この文では，副詞が他動詞と目的語の間にあり，目的語の名詞句が長くて重いので文末側に移動している（そのため重名詞句転移と呼ばれる）．そのため，他動詞と目的語を > 規則で組み合わせて構成素をなすことができない．しかし，関数交差合成規則を用いると，他動詞と副詞で構成素をなすことができ，次のように導出できる．

$$
\cfrac{
\cfrac{\text{Kahn}}{NP}
\quad
\cfrac{
\cfrac{
\cfrac{\text{blocked}}{(S\backslash NP)/NP}
\quad
\cfrac{\text{skillfully}}{(S\backslash NP)\backslash(S\backslash NP)}
}{(S\backslash NP)/NP}{}_{<\mathbf{B}_\times}
\quad
\cfrac{\text{a powerful shot by Rivaldo}}{NP}{}^{\vdots}
}{S\backslash NP}{}_{>}
}{S}{}_{<}
$$

この導出木で，$\vdots$ は導出木の省略を表している．

練習問題　3.5.4

1. (46) の CCG 導出木の残りの部分を完成させよう．

2. (35) を CCG で分析してみよう．

3. (37) を CCG で分析してみよう．

3.6 ● CCG に基づく日本語の分析

ここまででは英語の文を CCG で分析してきたが，もちろん英語以外の言語についても考えることができる．本節では CCG で日本語の文を分析してみよう．

3.6.1 ▎日本語の格

日本語と英語の違いの一つは，日本語には「が」「を」「に」といった，名詞句が述語とどのような関係であるかを表す**格助詞** (case marker) がある点である．たとえば，格助詞「が」「を」「に」は，それぞれ主格 (nominative case)，対格 (accusative case)，与格 (dative case) を表す．対格は他動詞における直接目的格を標示し，与格は間接目的格を標示する．さらに，各述語は関係する事態を表すために必要となる項が定まっており，格助詞は述語の項に分類される**必須格** (indispensable case)（主格，対格，与格）と，付加詞（述語に付加される修飾表現）に分類される**非必須格**（時，場所，理由，手段など）に分類することができる．たとえば，「教える」という動詞は「花子が英語を教える」というように，必ず主格（花子）と対格（英語）を必要とし，いずれかが欠けてもおかしな文になるが，「大学で」や「メールで」といった

場所や手段を表す格はなくても意味を理解できる．このことから，「教える」という動詞は，ガ格とヲ格が必須格，デ格は非必須格であることがわかる．

練習問題　3.6.1　次の文の必須格と非必須格を特定しよう．

1. 花子がお昼にうどんを食べた．
2. 4 月に花子が二郎を太郎に紹介した．
3. 花子が公園で太郎に会った．

練習問題 3.6.1 の 1 問目の「花子が」はガ格の名詞句であり，CCG の統語範疇は NP_{ga} となる．このように，格の種類は CCG では統語素性として扱うのが標準的な分析である．たとえば，**表 3.6** のように CCG の辞書を定義してみよう．

表 3.6　日本語 CCG の辞書の例.

語	統語範疇	品詞
学生	NP	普通名詞
が	$NP_{ga}\backslash NP$	格助詞
を	$NP_o\backslash NP$	格助詞
に	$NP_{ni}\backslash NP$	格助詞
走る	$S\backslash NP_{ga}$	自動詞
ほめる	$(S\backslash NP_{ga})\backslash NP_o$	他動詞
会う	$(S\backslash NP_{ga})\backslash NP_{ni}$	他動詞

この辞書に基づいて日本語文の CCG 導出木を導出すると，次のようになる．

(47)

ⓐ 学生が走る

ⓑ

$$\frac{\dfrac{学生}{NP}\quad \dfrac{が}{NP_{ga}\backslash NP}}{NP_{ga}} < \quad \dfrac{走る}{S\backslash NP_{ga}} \atop S <$$

(48)

ⓐ 花子が二郎に会う

ⓑ

$$\cfrac{\cfrac{\cfrac{花子}{NP} \quad \cfrac{が}{NP_{ga}\backslash NP}}{NP_{ga}}< \quad \cfrac{\cfrac{\cfrac{二郎}{NP} \quad \cfrac{に}{NP_{ni}\backslash NP}}{NP_{ni}}< \quad \cfrac{会う}{(S\backslash NP_{ga})\backslash NP_{ni}}}{S\backslash NP_{ga}}<}{S}<$$

英語は文の主要部（head，動詞句であれば動詞，名詞句であれば名詞など，句の統語論的な性質や役割を決定する語）が項よりも先に現れるので，主要部先頭型言語 (head-initial language) と呼ばれるのに対して，日本語は主要部が項よりも後に現れるので，主要部末尾型言語 (head-final language) と呼ばれる．そのため，日本語の場合は英語の場合と異なり，関数型範疇が割り当てられる主要部が常にその項よりも右に現れる．そのため，(47)(48) では組合せ規則はすべて左規則 < となっている．

3.6.2 ▌ スクランブリング（かき混ぜ）

英語では語順から格関係（述語に対する名詞句の文法的な役割）が定まるのに対して，日本語では「が」「を」などの格助詞が格関係を表す標識（格標識）として機能する．そのため，日本語の文法では，主語–目的語–動詞と目的語–主語–動詞の両方の語順が認められており，通常は前者が基本語順 (basic word order) と呼ばれ，後者は**スクランブリング**（かき混ぜ, scrambling）という項を入れ替える操作によって導き出すことができる [**107**, **220**]．

さて，このスクランブリングを CCG で分析するにはどうすればよいだろうか．スクランブリングを分析する方法として，語順ごとに動詞の語彙項目を増やす方法も考えられる．しかし，たとえばガヲニ格が必須格である動詞であれば，すべての語順の組合せとして 6 通りの語彙項目を追加する必要があり，追加する語彙項目の数が膨大になってしまう．スクランブリングはその名のとおり，かき混ぜ規則を導入することで分析することができる．スクランブリングは語彙に関する性質ではなく文法に関する性質であるので，統

語規則として扱うことは自然な考え方であろう.

かき混ぜ規則 (forward/backward surface scrambling rules)：

$$\frac{X/(X\backslash\$) : f}{(\boldsymbol{T}/(X\backslash\$))/(\boldsymbol{T}/X) : \lambda g\lambda x.g(fx)} {}^{>\sigma}$$

$$\frac{X\backslash(X/\$) : f}{(\boldsymbol{T}\backslash(X/\$))/(\boldsymbol{T}\backslash X) : \lambda g\lambda x.g(fx)} {}^{<\sigma}$$

かき混ぜ規則の $\$$ 記法は略記法であり, $X\backslash\$$ は $X, X\backslash Y, X\backslash Y\backslash Z, \ldots$, $X/\$$ は $X, X/Y, X/Y/Z, \ldots$ をそれぞれ一般化した記法である. (49) は主語–目的語–動詞と基本語順からなる文, (50) は目的語を主語の前においた文であり, 各文の CCG 導出木は次のように表される.

(49)

ⓐ 花子が太郎に会う

ⓑ

$$\frac{\dfrac{\dfrac{花子}{NP} \quad \dfrac{が}{NP_{ga}\backslash NP}}{NP_{ga}}{}^{<} \quad \dfrac{\dfrac{\dfrac{太郎}{NP} \quad \dfrac{に}{NP_{ni}\backslash NP}}{NP_{ni}}{}^{<} \quad \dfrac{会う}{(S\backslash NP_{ga})\backslash NP_{ni}}}{S\backslash NP_{ga}}{}^{<}}{S}{}^{<}$$

(50)

ⓐ 太郎に花子が会う

ⓑ

$$\frac{\dfrac{\dfrac{\dfrac{\dfrac{太郎}{NP} \quad \dfrac{に}{NP_{ni}\backslash NP}}{NP_{ni}}{}^{<}}{\dfrac{\boldsymbol{T}/(\boldsymbol{T}\backslash NP_{ni})}{(\boldsymbol{T}/(X\backslash NP_{ni}))/(\boldsymbol{T}/X)}{}^{>\sigma}}{}^{>\text{T}} \quad \dfrac{\dfrac{\dfrac{花子}{NP} \quad \dfrac{が}{NP_{ga}\backslash NP}}{NP_{ga}}{}^{<}}{\boldsymbol{T}/(\boldsymbol{T}\backslash NP_{ga})}{}^{>\text{T}}}{\boldsymbol{T}/(\boldsymbol{T}\backslash NP_{ga}\backslash NP_{ni})}{}^{>} \quad \dfrac{会う}{(S\backslash NP_{ga})\backslash NP_{ni}}}{S}{}^{>}$$

練習問題 3.6.2　語彙項目を追加して次の文の CCG 導出木を書いてみよう.

1. 学生が言語学をじっくり勉強する（ヒント：副詞「じっくり」の統語範

疇を考えてみよう）．

2. 花子が公園で太郎に会った（ヒント：「会った」は「会う」という動詞に過去の「た」を付加した形をとるが，ここでは「会った」と「会う」を同じ語彙として扱ってもよい．関心のある人は「会った」と「会う」の導出方法を考えてみてほしい）．

第 4 章

形式意味論の考え方

　ここからは自然言語の文法からいったん少し離れて，自然言語の意味とは何か，また，自然言語の意味を研究対象とする形式意味論では，自然言語の意味をどのように捉えて研究しているのか，といったことについて考えていきたい．

4.1 ● 含意関係

4.1.1 ▎含意関係

　推論 (inference) は日常における自然言語の意味の最も重要な使用法であり，形式意味論の基礎的かつ重要な概念の一つである[*1]．私たちは日常的に，ある文の意味から別の文の意味を推論している．さっそく次の二つの推論の例をみてみよう．

　(51)
　　ⓐ 花子は若く賢い
　　ⓑ 花子は賢い

　(52)
　　ⓐ Hanako is young and smart
　　ⓑ Hanako is smart

ここで，(51 ⓐ) が真であるという状況を考えたとき，(51 ⓑ) も常に真である

---

*1 3章で出てきた論理学における推論ではなく，ここでは自然言語の推論について考えている．また，日本語の「推論」に対応する英訳として inference と reasoning がある．inference と reasoning は言語哲学においては区別して使われることがある[96, 98]．Gilbert Harman は，inference には implication と reasoning の二つの意味があると説明している．implication は命題間の抽象的な関係が演繹されることを示すのに対して，reasoning は信念（心の状態）をどのようにアップデートするかに注目する．Harman によれば演繹は implication，帰納は reasoning の一種に対応することになる．

ことが成り立つ．このとき，「(51 ⓐ) は (51 ⓑ) を**含意** (entail)*² する」ということができ，(51 ⓐ) ⇒ (51 ⓑ) と記述する．(51 ⓐ) は**前提** (premise) または前件 (antecedent)，(51 ⓑ) は**結論** (conclusion) または後件 (consequent) と呼ばれる．この例のように前提がすべて真であるとき結論も必ず真となる推論を**妥当な推論** (valid inference) という．また，(51 ⓐ) と (51 ⓑ) をそれぞれ英語にした (52 ⓐ) と (52 ⓑ) についても同様に含意関係が成立する．

　上記の二つの例は，誰もが同意するような含意関係であることに注意したい．たとえば，話者によって「賢い」ということの判断基準はそれぞれ異なるかもしれず，実際に花子が賢いかどうかは意見が異なるかもしれない．また，上記の文に登場する花子という人について，聞き手はそれぞれ別人の花子を思い浮かべるかもしれない．しかし，(51 ⓐ) が真であるという状況で (51 ⓑ) が真ではないと主張することはないだろう．

　反対に，(51 ⓑ) が真であっても，必ずしも (51 ⓐ) が真であるとは限らない．つまり，花子が賢いことは真であっても，必ずしも若くないかもしれない．このとき「(51 ⓑ) は (51 ⓐ) に対して非含意である (non-entailment)」といい，(51 ⓑ) ⇏ (51 ⓐ) と記述する．以上のように，形式意味論で文の意味を分析するとき，文間の含意関係が成り立つか成り立たないかの判断は，重要な経験的証拠となる．

　もう少し含意・非含意の例についてみてみよう．次はさきほどの日本語の文の例よりも少し複雑な英語の文から構成された推論の例であり，and を用いた文の等位接続構造や，否定語 not が含まれる．これらの機能語の組合せ方をみることで，それぞれの例が含意か非含意かを予測することができる．

(53)

　ⓐ Hanako is young, and Ms.Yamada is not young

　　⇒ Hanako is not Ms.Yamada

　ⓑ Hanako is young, and Hanako is not Ms.Yamada

　　⇏ Ms.Yamada is not young

---

*2 ここでの含意は語用論的含意 (pragmatic entailment) と区別して，意味論的含意 (semantic entailment) を紹介している．

4.1.2 ▎ さまざまな推論

含意関係の**判断** (judgement) には，自然言語に関するさまざまな問題が関わる．たとえば，以下の含意関係の例を考えてみよう．

(54)

- ⓐ Hanako only drank half a cup of coffee

  ⇒ Hanako drank less than one cup of coffee
- ⓑ A dog ran in the park ⇒ An animal ran in the park
- ⓒ Taro picked a pink diamond from the box

  ⇒ Taro picked a diamond from the box

これらの例は，次のようなさまざまな言語現象が関わる推論の例であり，統一的に含意関係が導かれる．

- (54 ⓐ) における量 (quantity) と比較 (comparatives)
- (54 ⓑ) における dog と animal の上位・下位関係といった語彙の意味関係
- (54 ⓒ) における pink といった形容詞の修飾（形容詞 pink が fake に置き換えられたとき含意関係が成り立つか，考えてみよう）

形式意味論では，このような日常におけるさまざまな言語現象と，人の経験的な推論との関係を分析する．なお，上の例のような上位・下位関係や bike と bicycle のような同義関係，hot と cold のような反義関係（対義関係）といった内容語の意味関係に関しては**語彙意味論** (lexical semantics) で研究されている．

　自然言語の推論現象の中でも，含意関係以外の推論は，文脈や常識的知識，世界知識などから生じる暗黙の仮定に依存する可能性があり，完全には不変でない．たとえば，ほとんどの話者はあまり抵抗なく (55) が真であれば (56) も真であると判断する．

(55)　　Hanako is a bird

(56)　　Hanako can fly

しかし，Hanako が生まれたばかりの鳥のひなやペンギン，羽をケガした鳥である状況など，(56) の結論を裏づけることなく ((56) を否定しながら)，(55) が真となる状況を考えることもできる．(55) や (56) のような文間の推論関係は，**阻却可能**な (defeasible) または取り消し可能な（キャンセル可能な，cancellable）推論として分類される．一方で，含意関係は阻却不可能な推論 (indefeasible reasoning) に分類される．たとえば，(52 **a**) ⇒ (52 **b**) は前提に Hanako is a teacher などさらなる情報を追加しても，容易に取り消すことはできない．

　なお，(52 **a**) を主張した上で (52 **b**) を否定しようとする (57) のような談話は，通常一貫性のない (incoherent) 談話として拒絶される．

(57)　　# Hanako is young and smart, but she is not smart

一貫性のない文は # というマークによって区別される．なお，この文では文法的な誤りはないことから，一貫性がなく矛盾した文は，非文法性とは区別される．ここまでの話から，含意関係を次のように整理する．

含意関係 (entailment relation)：
　二つの自然言語文 S_1 と S_2 との間に取り消し不可能な関係が与えられ，S_1 が真であるならば S_2 も真であると話者が直観的に判断できることを「S_1 は S_2 を含意する」といい，$S_1 \Rightarrow S_2$ と表す．

　日常の推論において含意関係の判断は一貫しており，自然言語に対する意味論的判断の手段を与えてくれる．文間の含意関係によって文間の**同値性** (equivalence) も定義できる．たとえば，(52 **a**) と文 S (Hanako is young, and Hanako is smart.) は，互いに互いを含意するため同値であり，このような同値関係は，(52 **a**) ⇔S と記述される．

　自然言語に対する意味論的判断に関わるその他の概念として，次のように前提 (58) から結論 (59) の否定が導かれる（前提が真であるとき結論が偽となる）**矛盾** (contradiction) がある．

> (58)　There is no woman

> (59)　A woman is dancing

　また，自然言語処理分野では，文間の含意関係を予測することは含意関係認識 (Recognizing Textual Entailment, RTE) または自然言語推論 (Natural Language Inference, NLI) という言語理解タスクの一つとして扱われており，これについては 16.2 節で詳細に紹介する．

4.2　● 推意と前提

4.2.1　┃ 推意

　以降では，含意関係以外の推論現象をいくつか紹介しよう．自然言語の表現には，文字どおりの意味があり，含意関係は文字どおりの意味に基づく推論の関係である．聞き手は発話を聞いたときに，通常は発話の文字どおりの意味を理解した上で，話者の意図を理解しようと試みる．このとき，発話は文字どおりの意味とは異なる意味を聞き手に伝えることがあるので，文字どおりの意味と区別するための用語が必要となる．この話者が伝えようとする意味のことを**話者の意味** (speaker meaning) と呼び，話者の意味に基づく推論のことを**会話的推意**（会話の含み，conversational implicature）と呼ぶ．会話的推意はイギリスの哲学者である Paul Grice（ポール・グライス）によって考案された概念である．Grice は会話的推意を導く原理として，発話するときに目的や会話の方向を考慮に入れて会話を行うという**協調の原理** (cooperative principle) を考案した．グライスは，協調の原理にしたがった発話とされる基準を**格率** (maxim)[*3] と呼び，量の格率（話者は求められているだけの情報を

---

*3 文法規則といった通常の規則や基準とは異なり，話者がしたがっていることが期待されるが，ひそかに破られることもあるという規範的な概念として，格率という表現が使われている．

提供しなければならない)・質の格率(話す内容は真実でなければならない)・関連性の格率(話者が提供する情報はその時点での会話に関連するものである)・様態の格率(話す内容はわかりやすく明瞭なものでなければならない)の 4 つの会話の格率を立てた [91].

　文字どおりの意味と話者の意味は同じである場合もあれば,まったく異なる場合もある.たとえば,A さんと B さんが動かなくなった車の前で次のような会話をしていたとしよう.

> A:　ガソリンを切らしてしまった.
>
> B:　すぐそばにガソリンスタンドがあるよ.

この会話では,B さんの発話の文字どおりの意味は「近くにガソリンスタンドがある」ということであるが,話者の意味は「ガソリンスタンドに行けばガソリンを補充できる」ということである.もし B さんがガソリンスタンドが営業中であり,そのガソリンスタンドにガソリンがあると考えているのでなければ,B さんの発話は関連性の格率に反することになる.しかし,A さんと B さんの会話は自然なものである.このことから,B さんはガソリンスタンドが営業中であり,そのガソリンスタンドにガソリンがあるということを推意[*4] として A さんに伝えており,また,A さんも B さんがこれらの内容を推意としたことを推論して導いているといえる.

　前述の A さんと B さんの会話は,ガソリンが不足しているという特定の文脈のもとで推意が生じている.あることを特定の文脈でいったときにその文脈に照らして生じるような会話的推意は,**特定化会話的推意** (particularized conversational implicature) と呼ばれる.特定化会話的推意に対して,文脈や発話の状況に依存せずに生じるような会話的推意は**一般化会話的推意** (generalized conversational implicature) と呼ばれる.次の二つの文は,尺度 (scale) に関する推論であるスカラー推意 (scalar implicature) [148]の例を示す.スカラー推意は一般化会話的推意の一つである.

---

*4 ここでの推意は[91]におけるテクニカルタームであり,推意は推論の一種を指す場合もあれば,推論から導かれる(ことが期待される)意味内容を指す場合もあることに注意する.

(60)　Four women were talking on a bench

(61)　Five women were talking on a bench

(60) の発話について考える．(60) はあるレベルでは，「（少なくとも）4 人の女性が話していた」という意味をもつ*5．(61) ではなく (60) をあえて発話したという話者の意図を考慮すると，「ちょうど 4 人の女性が話していた」ということが推意として導かれる．というのも，もし「（少なくとも）5 人の女性が話していた」ということを伝えたかったとしたら，(61) を発話したはずである．(61) を発話しなかったということから，「話していたのは 5 人以上の女性ではない」ということが推論される．「少なくとも 4 人」と「5 人以上ではない」ということをあわせて，「ちょうど 4 人の女性が話していた」という推意が導かれる．このスカラー推意の例は，話者が「4 人の女性が話していた」と求められているだけの情報量を発話しているという，量の格率に基づくものである．

　会話的推意は含意関係とは区別され，取り消し可能な推論である．たとえば，(60) に The number of women is an estimate という発話が追加されれば，(61) は矛盾であるとまでは推意できない．また，会話的推意は**増強可能**であり (reinforceability)，含意関係が増強不可能である．つまり，(60) の後には推意される文，たとえば，but it was not the case that five women were talking on a bench という文を自然に続ける（増強する）ことができる．一方で (60) の後に，この文と含意関係が成り立つ文，たとえば，but at least four women were talking on a bench という文を続けると，冗長になる．

　別のスカラー推意の例をみてみよう．次の (62) に対して「学生の何人かは賢い」とわざわざ発話した話者の意図と量の格率にしたがうと，「すべての学生が賢いというわけではない」と解釈することができ，(63) が推意される．

(62)　Some of my students are smart

(63)　Not all of my students are smart

---

*5 これは後述する真理条件的意味である．

(62) の後に but not all of my students are smart という文は続けることが
できるが，but at least one of my students is smart という文は続けるこ
とができないことから，やはり (62) と (63) の関係は含意関係ではなく会話
的推意であることがわかる．尺度に関する表現はスカラー要素 (scalar item)
と呼ばれ，スカラー推意を引き起こす意味的に弱いスカラー要素と強いスカ
ラー要素のペアは Horn scale [**108**, **110**, **167**] と呼ばれている．**表** 4.1 に Horn
scale の例を示す．たとえば一つ目の例では，「すべての」という強いスカラー
要素ではなく「ほとんど」という弱いスカラー要素をわざわざ選んで発話し
ているという話者の意図から，強いスカラー要素の否定が推意される．

表 4.1 Horn scale の例．Horn scale は左から右へいくほど意味的に強い
スカラー要素を表す．

Horn scale	スカラー推意の例
⟨some, most, all⟩	社員のほとんどが男性だ
	⤳ すべての社員が男性であるわけではない
⟨1, 2, 3 . . . , n⟩	太郎は 3 つのケーキを食べた
	⤳ 太郎は 4 つ以上のケーキを食べたわけではない
⟨or, and⟩	太郎は二郎か三郎を家に招待した
	⤳ 太郎は二郎と三郎の両方を家に招待したわけではない
⟨sometimes, always⟩	太郎はときどき研究室に行く
	⤳ 太郎はいつも研究室に行くわけではない
⟨may, should, must⟩	太郎は研究室に来てもよい
	⤳ 太郎が研究室に来る義務はない
⟨warm, hot⟩	今日は暖かい
	⤳ 今日は暑くはない

4.2.2 ▎ 前提

前提 (presupposition) は，ある命題が発話されるためにあらかじめ知られ
ていなければならない（発話の背景を表す）命題のことであり，含意関係と
も会話的推意とも区別される推論のタイプを構成する．また，前提 (presup-
position) は推論のタイプの一つであり，含意関係の前提 (premise) とはもち
ろん別の概念である．次の例は，前提を説明する有名な例であり，(65) が真

であることは (64) の発話をするときの背景となっている.

(64)　The king of France is bald

(65)　There is a king of France

この例では，(64) の定冠詞 the が「フランスに王が存在する」という前提を生じさせる表現であり，このような表現のことを**前提トリガー** (presupposition trigger) と呼ぶ. 前提トリガーとなる表現は定冠詞のほかにも「後悔する」などの叙実動詞や疑問文など，さまざまな表現がある. たとえば，「私はライブに行ったことを後悔している」ということは「私がライブに行ったこと」を前提としており，「誰がライブに行ったのですか？」という疑問文は「誰かがライブに行ったこと」を前提としている. 前提トリガーの代表的な例を**表 4.2**に示す [148].

表 4.2　前提トリガーの代表的な例.

前提トリガー	前提の例
確定記述 (definite descriptions)	太郎の弟が来た ⤳ 太郎には弟がいる
叙実動詞 (factive verb)	太郎が来たことを知っている ⤳ 太郎が来た
含意動詞 (implicative verb)	太郎は鍵を閉めるのを忘れた ⤳ 太郎は鍵を閉めようという意図があった
時間節 (temporal clauses)	次郎が産まれる前に太郎が産まれた ⤳ 次郎が産まれた
時間副詞 (temporal adverb)	再び富士山に登った ⤳ 過去に富士山に登った
分裂文 (cleft sentences)	忘れ物をしたのは太郎だ ⤳ 忘れ物をした人がいる
疑問文 (questions)	誰がこの大学の言語学の教授ですか？ ⤳ この大学には言語学の教授がいる

　前提の特徴として，前提は通常の含意とは異なり，否定 (not) やモダリティ (might) といった構造に埋め込まれても文全体にその前提が引き継がれるという点があり，このような特性を**投射** (projection) という. たとえば，(64) を

否定で埋め込んだ The king of France is not bald や様相で埋め込んだ The king of France might be bald は (64) を含意しないが，(65) を含意する．しかし，投射が成立しない構造もある．たとえば If there is a king of France, the king is not bald という文は (65) を含意しない．このように投射が成立しない構造は**前提フィルター** (filtering) と呼ばれている．

通常，前提は発話がなされる前に話者と聞き手の間で共有されているが，必ずしも共有されていなくても自然な発話が成り立つことがある．たとえば，突然「私の娘は留学中です」という発話を聞いても，聞き手は話者に娘がいるという前提を補ってこの発話を解釈することができる．このように前提を補って発話を解釈することは**前提調節** (presupposition accommodation) と呼ばれる．

ここまでの含意関係，推意，前提の関係を図にまとめると，次のようになる．会話的推意や前提といった推論のタイプの違いを説明できるようにすることは，**語用論** (pragmatics) の問題として形式意味論でどのように分析するかが研究されている [**17**, **122**, **128**]．語用論の問題は意味論ほど十分には整理されていないのが現状であり，[**148**]は語用論に関する伝統的な問題について整理された書籍である．

4.3 ● 文の意味

ここで，形式意味論という研究分野では，自然言語の意味をどのように考えているのかについて，改めて整理したい．形式意味論の研究ではまず，自然言語の意味とは何かという問題について何らかの立場をとり，自然言語の意味表示の形式を考える．その上で，自然言語の統語論について何らかの立

場をとり，その統語論が与える構造にしたがって自然言語の意味表示を計算する機構を検討することで，自然言語の意味を分析する [283]．

　形式意味論の研究は 1960 年代に Richard Montague（リチャード・モンタギュー）が提案した**モンタギュー意味論** (Montague semantics) [182]を礎とする．Montague は The Proper Treatment of Quantification in Ordinary English（通称, PTQ）[181]の中で，形式言語と自然言語との間に原理的な区別を立てず，自然言語の意味も論理式への**翻訳** (translation) を通して，形式言語と同様に**解釈**（モデル）を与えることを提案している（モデルの説明の詳細は 6 章で述べる）[*6]．

　モンタギュー意味論では，文の意味を文の**真理条件** (truth condition) として捉えている．真理条件については 6.4 節で確認するが，文の真理条件とは，文がどのような状況（モデル理論的意味論におけるモデル構造）では真であり，どのような状況では偽であると解釈されるかを示す条件のことである．このように，文の意味を真理条件として捉える立場を**真理条件的意味論** (truth-conditional semantics) という．真理条件的意味論とは，別の言い方をすれば，ある文の意味を理解しているということは，その文とある状況が与えられたときに，その文が真か偽か判断でき，その文の真理条件にしたがって文間の含意関係を予測できる，という考え方といえる．真理条件的意味論は 1967 年に Donald Davidson（ドナルド・ディヴィドソン）によって自然言語の意味論に導入され [61]，今日に至るまで形式意味論の標準的な立場である．

　しかし，文の真理条件を超える「意味」もいくつか存在する．「ご飯を食べなさい」といった命令文や「ご飯を食べましたか？」といった疑問文，「なんと美しい景色なんだ！」といった感嘆文は，非平叙文 (non-declarative sentence)

---

*6　Montague は Universal Grammar[180]の中では構文木に対して論理式を介さず直接モデルを与えることを提案している．

に分類される．非平叙文の意味は，どのような状況で真や偽と解釈されるのかという判断が難しいことから，通常の真理条件で捉えることは困難であることがわかる．そこで近年，命令文や疑問文を真理条件的意味論で分析する研究として，**模索的意味論** (inquisitive semantics) [**48**] がある．また，モンタギューの真理条件的意味論ではモデル理論的意味論を前提とする．これに対して，真理条件に依存せず，文の意味を文の**検証条件** (verification condition) [**65**] として捉え，文の意味を理解できることとは，与えられた文脈からその文の証明を構成的に示すことができることであるという考え方として，**証明論的意味論** (proof-theoretic semantics) がある．証明論的意味論は Gerhard Gentzen [**85**, **236**] に起源をもち，直観主義論理と深く関わりがある．証明論的意味論の研究は論理や数学の分析が中心だが，自然言語への応用も進められつつある [**222**]．なお，証明論的意味論は言語哲学においては，文の意味はその文が推論においてどのようにふるまうかによって決まるという推論主義 (inferentialism) [**34**, **97**] の考え方とも関連が深い．本書では，現代の証明論の視点から，モンタギューの真理条件的意味論のエッセンスを再構成して紹介したい．

4.4 ● 外延と内包

自然言語の意味の本質は，自然言語を用いてモデル上の対象を**指示** (refer) することにあると考えることができる．このように，モデルが表す状況（文脈）における言語表現の指示対象は，その文脈における言語表現の**外延** (extension) 的意味と呼ばれ，文脈によって変化しうる．しかし，言語表現の意味は外延的意味だけでは定まらない場合もある．有名な例として，次の文について考えてみよう．

(66)　金星は金星である

(67)　明けの明星は宵の明星である

(68)　明けの明星は明けの明星である

三つの文はいずれも**同一性** (identity) を表現している文である．そして，「明

けの明星」と「宵の明星」は外延的意味，つまり指示対象としては同じであり，「金星」を指示している．そこで，「～は…である」という同一性を表す言語表現の指示対象を $=$，「金星」という言語表現の指示対象を v とすると，(66) の「～は…である」を $=$，「金星」を v に置き換えることができ，(66) の意味は $v = v$ と表すことができる．このように，言語表現の構成素をその構成素と外延が等しい表現で置き換えても，言語表現全体の外延が変化しないこと（言語表現を指示対象によって代入できること）を**代入可能性** (substitutivity) といい，外延的意味は代入可能である．

　そこで，「明けの明星」と「宵の明星」という言語表現もまた，どちらも対象 v を指示するので，それぞれを v で代入すると，(67) と (68) の意味はどちらも $v = v$ とまったく同じ意味で表されることになり，(67) と (68) の意味の違いを表すことができない．つまり，(67) と (68) の意味の違いは外延的意味では表すことができない．「明けの明星」と「宵の明星」の意味の違いは，主体の認識によるものであり，主体が明け方の東空でみた金星が「明けの明星」，夕方の西空にみた金星が「宵の明星」である．このような意味は**内包** (intension) 的意味と呼ばれ，内包的意味は主体の認識が関係するため代入が不可能である点に注意する．自然言語の外延的意味と内包的意味の違いについては，ドイツの哲学者である Gottlob Frege（ゴットロープ・フレーゲ）が 1892 年に「意義と意味について (Über Sinn und Bedeutung)」[79] という書籍ではじめに提唱した．Bedeutung はドイツ語で日本語では意味や**指示対象** (reference) と訳され，外延的意味を表すのに対して，Sinn は日本語では**意義** (sense) と訳され，内包的意味を表す．

　名詞句などの言語表現の意味を考えるときには，外延的意味で解釈しているか内包的意味で解釈しているかを意識すると，言語表現の意味についてさらに一段階深く考えることができる．ここで，言語表現の意味を内包的に解釈した読みは**言表読み** (*de dicto* reading) と呼び，言語表現の意味を外延的に解釈した読みは**事象読み** (*de re* reading) という．たとえば，次の文を言表読みで解釈すると，「花子はスパイが存在すると信じている」という解釈になり，事象読みは「花子がスパイだと信じている人物が存在する」という解釈になる．

(69)　花子は誰かがスパイであると信じている

　この読みの違いは，次のように論理式にすると少しわかりやすい．(70) が言表読みに対応する論理式，(71) が事象読みに対応する論理式である．(70)は命題を項にとる論理式となっており，個体変項の量化のみを扱う一階述語論理では表現できず，高階論理を扱っていることに注意する．高階論理については 8.2 節で改めて紹介する．

(70)　信じる $(花子, \exists x.(\mathsf{spy}(x)))$

(71)　$\exists x.(信じる (花子, \mathsf{spy}(x)))$

言表読みと事象読みとでは「誰か」を表す存在量化（論理式の $\exists x$，述語論理については 6 章で紹介する）のスコープが変わる．言表読みでは「信じる」という動詞のスコープの内側に存在量化が現れるのに対して，事象読みでは動詞の外側に存在量化が現れている．前者の解釈では，「誰か」という言語表現に実際の人物を表す外延を代入することができないことに注意しよう．

　ここで，動詞について，内包的な動詞と外延的な動詞を区別することができる．「信じる」や「探す」，「知る」といった**命題的態度** (propositional attitude)を表す動詞は態度動詞と呼ばれ内包的であり，通常代入不可能である．これに対して，「会う」や「ぶつかる」といった動詞は知覚動詞と呼ばれ外延的であり，代入可能である．

　たとえば，「知る」という態度動詞を含む次の推論について考えてみよう．(72) と (73) を前提としたとき，(74) は含意されるだろうか．

(72)　トムはスーパーマンが空を飛べると知っている

(73)　スーパーマンはクラーク・ケントである

(74)　トムはクラーク・ケントが空を飛べると知っている

この例では，前提が真でも，結論が偽でありうるため，含意関係が成立しない．というのも，トム自体はスーパーマンの正体が何者かを知らないし，ク

ラーク・ケントという人物すら知らないかもしれないからである．この例で
は「知る」が内包的な動詞であり，(72) のスーパーマンに対してクラーク・
ケントへの代入が成立しないことも確認できる．一方で，「会う」という知覚
動詞を含む次の例をみると，(75) と (73) に対して (76) は含意される．

> (75)　トムはスーパーマンと会った

> (76)　トムはクラーク・ケントと会った

　ただし，動詞が内包的か外延的かについては，しばしば文脈によって曖昧
になることを本節のまとめとして紹介したい．

> (77)　私はユニコーンを探している．

> (78)　母親が公園で少女を探している．

一つ目の文の「探している」はユニコーンという存在しないものを存在を信
じて探す行為であり，代入不可能であることから内包的である．しかし，二
つ目の文の「探している」は通常探している少女の存在を知った上で探す行
為であり，これは「少女」という実際の人物を表す外延によって代入可能で
あることから外延的である．

　本書では命題的態度や信念といった内包的意味の分析に関して，これ以降
は詳しく扱わず，自然言語の意味として外延的意味を扱う．内包的意味を扱
う意味理論としては**内包意味論** (intensional semantics) があり，参考文献と
しては [255] が内包意味論に関する網羅的な文献であり，[265] の 6 章や [39] の
13 章でも紹介がある．これから真理条件的意味論がどのように文の意味や含
意関係に対して説明を与えうるかを考えていく上で，5, 6 章ではまず形式意
味論の理解に必要な集合論や記号論理の道具立てを確認したい．

第 5 章

形式意味論の準備：集合論

　自然言語の意味を分析し形式的な理論体系を構築する上で，数学は意味を分析するときの共通の「ことば」として重要であり，かつ強力な道具立てである．その中でも**集合論** (set theory) は数学の基礎にあたり，自然言語の意味を分析する上でも不可欠な概念である．そこで，まずは集合論の基本的な定義を確認しよう．すでに集合論について理解している人は読み飛ばしてもかまわない．

5.1 ● 集合論の基本定義

> **定義 5.1.1** $x \in X$ であるとき，x は集合 X の元 (member) である，もしくは集合 X の要素 (element) である，もしくは集合 X に属するという．また，$x \notin X$ であるとき，x は集合 X の元でない，集合 X の要素でない，集合 X に属さないという．

> **定義 5.1.2** **空集合** (empty set) とは元を一つも含まない集合のことをいい，$\emptyset$ と表す．

> **定義 5.1.3** **集合の同一性** (identity)： 二つの集合 X, Y が同じ要素からなるとき X, Y は**等しい**といい，以下が成り立つ．
>
> $$X = Y$$

　定義 5.1.3 は，集合の外延的表記に基づくものである．**外延** (extension) とは，集合を構成する要素の全体性に着目する概念で，同じ要素をもつ二つの集合は同じ集合とみなされる．たとえば，$\{1, 2, 3\}$ と $\{3, 2, 1\}$ は同じ集合と

みなされる（要素の順序が異なる集合も同じ集合とみなされることに注意する）．これは，要素の集まりによって集合が定まることを意味している．

　別の集合の表記のしかたとして，内包的表記に基づくものがある．**内包** (intension) とは，集合を構成する要素の性質に着目する概念であり，ある条件を満たす要素の集合を表現する方法である．たとえば，「1 から 5 までの自然数の集合」という集合は，外延的表記では $\{1, 2, 3, 4, 5\}$ と表される．内包的表記では，自然数全体の集合を $\mathbb{N}$ とすると，$\{x \in \mathbb{N} \mid 1 \leq x \leq 5\}$ のように表すことができ，この集合は $\{1, 2, 3, 4, 5\}$ と同一の集合を表している．

定義 5.1.4　集合 X のすべての要素が集合 Y の要素であるとき，X は Y の**部分集合** (subset) であるといい，$X \subseteq Y$ と表す．

$$x \in X \Rightarrow x \in Y$$

- 空集合 $\emptyset$ は任意の集合の部分集合である．
- 部分集合の例として，犬全体を表す集合 dog は動物全体を表す集合 animal の部分集合であり，dog $\subseteq$ animal と表すことができる．

次の定義では，内包的表記が使われている．

定義 5.1.5　二つの集合 X, Y に対し，これらの**和集合** (union) $X \cup Y$ と**共通部分** (intersection) $X \cap Y$ は，それぞれ次のように定義される．

$$X \cup Y = \{z \mid z \in X \text{ または } z \in Y\}$$
$$X \cap Y = \{z \mid z \in X \text{ かつ } z \in Y\}$$

　例として数学のテストの成績が 90 点以上だった学生の集合 $X = \{\text{Tom}, \text{Bob}, \text{John}\}$ と理科のテストの成績が 90 点以上だった学生の集合 $Y = \{\text{Tom}, \text{Fred}, \text{Dan}\}$ について考えると，和集合，共通部分はそれぞれ $X \cup Y = \{\text{Tom}, \text{Bob}, \text{John}, \text{Fred}, \text{Dan}\}$，$X \cap Y = \{\text{Tom}\}$ となる．

定義 5.1.6 二つの集合 X, Y に対し，これらの**差集合** (difference) $X - Y$ は次のように定義される．

$$X - Y = \{z \mid z \in X \text{ かつ } z \notin Y\}$$

とくに，$Y \subseteq X$ であるとき，$X - Y$ のことを X に対する Y の**補集合** (complement) という．

定義 5.1.7 集合 X, Y に対して $X \cap Y = \emptyset$ であるとき，和集合 $X \cup Y$ を X, Y の**排他的和** (disjoint union) と呼ぶ．

例として，犬全体を表す集合 dog と猫全体を表す集合 cat については，dog $\cap$ cat $= \emptyset$ が成り立つことから，dog $\cup$ cat は dog と cat の排他的和となる．

定義 5.1.8 集合 X の**べき集合** (powerset) $P(X)$ とは，X の部分集合全体からなる集合である．つまり

$$P(X) = \{S \mid S \subseteq X\}$$

と表される．$P(X)$ は空集合 $\emptyset$ と X 自身を含む．

$X = \{\text{Tom}, \text{Bob}, \text{John}\}$ のべき集合は

$$P(X) = \{\{\}, \{\text{Tom}\}, \{\text{Bob}\}, \{\text{John}\},$$
$$\{\text{Tom}, \text{Bob}\}, \{\text{Tom}, \text{John}\},$$
$$\{\text{John}, \text{Bob}\}, \{\text{Tom}, \text{Bob}, \text{John}\}\}$$

である．

ここまでの集合論の定義を用いて，次の例 (79) を考えよう．(79) では，T が真であるとき H_1 は必ず真であるが，H_2 は必ずしも真とは限らない．すな

わち，T は H_1 を含意するが，H_2 を含意しない（非含意である）．

(79)

T: Some <u>dogs</u> ran yesterday

H_1: Some <u>animals</u> ran yesterday 含意

H_2: Some <u>beagles</u> ran yesterday 非含意

　T が真であり，かつ H_2 が偽となるような状況は**反例モデル** (counter model) といい，含意関係が成り立たない場合は反例モデルの構成によって示すことができる．反例モデルについては 7.2 節で改めて紹介するので覚えていてほしい．T が H_1 を含意し，H_2 を含意しない関係は，量化表現（量化については 6 章の述語論理で紹介する）some の性質と内容語 dogs, animals, beagles の上位・下位関係によって説明することができる．内容語 dogs, animals, beagles, ran はそれぞれ犬の集合 D，動物の集合 A，ビーグルの集合 B，走るものの集合 R を表すとしよう．また，量化表現 some は集合間の関係を表す．"Some X Y" という形の文が真であるのは，X と Y が表す集合が共通部分をもつとき，つまり，$X \cap Y \neq \emptyset$ であるときである．いま，D, A, B の上位・下位関係をオイラー図で示してみると，**図 5.1** のようになる．

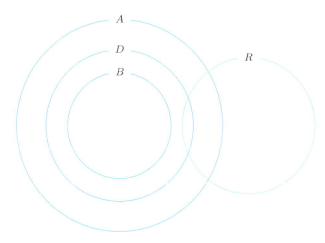

図 5.1　　(79) の T を真とし H_2 を偽とするような集合 D, A, B, R の関係（反例モデル）．

この集合間の関係を用いて (79) の含意関係を考えてみると，まず文 Some dogs ran が真であるならば，D と R の共通部分が存在する．このとき，R のとり方によらず，A と R の共通部分も必ず存在する．よって，文 Some animals ran も真となり，T から H_1 への含意関係が成立することがわかる．しかし，R を図 5.1 のようにとったとき，D と R の共通部分は存在するが，B と R の共通部分は存在しない．よって，文 Some dogs ran は真であるが，文 Some beagles ran は偽となり，T から H_2 への含意関係は成立しない．

　一方で，次の (80) では，T は H_1 を含意しないが，H_2 を含意する．

(80)

T: **No** dogs ran

H_1: **No** animals ran **非含意**

H_2: **No** beagles ran **含意**

この場合も集合 D, A, B, R 間の関係を図で描いてみるとわかりやすい．"No X Y" という形の文が真であるのは，X と Y が表す集合が排他的な関係にあるとき，つまり，$X \cap Y = \emptyset$ であるときである．T が真であり，かつ H_1 が偽となるように D, A, B, R の関係をオイラー図で示してみると**図 5.2** のよ

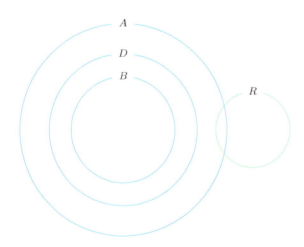

図 5.2　(80) の T を真とし H_1 を偽とするような集合 D, A, B, R の関係（反例モデル）．

うになる．

　D と R が排他的な関係であるならば，R のとり方によらず，B と R も
必ず排他的な関係になる．つまり，文 No dogs ran が真であるならば，No
beagles ran は真となり，T から H_2 への含意関係が成立する．一方，R を
図 5.2 のようにとったとき，D と R は排他的な関係となるが，A と R は共
通部分をもつ．よって，文 No dogs ran は真であるが，文 No animals ran
は偽となり，T から H_1 への含意関係は成立しない．このように，量化表現
の性質によって語彙の置き換えに基づく含意関係が変わる推論は**単調性推論**
(monotonicity) [**25**][*1] と呼ばれ，形式意味論において重要な推論現象の一つ
である．

5.2　● 関係と関数

　dog のような普通名詞や run のような自動詞の意味は，犬の集合や走って
いる個体 (individual) の集合と解釈することができる．これに対して，love
や like のような他動詞は，love(Mary, Tom) であれば Mary が Tom を愛し
ているという関係，like(John, Sue) であれば John が Sue を好きであるとい
う関係というように，個体間の関係を表すと考えることができる．ここで，
like(Sue, John) であれば Sue が John を好きであるという関係になり，先ほ
どの like(John, Sue) で表されている個体間の関係とは意味が変わることから，
関係を考えるときには引数の順序も重要になる．

　つまり，二項関係 (relation) は特定の順序で並んでいる要素のペア，すなわ
ち**順序対**を用いて数学的にモデル化することができる．順序対 $\langle x, y \rangle$ は二つ
の対象 x, y を対にしたものであり，対象 x は順序対の第一成分，y は順序対
の第二成分という．順序対は次のように集合によって定義することができる．

---

*1　知識推論 (knowledge reasoning) のトピックとして，帰結関係が単調でない論理を指す非単調論理や非
　　単調推論，デフォルト推論という用語がある．知識推論における単調性は新たな前提を足しても推論の妥
　　当性には影響しないという性質を指すが，本節で紹介している演繹推論の一種としての単調性推論とは別
　　のトピックである．

> **定義 5.2.1　順序対** (ordered pair): $\langle x, y \rangle = \{\{x\}, \{x, y\}\}$

順序対の成分は $\langle 3, 4 \rangle$ のように数となることもあれば，$\langle \{1, 2\}, \{3, 4\} \rangle$ のように集合となることもある．

> **定義 5.2.2　集合** X, Y の**直積** (cartesian product) $X \times Y$ は，X, Y の元 x, y の順序対 $\langle x, y \rangle$ の集合である．
>
> $$X \times Y = \{\langle x, y \rangle \mid x \in X \text{ かつ } y \in Y\}$$

たとえば，直積 $\{a, b\} \times \{1, 2\}$ を集合で表すと，$\{\langle a, 1 \rangle, \langle a, 2 \rangle, \langle b, 1 \rangle, \langle b, 2 \rangle\}$ となる．

> **定義 5.2.3　集合** X, Y の**直和** (direct sum, coproduct) $X \amalg Y$ は，次のように定義される．
>
> $$X \amalg Y = (\{0\} \times X) \cup (\{1\} \times Y)$$

> **定義 5.2.4** X と Y の**二項関係** R は X と Y の直積の部分集合からなり，次のように定義される．
>
> $$R \subseteq X \times Y$$
>
> 順序対 $\langle x, y \rangle$ が R に属する，すなわち $\langle x, y \rangle \in R$ のとき xRy のように表す．

ここで，関数（または写像）とは，二項関係の特別な形であり，入力に対して出力を返すもののことである．入力は項 (argument)，出力は値 (value) とも呼ばれ，n 項関数は n 個の入力をとる関数のことを指す．

> **定義 5.2.5**　集合 X から Y への**関数**（写像, function）$f : X \to Y$ とは，二項関係 $f \subseteq X \times Y$ であり次の条件を満たすものをいう．任意の元 $x \in X$ に対して $\langle x, y \rangle \in f$ からなる $y \in Y$ がちょうど一つ存在する．そのような（一意の）y を $f(x)$ と表し，また $\langle x, y \rangle \in f$ であることを $f : x \mapsto y$ と表す．また，集合 X は**定義域** (domain), Y は**値域** (codomain) と呼ばれる．

二項関係と関数の違いは図にするとわかりやすい．図 5.3 において $X \times Y$ は二項関係であるが関数ではない例である．

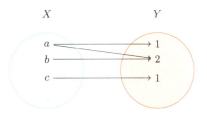

図 5.3　二項関係だが関数ではない例.

> **定義 5.2.6**　集合 X, Y に対して X から Y への関数 $f : X \to Y$ 全体の集合を**関数空間** (function space) といい，Y^X と表す．すなわち，以下となる．
>
> $$Y^X = \{ f : X \to Y \}$$

なお，集合間の対応関係に対しては $\to$，集合の要素間の対応関係に対しては $\mapsto$ を用いていることに注意する．

> **定義 5.2.7**　集合 X から集合 Y への関数 $f : X \to Y$ について，以下が成り立つ．
> 1. f が**単射** (injection) であるとは, 任意の x, x' について $f(x) = f(x')$

ならば $x = x'$ が成り立つことをいう.

2. f が**全射** (surjection) であるとは，任意の $y \in Y$ に対して，ある $x \in X$ が存在して $f(x) = y$ となることをいう.

3. f が**全単射** (bijection) であるとは，f が全射かつ単射であることをいう.

単射，全射，全単射の関係は次の図のように，全射だが単射ではない例（図5.4），単射だが全射ではない例（図5.5），全射でも単射でもない例（図5.6）

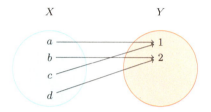

図 5.4　全射だが単射ではない例.

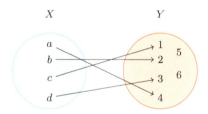

図 5.5　単射だが全射ではない例.

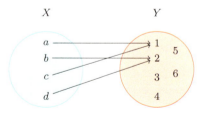

図 5.6　全射でも単射でもない例.

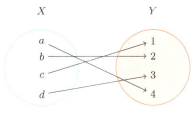

$$X \qquad\qquad Y$$

図 5.7 全単射の例.

を覚えるとよい.

> **定義 5.2.8** 二つの集合 X, Y が**同型** (isomorphic) であるとは，X と Y との間に全単射が存在することをいう．集合 X, Y の**濃度** (cardinality) が等しいともいう.

全単射の例（**図** 5.7）をみると，X の濃度は $|\{a, b, c, d\}| = 4$，Y の濃度は $|\{1, 2, 3, 4\}| = 4$ となり，X と Y の濃度は等しく，X と Y は同型である.

> **定義 5.2.9** 集合 $\mathbb{S}$ が自然数の集合 $\mathbb{N}$ と同型であるとき，$\mathbb{S}$ を**可算無限集合** (countably infinite set) という．集合 $\mathbb{S}$ が有限集合または可算無限集合であるとき，$\mathbb{S}$ を**可算集合** (countable set) といい，可算集合でないとき，**非可算集合** (uncountable set) という.

たとえば，偶数の自然数の全体からなる集合 $\mathbb{E}$ は，写像 $f : \mathbb{N} \to \mathbb{E}$ を $f(x) = 2x$ と定義すると，f が全単射であることから $\mathbb{N}$ と同型であり，可算集合である．また，整数全体からなる集合 $\mathbb{Z}$ は可算集合であり，実数全体からなる集合 $\mathbb{R}$ は非可算集合である.

> **定義 5.2.10** 関数 $f : X \to Y$ と $g : Y \to Z$ に対して，これらの**関数合成** (function composition)
>
> $$g \circ f : X \to Z$$

を

$$g \circ f : x \mapsto g(f(x))$$

によって定義する.

また, 集合 X 上の**恒等関数** (identity function) id_X とは,

$$id_X : X \to X,\ x \mapsto x$$

のことである.

- 関数合成の順番に注意する. $g \circ f$ は f を適用してから g を適用する.
- 関数合成を図示すると**図** 5.8 のようになる.

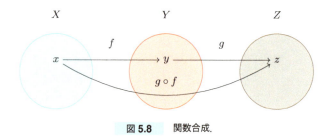

図 5.8 関数合成.

定義 5.2.11 集合 X から Y への**部分関数** (partial function) $f : X \rightharpoonup Y$ とは, X のある部分集合 $S \subseteq X$ から Y への関数 $f : S \to Y$ のことをいう.

命題 5.2.12 集合 $Z^{X \times Y}$ と $(Z^Y)^X$ は同型である.

この命題は関数 $f : X \times Y \to Z$ が関数 $f^\wedge : X \to (Y \to Z)$ と同一であることを示しており, 関数型プログラミングでいう**カリー化** (currying) であ

る．つまり，次のように複数の引数をとる関数を，1 引数関数の連続した呼び出しに置き換えることができることを示している．

$$f^{\wedge}(x)(y) = f(x, y)$$

カリー化は，自然言語の分析では 8.5 節で紹介するように，他動詞 like などの 2 項述語を伴う文の意味合成で 2 項述語の項を一つずつとるときに用いられる．

定義 5.2.13　$S \subseteq X$ を X の部分集合とする．S の**特性関数** (characteristic function) $\chi_S : X \to \{0, 1\}$ は次のように定義される．

$$\chi_S : x \mapsto \begin{cases} 0 & x \notin S \text{ のとき} \\ 1 & x \in S \text{ のとき} \end{cases}$$

たとえば，$X = \{\mathsf{Ann}, \mathsf{Bob}, \mathsf{John}, \mathsf{Kate}\}, S = \{\mathsf{Ann}, \mathsf{John}\}$ とすると，特性関数 χ_S によって X の各要素は次のように 0 か 1 に写される．

$$\begin{bmatrix} \mathsf{Ann} \mapsto 1 \\ \mathsf{Bob} \mapsto 0 \\ \mathsf{John} \mapsto 1 \\ \mathsf{Kate} \mapsto 0 \end{bmatrix}$$

5.3　● 二項関係・同値関係

本節では本書の内容に関連する二項関係と同値関係に関する基本的な定義を確認する．

定義 5.3.1　二つの二項関係 $R \subset X \times Y$ と $S \subseteq Y \times Z$ に対して，これらの合成 $S \circ R \subseteq X \times Z$ を次のように定義する．

$$\langle x, z \rangle \in S \circ R \overset{\text{def}}{\Longleftrightarrow} xRy \text{ かつ } ySz \text{ となるような } y \in Y \text{ が存在する}$$

定義 5.3.2 二項関係 $R \subseteq X \times X$ が X 上の**同値関係** (equivalence relation) であるとは，R が

- 反射的 (reflexive)：任意の $x \in X$ に対して xRx
- 対称的 (symmetric)：任意の $x, y \in X$ に対して xRy ならば yRx
- 推移的 (transitive)：任意の $x, y, z \in X$ に対して xRy かつ yRz ならば xRz

であることをいう．

- 自然言語の例で考えると，「x と x は等しい」という関係は反射的な関係の例である．
- 「x は y の隣である」という関係は対称的な関係の例である．
- 「x は y よりも背が高い」という関係は推移的な関係の例である．
- 「x と y は同じ年齢である」という関係は反射的，対称的，推移的であることから同値関係の例である．

定義 5.3.3 R を X 上の同値関係とする．元 $x \in X$ の R-**同値類** (equivalence class) $[x]_R$ とは，次のように定義される X の部分集合である．

$$[x]_R := \{x' \in X \mid xRx'\}$$

X の R-同値類全体の集合を同値関係 R による**商集合** (R-quotient) と呼び，X/R と書き表す．すなわち，商集合は X を同値関係 R で割って構成した集合であり，以下となる．

$$X/R = \{[x]_R \mid x \in X\}$$

- 同値類の例としては，「学生 x と同じ年齢であるすべての学生の集合」

「女性 x と同じ身長であるすべての女性の集合」などがある.

- 形式意味論では，形容詞や比較を分析するための理論である degree semantics [56, 231]で年齢や身長などの程度 (degree) を定義するときに同値類が用いられている.

第 6 章

形式意味論の準備：記号論理学

　つづいて，形式意味論のもう一つの重要な道具立てとして，記号論理学の基礎である命題論理と述語論理について確認しよう．

6.1 ● 記号論理学とは

　記号論理学は，主に数学の証明（推論）が正しい（妥当である）かどうかを数学的に示すことを目標とした研究分野である．記号論理学では，次の三つの枠組みによって形式言語の体系を構成する．

- どういう形式が論理式であり，また逆にどういう形式が論理式でないか：**形式言語** (formal language) の定義
- 論理式を導出するための推論規則：形式言語の**証明論** (syntax) 的妥当性の定義
- どういう論理式が真となり，また逆にどういう論理式は偽となるか：形式言語の**意味論** (semantics) 的妥当性の定義．

そして，形式言語の証明論と意味論は，**健全性** (soundness) と**完全性** (completeness) によって関係づけられる．

　記号論理学で考えられてきた形式言語の体系を自然言語の分析に応用することで，私たちは多様な自然言語の現象に対して，語の意味から文の意味がどのように構成されるのかを確認することができ，自然言語に対する観察の精度を上げることができる．ここで，分析対象そのものを表す（メタ言語によって記述される側の）言語は**対象言語**（オブジェクト言語, object language）と呼ばれ，分析対象を記述する側の言語は**メタ言語** (meta language) と呼ばれる．言語を分析するときには，常にいま自分が注目している言語が対象言語

なのかメタ言語なのかという区別を意識しておく必要がある．日常的には，対象言語とメタ言語で同じ言語が使われることもある．たとえば，次の例では対象言語である「ことば」もメタ言語である「ひらがな」も日本語が使われている．

(81)　「ことば」はひらがなである．

　ここで，自然言語の意味論（形式意味論）と形式言語の意味論（記号論理学）との関係性について，もう少し正確に整理しよう．4 章では，文の意味を真偽を問うことができる命題としてみたとき，文間の含意関係は重要な経験的証拠となることを紹介した．この経験的証拠に対して妥当な推論が導かれるような意味理論を構築することが，形式意味論の目標である．この目標において，記号論理学では形式言語における妥当な推論（論理式間の含意関係）を，論理式間の証明（証明論）と論理式の真理条件（意味論）という二つの側面から捉えることができる．つまり，形式意味論において記号論理学は，文間の含意関係という経験的証拠が妥当であるかを調べるための道具立てを提供しているといえる．形式意味論と記号論理学との関係は，4.3 節で紹介した自然言語の意味に対して，論理式への翻訳を通して解釈（モデル）を与えるという，モンタギュー意味論における自然言語・論理式・モデル間の関係に対応する．この関係においてそれぞれの言語が対象言語とメタ言語のどちらに対応するのかを整理すると，自然言語が対象言語 1，論理式が対象言語 2，論理式の解釈（モデル）がメタ言語に対応することになる．

　まずは記号論理学の基本的な形式言語の体系である，**命題論理** (propositional logic) について確認しよう．命題論理では，命題 (proposition) に相当する記号と，連言 ($\wedge$)，選言 ($\vee$)，否定 ($\neg$)，含意 ($\supset$ or $\rightarrow$) といった論理演算子の組合せからなる論理式 (logical formula) を対象とする．本書では命題論理の基本的な証明体系として，古典論理のための**ゲンツェン流シーケント計算（LK）** [85]を紹介する．なお，シーケント計算以外にもさまざまな**証明論**（proof theory, 証明を研究対象とする数学の一分野）がある．3.2 節で紹介した自然演繹という証明論は Gentzen による体系であり，カリー・ハワー

ド対応によって型付きラムダ計算と対応することが知られており [**111**]，**型理論** (type theory) の研究によく用いられる．ヒルベルト流の証明論は体系の簡潔さに特色があり，仮定のない推論規則（公理）を数多くもつ一方，仮定をもつ推論規則は多くとも 2,3 個しかもたないという特徴がある．タブロー (tableau) は推論の結論を否定した論理式が前提と矛盾しないかを樹形図で示す証明体系であり，背理法として馴染み深いので証明論の導入で扱われることが多い．その中で，本書で扱うシーケント計算は，自然演繹と同様に Gentzen による証明体系であるが，自然演繹やヒルベルト流といった異なる証明論を，前提と結論の操作の過程をすべて記述する形式をとることで統一的に記述できるという利点がある．

6.2 ● 命題論理の形式言語

　ここでは，命題論理の形式言語について定義を確認しよう．どういう形式が命題論理の論理式であり，また逆にどういう形式が論理式でないかを定義するためには，まず命題論理で扱う記号から定義する必要がある．以降では，3.2 節で紹介した原子命題（これ以上には分解できない命題のこと）を示す記号を**命題変項** (propositional variable) と呼び，記号の一つとして扱う．

定義 6.2.1　命題論理で用いる記号を次のように定義する．
- **命題変項**：$P, Q, R, \ldots$
- **命題定項**：$\top$（真, true），$\bot$（偽, false）
- **論理記号**：$\neg$（否定, negation），$\wedge$（連言, conjunction），$\vee$（選言, disjunction），$\supset$（含意, material conditional）

- 真と偽の扱いは体系の与え方により，0 項真理関数として定義する場合もある [**287**]．
- 含意の記号は $\supset$ のほかに $\rightarrow$ を使う場合もある．

定義 6.2.2 **PVar** を命題変項を要素とする可算無限集合とする．この とき，命題論理式の集合 **PFml** は，BNF 記法で次のように定義される．

$$A \in \mathbf{PFml} ::= P \in \mathbf{PVar} \mid \top \mid \bot \mid A \land B \mid A \lor B \mid A \supset B \mid \neg A$$

- 定義に用いられているバッカス・ナウア記法（Backus-Naur form, BNF 記法）はとくに計算機科学分野で文脈自由言語の文法を定義するのに 用いられる標準的な記法であり，再帰的に定義を与えたいときに用い られる．::= は BNF 記法において使われる記号であり，「左辺は右辺 である」という意味を表し，| は「または」という意味を表す．定義 6.2.2 を BNF 記法を用いずに記述すると，次のようになる．

  1. 命題変項 $P \in \mathbf{PVar}$ は命題論理式である．
  2. $\top$ は命題論理式である．
  3. $\bot$ は命題論理式である．
  4. A が命題論理式であるならば，$\neg A$ も命題論理式である．
  5. A, B が命題論理式であるならば，$A \land B, A \lor B, A \supset B$ もそれぞ れ命題論理式である．
  6. 上記以外は命題論理式ではない．

- 命題論理式の例として，P, Q を命題変項（つまり，$P, Q \in \mathbf{PVar}$）と すると，$P \land Q$ は命題論理式である．

- 定義 6.2.2 の形式にしたがった論理式のことを well-formed formula という．

- 論理式の結合力は，$\neg > \land = \lor > \supset$ の順に強い．例として，$\neg P \supset R \land Q$ は $(\neg P) \supset (R \land Q)$ と読む．なお，$(P \land Q) \lor \neg P$ は，$P \land Q \lor \neg P$ と括弧を省略することができない．これは $\land$ と $\lor$ の結合力が等しいた め，$P \land (Q \lor \neg P)$ との区別がつかなくなるからである

定義 6.2.3 各論理式 $A \in \mathbf{PFml}$ について，A の**自由変項** (free variable) の集合 $\mathrm{FV}(A)$ は，次のように定義される．ここで，$:=$ は左の式を右の式で定義するという意味の記号である．

$$\mathrm{FV}(P) := P \quad P \in \mathbf{PVar} \text{ のとき}$$

$$\mathrm{FV}(\top) := \emptyset$$

$$\mathrm{FV}(\bot) := \emptyset$$

$$\mathrm{FV}(A \wedge B) := \mathrm{FV}(A) \cup \mathrm{FV}(B)$$

$$\mathrm{FV}(A \vee B) := \mathrm{FV}(A) \cup \mathrm{FV}(B)$$

$$\mathrm{FV}(A \supset B) := \mathrm{FV}(A) \cup \mathrm{FV}(B)$$

$$\mathrm{FV}(\neg A) := \mathrm{FV}(A)$$

- 先ほど例として挙げた命題論理式 $(P \wedge Q) \vee \neg P$ を論理式 A とすると，$\mathrm{FV}(A) = \{P, Q\}$ である．つまり，命題論理では，自由変項の集合はその論理式に現れる命題変項の集合を考えればよい．ただし，この後で紹介する述語論理では，自由変項の扱いが重要になる．

- $\Gamma \equiv A_1, \ldots, A_m$ を論理式の有限列としたとき，$((A_1 \wedge A_2) \wedge \cdots) \wedge A_m$ は $\bigwedge \Gamma$，$((A_1 \vee A_2) \vee \cdots) \vee A_m$ は $\bigvee \Gamma$ のように省略して表す．ここで，$\equiv$ は左辺と右辺が構文的に同一であることを表す記号である．$m = 0$ の場合（つまり Γ が空列の場合）は $\bigwedge \Gamma$ を $\top$ とし，$\bigvee \Gamma$ を $\bot$ とする．

6.3 ● 命題論理の証明論

つづいて，論理式間の推論に関する定義を確認する．

定義 6.3.1 ゲンツェン流シーケント計算 (LK) において，**シーケント** (sequent) とは，$\Rightarrow$ で区切られた論理式の有限列の対（推論）であり，次のように表される．

$$A_1, \ldots, A_m \Rightarrow B_1, \ldots, B_n$$

$\Gamma \equiv A_1, \ldots, A_m, \Delta \equiv B_1, \ldots, B_n$ とすると

$$\Gamma \Rightarrow \Delta$$

と表され，左側の論理式の有限列は前提 (premise)，右側の論理式の有限列は結論 (conclusion) を表す．シーケントの右側が空の場合は矛盾を表す．

シーケント $\Gamma \Rightarrow \Delta$ の直観的な意味は有限列 $A_1, \ldots, A_m$ 中の論理式がすべて真であれば，有限列 $B_1, \ldots, B_n$ の少なくとも一つの論理式が真であることであり，すなわち論理式で表すと

$$\bigwedge \Gamma \supset \bigvee \Delta$$

である．

定義 6.3.2　命題論理の古典論理の体系 (LK) の推論規則は，次のように定義される．$\Gamma, \Delta, \Pi, \Sigma$ は，論理式の有限列を表すメタ記号である．

始式 (initial sequent)：**公理** (axiom) ともいう．

$$\frac{}{A \Rightarrow A} \ (\textsc{Init})$$

構造規則 (structural rules)：有限列を操作するための規則

$$\frac{\Gamma \Rightarrow \Delta}{A, \Gamma \Rightarrow \Delta} \ (\textsc{Weakening-L})$$

（弱化規則）

$$\frac{\Gamma \Rightarrow \Delta}{\Gamma \Rightarrow \Delta, A} \ (\textsc{Weakening-R})$$

$$\frac{A, A, \Gamma \Rightarrow \Delta}{A, \Gamma \Rightarrow \Delta} \ (\textsc{Contraction-L})$$

（縮約規則）

$$\frac{\Gamma \Rightarrow \Delta, A, A}{\Gamma \Rightarrow \Delta, A} \ (\textsc{Contraction-R})$$

$$\frac{\Gamma, A, B, \Gamma' \Rightarrow \Delta}{\Gamma, B, A, \Gamma' \Rightarrow \Delta} \ (\text{Exchange-L})$$

$$\frac{\Gamma \Rightarrow \Delta, A, B, \Delta'}{\Gamma \Rightarrow \Delta, B, A, \Delta'} \ (\text{Exchange-R})$$

（交換規則）

$$\frac{\Gamma \Rightarrow \Delta, A \quad A, \Pi \Rightarrow \Sigma}{\Gamma, \Pi \Rightarrow \Delta, \Sigma} \ (\text{Cut}) \quad （カット規則）$$

論理規則 (logical rules)

$$\frac{A, \Gamma \Rightarrow \Delta}{A \wedge B, \Gamma \Rightarrow \Delta} \ (\wedge\text{-L1}) \qquad \frac{B, \Gamma \Rightarrow \Delta}{A \wedge B, \Gamma \Rightarrow \Delta} \ (\wedge\text{-L2})$$

$$\frac{\Gamma \Rightarrow \Delta, A \quad \Gamma \Rightarrow \Delta, B}{\Gamma \Rightarrow \Delta, A \wedge B} \ (\wedge\text{-R}) \qquad \frac{A, \Gamma \Rightarrow \Delta \quad B, \Gamma \Rightarrow \Delta}{A \vee B, \Gamma \Rightarrow \Delta} \ (\vee\text{-L})$$

$$\frac{\Gamma \Rightarrow \Delta, A}{\Gamma \Rightarrow \Delta, A \vee B} \ (\vee\text{-R1}) \qquad \frac{\Gamma \Rightarrow \Delta, B}{\Gamma \Rightarrow \Delta, A \vee B} \ (\vee\text{-R2})$$

$$\frac{\Gamma \Rightarrow \Delta, A \quad B, \Pi \Rightarrow \Sigma}{A \supset B, \Gamma, \Pi \Rightarrow \Delta, \Sigma} \ (\supset\text{-L}) \qquad \frac{A, \Gamma \Rightarrow \Delta, B}{\Gamma \Rightarrow \Delta, A \supset B} \ (\supset\text{-R})$$

$$\frac{\Gamma \Rightarrow \Delta, A}{\neg A, \Gamma \Rightarrow \Delta} \ (\neg\text{-L}) \qquad \frac{A, \Gamma \Rightarrow \Delta}{\Gamma \Rightarrow \Delta, \neg A} \ (\neg\text{-R})$$

定義 6.3.3 命題論理 LK の**証明図** (proof diagram) とは，各ノードが LK の推論規則から構成される有限の深さの木であり，$\Gamma \Rightarrow \Delta$ を根とする証明図 $\mathcal{D}$ が存在するとき，シーケント $\Gamma \Rightarrow \Delta$ は**証明可能** (provable) であるといい，次のように表す．

$$\vdash \Gamma \Rightarrow \Delta$$

また，左辺が空列であるシーケント $\Rightarrow A$ が証明可能であるとき，論理式 $A \in \mathbf{PFml}$ は証明可能であるといい，$\vdash A$ のように表す．

- $\vdash$ はターンスタイル (turnstile) と呼ぶ．
- L, R と対称に推論規則があるのが，LK の特徴である．L 規則（左規

則）は ⇒ の左側の論理式列（前提）に対して操作を行う規則であり，
3.2 節で紹介した自然演繹の除去規則に対応し，R 規則（右規則）は
⇒ の右側の論理式列（結論）に対して操作を行う規則であり，自然演
繹の導入規則に対応する．自然演繹では線の上に前提の論理式，線の
下に結論の論理式を記述していたのに対して，シーケント計算では線
の上に推論規則を適用する前のシーケント，線の下に推論規則を適用
した後のシーケントを記述する．例として連言 (∧) の導入規則を自然
演繹とシーケント計算でそれぞれ記述すると次のようになる．

$$\frac{A \quad B}{A \wedge B} \ (\wedge I)$$

$$\frac{\Gamma \Rightarrow \Delta, A \quad \Gamma \Rightarrow \Delta, B}{\Gamma \Rightarrow \Delta, A \wedge B} \ (\wedge\text{-R})$$

- シーケントを有限列として考えているので，順番や重複がある場合も
  別々の論理式として考慮する必要がある．そのため，順番を入れ替え
  る操作や重複を除去する操作が構造規則として存在する．3.2 節で紹
  介したランベック計算は，構造規則が制限されている体系である．
- ⇒ の右辺の論理式をたかだか一つに限定すると，3.2 節で紹介した直
  観主義論理のシーケント計算 (LJ) になる．
- 証明図の例として，$A, B \in \mathbf{PFml}$ において $A \supset B \Rightarrow \neg(A \wedge \neg B)$ の
  証明は次のように示すことができる．

$$\frac{\dfrac{}{A \Rightarrow A} \ (\text{Init}) \quad \dfrac{\dfrac{}{\neg B, B \Rightarrow} \ (\text{Init})}{B, \neg B \Rightarrow} \ (\text{Exchange-L})}{\begin{array}{c} \dfrac{A \supset B, A, \neg B \Rightarrow}{} \ (\supset\text{-L}) \\ \dfrac{A, A \supset B, \neg B \Rightarrow}{} \ (\text{Exchange-L}) \\ \dfrac{A, \neg B, A \supset B \Rightarrow}{} \ (\text{Exchange-L}) \\ \dfrac{A \wedge \neg B, \neg B, A \supset B \Rightarrow}{} \ (\wedge\text{-L1}) \\ \dfrac{\neg B, A \wedge \neg B, A \supset B \Rightarrow}{} \ (\text{Exchange-L}) \\ \dfrac{A \wedge \neg B, A \wedge \neg B, A \supset B \Rightarrow}{} \ (\wedge\text{-L2}) \\ \dfrac{A \wedge \neg B, A \supset B \Rightarrow}{A \supset B \Rightarrow \neg(A \wedge \neg B)} \ (\text{Contraction-L}) \\ (\neg\text{-R}) \end{array}}$$

- 証明図の導出方法は，まず証明図の一番下に示したいシーケント，一

番上にシーケントに含まれる命題変項に関する始式を記述する。そして、一番下のシーケントの形に注目しながらボトムアップに推論規則を適用し、一番上のシーケントに近づけていくと考えやすい。どの推論規則から適用したらよいのか迷った場合は、まず、結論の複合的な論理式を操作してより単純な論理式にしていくため右規則から適用し、その後左規則で前提の複合的な論理式を操作してより単純な論理式にしていくとよい。証明図の導出に慣れるためには、多くの練習問題を解くことも必要になる。

練習問題 6.3.1 次のシーケントを証明せよ。

- $A \supset B, A \wedge B \supset C \Rightarrow A \supset C$
- $\neg(A \wedge B) \Rightarrow \neg A \vee \neg B$ (ド・モルガンの法則)
- $A \vee (B \wedge C) \Rightarrow (A \vee B) \wedge (A \vee C)$ (分配律)
- $A \supset B \Rightarrow \neg B \supset \neg A$ (対偶律)
- $\neg A \vee B \Rightarrow A \supset B$
- $\Rightarrow ((A \supset B) \supset A) \supset A$ (パースの法則)

定義 6.3.4 シーケント $\Gamma_1 \Rightarrow \Delta_1, \ldots, \Gamma_n \Rightarrow \Delta_n$ に対して、$\Gamma \Rightarrow \Delta$ を根とした有限の深さの証明図が存在するとき、

$$\frac{\Gamma_1 \Rightarrow \Delta_1, \ldots, \Gamma_n \Rightarrow \Delta_n}{\Gamma \Rightarrow \Delta} \ (R)$$

が成り立つ。R は LK において**派生可能** (derivable) であるといい、R は LK の**派生規則** (derivable rule) であるという。また、LK において $\Gamma_1 \Rightarrow \Delta_1, \ldots, \Gamma_n \Rightarrow \Delta_n$ が証明可能であるならば $\Gamma \Rightarrow \Delta$ も証明可能であるとき、R は LK において**許容可能** (admissible) であるといい、R は LK の**許容規則** (admissible rule) であるという。

- 元来の推論規則としては存在しないものの、元来の推論規則の組合せとして展開できるような規則を派生規則という。

- すべての派生規則は許容可能であるが，その逆は成り立たないことに注意する．許容可能であるが派生可能ではない規則の例としては，カット規則がある．カット規則が許容可能である（カット規則を用いて証明可能な論理式はカット規則を用いずに証明可能である）ことはカット除去定理として知られている．カット除去定理については定理 6.6.4 で紹介する．
- たとえば，以下の推論規則 (∧-L') について考える．

$$\frac{A, B, \Gamma \Rightarrow \Delta}{A \wedge B, \Gamma \Rightarrow \Delta} \ (\wedge\text{-L'})$$

この推論規則は以下の LK の推論規則から証明図を導出できるので派生規則である．

$$\cfrac{\cfrac{\cfrac{A, B, \Gamma \Rightarrow \Delta}{A \wedge B, B, \Gamma \Rightarrow \Delta} \ (\wedge\text{-L1})}{B, A \wedge B, \Gamma \Rightarrow \Delta} \ (\textsc{Exchange-L})}{\cfrac{A \wedge B, A \wedge B, \Gamma \Rightarrow \Delta}{A \wedge B, \Gamma \Rightarrow \Delta} \ (\textsc{Contraction-L})} \ (\wedge\text{-L2})$$

補題 6.3.5　以下の三つの式は等価である．

1. $\vdash \Gamma \Rightarrow \Delta$
2. $\vdash \bigwedge \Gamma \Rightarrow \bigvee \Delta$
3. $\vdash \bigwedge \Gamma \supset \bigvee \Delta$

---

3. は定義 6.3.3 から $\vdash \Rightarrow \bigwedge \Gamma \supset \bigvee \Delta$ と同値である．

証明．1. ⇒ 2.：推論規則 (∧-L') と同様にして，以下の推論規則 (∨-R') も派生規則であることが示せる．

$$\frac{\Gamma \Rightarrow \Delta, A, B}{\Gamma \Rightarrow \Delta, A \vee B} \ (\vee\text{-R'})$$

(∧-L')，(∨-R') を繰り返し適用することで，1. ⇒ 2. が示せる．

2. ⇒ 3.：

$$\frac{\bigwedge \Gamma \Rightarrow \bigvee \Delta}{\Rightarrow \bigwedge \Gamma \supset \bigvee \Delta} \ (\supset\text{-R})$$

より成り立つ.

　3. $\Rightarrow$ 1.：$\Gamma \equiv A, B,\ \Delta \equiv C, D$ の場合について，

$$\frac{\Rightarrow (A \wedge B) \supset (C \vee D)}{A, B \Rightarrow C, D}$$

が成り立つことを示せばよい．これは以下の証明図によって成り立つ（WEAK は弱化規則の略．また，始式，縮約規則は省略している）．

$$\cfrac{\Rightarrow (A \wedge B) \supset (C \vee D) \qquad \cfrac{\cfrac{\cfrac{A \Rightarrow A}{B, A \Rightarrow A}\ (\text{Weak-L})}{A, B \Rightarrow A}\ (\text{Exchange-L}) \quad \cfrac{B \Rightarrow B}{A, B \Rightarrow B}\ (\text{Weak-L})}{A, B \Rightarrow A \wedge B}\ (\wedge\text{-R}) \quad \cfrac{\cfrac{C \Rightarrow C}{C \Rightarrow C, D}\ (\text{Weak-R}) \quad \cfrac{\cfrac{D \Rightarrow D}{D \Rightarrow D, C}\ (\text{Weak-R})}{D \Rightarrow C, D}\ (\text{Exchange-R})}{C \vee D \Rightarrow C, D}\ (\vee\text{-L})}{(A \wedge B) \supset (C \vee D), A, B \Rightarrow C, D}\ (\supset\text{-L})}{A, B \Rightarrow C, D}\ (\text{Cut})$$

$\square$

練習問題　6.3.2　($\vee$-R’) が派生規則であることを示せ.

6.4 ● 命題論理の意味論

　命題論理の意味論では，論理式がどのような状況では真となり，またどのような状況では偽となるかを解釈することを考える．ここで，論理式の真偽は状況に応じて決定するということに注意してほしい．たとえば，4.1 節で出てきた例文 (52 ⓑ) の Hanako is smart という文の意味を原子命題 A とすると，Hanako が賢いという状況では A は真であり，Hanako が賢くないという状況では A は偽となる．これでは堂々巡りに思うかもしれないが，別の状況はいくらでも考えることができる．たとえば 1 年前までは Hanako は勉強不足で賢くなかったが，現在の Hanako は賢いとすれば，1 年前の状況においては A は偽であり，現在においては A は真となる．ここで，論理式の解釈の範囲（つまり，命題論理では真と偽のいずれかのことである．）は，領域として集合で定義される．そして，真偽を決定する状況は，論理式の集合から

領域への写像である命題論理の解釈関数 (interpretation function)[*1] として表すことができる．ある解釈関数のもとでの論理式の解釈は，その論理式の構造とその論理式を構成する命題変項から再帰的に定められる．

定義 6.4.1 命題論理の**領域** (domain, universe) D は次のように真 (1) と偽 (0) の集合によって定義され，領域 D の要素を**真理値** (truth value) と呼ぶ．

$$D = \{1, 0\}$$

定義 6.4.2 命題変項 **PVar** を領域 D の要素に割り当てる関数 J を**付値** (valuation) という．

$$J : \mathbf{PVar} \to \{1, 0\}$$

定義 6.4.3 命題論理の真理条件：J を付値とする．J のもとでの論理式から領域 $\{1, 0\}$ への**解釈関数** (interpretation function)，すなわち，$[\![\ ]\!]_J : \mathbf{Fml} \to \{1, 0\}$ は次のように論理式の構造にしたがって再帰的に定義される．

$$[\![P]\!]_J = 1 \overset{\mathrm{def}}{\Longleftrightarrow} J(P) = 1$$
$$[\![A \wedge B]\!]_J = 1 \overset{\mathrm{def}}{\Longleftrightarrow} [\![A]\!]_J = 1 \text{ かつ } [\![B]\!]_J = 1$$
$$[\![A \vee B]\!]_J = 1 \overset{\mathrm{def}}{\Longleftrightarrow} [\![A]\!]_J = 1 \text{ または } [\![B]\!]_J = 1$$
$$[\![A \supset B]\!]_J = 1 \overset{\mathrm{def}}{\Longleftrightarrow} [\![A]\!]_J = 0 \text{ または } [\![B]\!]_J = 1$$
$$[\![\neg A]\!]_J = 1 \overset{\mathrm{def}}{\Longleftrightarrow} [\![A]\!]_J = 0$$

$[\![A]\!]_J \in \{1, 0\}$ を論理式 A の J のもとでの**指示対象** (denotation) という．

[*1] 単に解釈と呼ぶこともある．すなわち解釈とは，厳密ではないが，ある記号をその記号が表す意味に写す関数のことである．

対象言語とメタ言語の区別は，この真理条件の記述で重要になる．メタ言語は真理条件を記述するときに使用する言語であり，左辺の $A \wedge B$ や $A \vee B$ といった論理式が対象言語の表現であるのに対して，右辺の「かつ」や「または」はメタ言語の表現である．

論理式の真理条件は**真理値表** (truth table) を書くことで確認できる．定義 6.4.3 にしたがって論理式 $A \wedge B$ の真理値表を書くと，次のようになる．

A	B	$A \wedge B$
1	1	1
1	0	0
0	1	0
0	0	0

つまり論理式 $A \wedge B$ の真理条件は A が真でありかつ B も真であるときであることがわかる．

同様に，論理式 $A \vee B$ の真理値表を書くと，次のようになる．

A	B	$A \vee B$
1	1	1
1	0	1
0	1	1
0	0	0

つまり論理式 $A \vee B$ の真理条件は A と B の少なくとも一方が真であるときであることがわかる．このような選言の解釈は**包括的選言** (inclusive disjunction) と呼ばれる．なお，以降で出てくる選言はとくに断りがない限り包括的選言を指す．

別の選言の解釈として，**排他的選言** (exclusive disjunction) がある．包括的選言を表す記号 $\vee$ と区別するため，排他的選言を表す記号を $\underline{\vee}$ とすると，次のように A と B がどちらも真であるとき，それらの排他的選言 $A \underline{\vee} B$ は偽となる．

A	B	$A \underline{\vee} B$
1	1	0
1	0	1
0	1	1
0	0	0

　なお，自然言語の or（または，か，あるいは）は，形式意味論では伝統的に包括的選言として解釈する．その理由の一つとして，次の例のように否定に選言が埋め込まれたとき，必ず包括的選言として解釈されるということがある [109]．

(82)　John isn't either patriotic or quixotic

この例は John isn't patriotic と John isn't quixotic という二つの文を含意することから，包括的選言として解釈される．また，排他的選言として解釈される例としては次の例がある．

(83)　コーヒーまたは紅茶からお選びください

これは「コーヒーまたは紅茶，あるいはその両方」と容易にキャンセルすることができることから，形式意味論では 4.2 節で紹介した会話的推意の一つとして分析されている [6]．しかし，この文は許可文であり真偽が問えない（命題ではない）ので，通常の真理条件的意味論では扱うことが難しい．ここでは簡単な紹介にとどめるが，選言の分析は一筋縄ではいかず，現在もさまざまな分析が進められている．

> **定義 6.1.1**　任意の付値 J のもとで $[\![A]\!]_J - 1$ であるとき，論理式 A は**トートロジー** (tautology) であるという．

- トートロジーの例として $A \wedge (A \supset B) \supset B$ や $(A \supset B) \wedge \neg B \supset \neg A$, $\neg(A \wedge B) \supset (\neg A \vee \neg B)$ などがある．

補題 6.4.5 二つの付値を J, J' とし，A を論理式とする．任意の $P \in$ FV(A) に対して

$$J(P) = J'(P)$$

が成り立つと仮定する．このとき，以下が成り立つ．

$$[\![A]\!]_J = [\![A]\!]_{J'}$$

証明．論理式 A の構成に関する帰納法で示すことができる． $\square$

定義 6.4.6 $[\![A]\!]_J = 1$ となる付値 J が少なくとも一つ存在するとき，論理式 A は**充足可能** (satisfiable) であるという．また，任意の付値 J において $[\![A]\!]_J = 0$ であるとき，論理式 A は**充足不能** (unsatisfiable) である，または**矛盾**している (inconsistent) という．

- 例として，論理式 $P \lor Q \supset \neg P$ は P が偽，Q が真となる付値 J_1 のもとでは真であり，P が真，Q が真となる付値 J_2 のもとでは偽であることから，充足可能であるがトートロジーでない．
- 論理式 $P \land (P \supset Q) \land \neg Q$ は任意の付値 J において偽となることから，充足不能である．

定義 6.4.7 論理式の集合 Γ に属するすべての論理式 A について $[\![A]\!]_J = 1$ となる任意の付値 J において $[\![B]\!]_J = 1$ となるとき，Γ は論理式 B を**意味論的に含意する** (semantically entail) といい，$\Gamma \models B$ のように表す．

- $\models$ はダブルターンスタイル (double turnstile) と呼ぶ．
- 例として，論理式の集合 $\Gamma = \{P \supset Q, Q \supset R\}$ に対して $P \supset R$ は意味論的に含意される．

> **定義 6.4.8**　任意の付値 J において $[\![A]\!]_J = [\![B]\!]_J$ であるとき，論理式 A と B は**論理的に同値** (logically equivalent) であるといい，$A \cong B$ のように表す．

　真理値表を用いて論理的同値とトートロジーについて確認しよう．たとえば，次の二つの真理値表は，任意の付値 J において $[\![A \supset B]\!]_J = [\![\neg A \vee B]\!]_J$ であることを示しており，二つの論理式 $A \supset B$ と $\neg A \vee B$ が論理的に同値であることがわかる．

A	B	$A \supset B$
1	1	1
1	0	0
0	1	1
0	0	1

A	$\neg A$	B	$\neg A \vee B$
1	0	1	1
1	0	0	0
0	1	1	1
0	1	0	1

　次の真理値表は，任意の付値 J において論理式 $A \wedge (A \supset B) \supset B$ の真理値が 1 であり，$A \wedge (A \supset B) \supset B$ がトートロジーであることを示している．

A	B	$(A \supset B)$	$A \wedge (A \supset B)$	$A \wedge (A \supset B) \supset B$
1	1	1	1	1
1	0	0	0	1
0	1	1	0	1
0	0	1	0	1

　次の真理値表は，$[\![A]\!]_{J_1} = 1, [\![B]\!]_{J_1} = 1$ となる付値 J_1 のもとでは $[\![(A \supset B) \supset A]\!] = 1$ であるが，$[\![A]\!]_{J_2} = 0, [\![B]\!]_{J_2} = 0$ を返す付値 J_2 のもとでは $[\![(A \supset B) \supset A]\!] = 0$ であることから，トートロジーでないことを示している．

A	D	$(A \supset D)$	$(A \supset D) \supset A$
1	1	1	1
1	0	0	1
0	1	1	0
0	0	1	0

これら二つの論理式 $A \wedge (A \supset B) \supset B, (A \supset B) \supset A$ から，トートロジーであれば充足可能であるが，その逆は成り立たないことがわかる．

練習問題 6.4.1 次の論理式がトートロジーであることを真理値表を用いて確認しよう．

1. $(A \supset B) \wedge \neg B \supset \neg A$
2. $\neg(A \wedge B) \supset (\neg A \vee \neg B)$

補題 6.4.9

1. 論理式 A は，論理式 $\neg A$ がトートロジーのとき，充足不能である．
2. $(A \supset B) \wedge (B \supset A)$ がトートロジーのとき，論理式 A, B は論理的に同値である．

1. の証明：任意の付値 J において，$\llbracket \neg A \rrbracket_J = 1$ であるとき，$\llbracket A \rrbracket_J = 0$ であることを示せばよい．

2. の証明：任意の付値 J において，$\llbracket (A \supset B) \wedge (B \supset A) \rrbracket_J = 1$ であるとき，$\llbracket A \rrbracket_J = \llbracket B \rrbracket_J$ であることを示せばよい． □

定義 6.4.10 $\Gamma \Rightarrow \Delta$ をシーケントとする．付値 J のもとでの指示対象 (denotation) $\llbracket \Gamma \Rightarrow \Delta \rrbracket_J$ は次のように定義される．

$$\llbracket \Gamma \Rightarrow \Delta \rrbracket_J := \llbracket \bigwedge \Gamma \supset \bigvee \Delta \rrbracket_J$$

論理式 $\bigwedge \Gamma \supset \bigvee \Delta$ がトートロジーである（任意の付値 J のもとで $\llbracket \Gamma \Rightarrow \Delta \rrbracket_J = 1$ である）とき，シーケント $\Gamma \Rightarrow \Delta$ は**恒真** (valid) であるといい，$\models \Gamma \Rightarrow \Delta$ のように表す．

- シーケントが恒真であるということは，前提がすべて真であるとき結論のいずれかも必ず真であることを表しており，そのシーケントが表す推論が妥当であることを示している．

- 恒真のシーケントの例として，$(A \supset B) \wedge \neg B \Rightarrow \neg A$ や $\neg(A \wedge B) \Rightarrow$ $(\neg A \vee \neg B)$ などがある．

- 矛盾のシーケント $A \Rightarrow$ は論理式 $A \supset \bot$，すなわち論理式 $\neg A$ と論理的に同値である．

- 命題論理の範囲では，与えられた論理式が恒真か否か，与えられた推論が妥当か否かを，真理値表を用いて有限の手続きで機械的に判定することができる．このように，ある論理体系において論理式の恒真性や推論の妥当性を機械的に判定する有限の手続きが存在するとき，その論理体系は**決定可能である** (decidable) という．命題論理は決定可能であるのに対して，6.5 節から紹介する述語論理は決定不可能 (undecidable) である．

6.5 ● 述語論理の形式言語

　述語論理 (predicate logic) は命題論理を拡張した論理体系であり，自然言語の意味の分析においても高い記述力をもつ．まずは命題論理と述語論理との重要な違いである**項** (term) と**量化** (quantification) の概念について，理解を深めよう．6.4 節までで紹介した命題論理を用いて自然言語の文の意味を分析しようとしたときの問題点として，命題変項をそれ以上には分解できないという点がある．次の二つの自然言語の文の意味を論理式に翻訳することを考えよう．

(84)　ソクラテスは人間である．

(85)　太郎は人間である．

文全体の意味を命題と考えると，(84) と (85) は P, Q とそれぞれ一つの命題変項として翻訳することができる．しかし，このように命題論理で翻訳してしまうと，(84) と (85) には「人間である」という共通の言語表現が含まれているということが表現できておらず，自然言語の観察の精度としては非常に粗いものとなってしまう．

これに対して，述語論理では，文を構成する要素を**述語** (predicate) と述語の引数である**項** (term) に分けることによって，より詳細に自然言語の文を分析できる．(84) と (85) の意味はそれぞれ human(socrates) と human(taro) のように翻訳することができ，述語論理を用いると (84) と (85) には「——は人間である」という共通の言語表現が含まれていることを明示的に分析することができる．ここで，ソクラテスや太郎といった特定の人物や対象を表す固有名詞 (proper noun) は，それぞれ socrates, taro という**個体定項** (individual constant) として翻訳される．そして，「——は人間である」といった自然言語の述語に対応する言語表現は human(x) という述語として翻訳される．ここで，human(x) は項を一つとる述語であることから，述語の中でもとくに**1 項述語** (one-place predicate) と呼ばれている．

さらに，**個体変項** (individual variable)[*2] を導入することで，述語論理では「すべての——は人間である」といった言語表現も翻訳することができ，このような表現を**量化** (quantification) という．この言語表現は全称量化子 (universal quantifier, $\forall$) を用いて述語論理では $\forall x.(\text{human}(x))$ のように翻訳される．また，「白色であるような——が少なくとも一つ存在する」といった言語表現も量化表現であり，存在量化子 (existential quantifier, $\exists$) を用いて述語論理では $\exists x.(\text{white}(x))$ のように翻訳される．

以降では再び証明体系として古典論理のためのゲンツェン流シーケント計算 (LK) を扱い，述語論理の定義を確認していこう．

定義 6.5.1 述語論理で用いる記号を以下のように定義する．
- 個体変項：$x, y, z, \ldots, e$
- 個体定項：$a, b, c, \ldots,$ socrates, taro
- 命題定項：$\top, \bot$
- 関数記号：$f, g, h, \ldots,$ agent
- 述語記号：$F, G, \ldots, =,$ human, young

---

*2 数学を説明対象とする場合は個体変数という呼び方が使われるが，変項で扱う対象は数とは限らないので，本書では個体変項に統一する．

> ● **論理記号**：$\forall, \exists, \neg, \wedge, \vee, \supset$

　定義 6.5.1 には 7 章以降で扱う自然言語の意味の分析で用いられる記号も含めている．7 章以降で新しい述語論理の記号が出てきたら，定義 6.5.1 に戻って確認してほしい．

　また，ここでは等号 (equality) $=$ が述語に含まれることに注意してほしい．等号は $x = y$ のように二つの項をとる特別な 2 項述語であり，同一性の関係を表すときに用いられる．等号は形式意味論では 9 章で紹介するイベント意味論において述語と項の関係の違いを表すときに用いられるほか，「——であるようなものが少なくとも二つ存在する」といった数を表す言語表現を翻訳するためには等号が必要になる．この言語表現は $\exists x \exists y.(F(x) \wedge F(y) \wedge \neg(x = y))$ と翻訳することができる．等号を使わずに $\exists x \exists y.(F(x) \wedge F(y))$ で正しく翻訳できているのではないかと思うかもしれないが，実はこの論理式は「少なくとも二つ存在する」ということを正しく翻訳できていない．その理由は 6.7 節で述語論理の意味論の定義を確認してから説明したい．

定義 6.5.2　**Var** を個体変項の集合，**Con** を個体定項の集合，**Func** を関数記号の集合，**Pred** を述語記号の集合とする．$f \in \mathbf{Func}$ を n 項関数（引数 n の関数記号）とすると，**Func** 上の項の集合 **Terms** は次の BNF 記法にしたがって再帰的に定義される．

$$t_1, \ldots, t_n \in \mathbf{Terms} ::= x \in \mathbf{Var} \mid a \in \mathbf{Con} \mid f(t_1, \ldots, t_n)$$

　$t_1, \ldots, t_n \in \mathbf{Terms}$ を **Func** 上の項，$P \in \mathbf{Pred}$ を n 項述語（引数 n の述語記号），x を変項としたとき，**Func**, **Pred** 上の述語論理式の集合 **Fml** は次の BNF 記法にしたがって再帰的に定義される．

$$A \in \mathbf{Fml} ::= P(t_1, \ldots, t_n) \mid \top \mid \bot \mid A \wedge B \mid A \vee B \mid A \supset B \mid \neg A \mid \forall x.A \mid \exists x.A$$

1. $P(t_1, \ldots, t_n)$ の形式の論理式は述語論理式の最小単位であり，**原子論理式** (atomic formula) という．

2. $\forall x.A$ は**全称量化論理式** (universally quantified formula)，$\exists x.A$ は

97

> 存在量化論理式 (existentially quantified formula) という.

- （括弧が明示的に書かれていないとき，）論理式の結合力は $\forall, \exists$ が一番強い．後は命題論理と同様に，$\neg > \wedge = \vee > \supset$ の順に強い.
- 論理式 $\forall x.F(x) \supset G(x,y)$ は $(\forall x.F(x)) \supset G(x,y)$ と読む.

述語論理式を記述するときは，論理式に含まれる変項が量化子によって束縛されているかされていないか，つまり量化子のスコープの範囲を確認することが重要である．論理式 A の変項の現れ y が量化子 $\forall x$ または $\exists x$ の現れのスコープにあるとは，y が量化子の現れの内側にあることをいう．また，論理式 A において変項 x が量化子 $\forall x$ または $\exists x$ の内側に現れているとき，x は A において**束縛** (bound) されているといい，束縛されていない変項の現れは**自由** (free) であるという.

- 例として，論理式 $(\forall x.F(x)) \supset G(x,y)$ の一つ目の x は束縛変項 (bound variable)，二つ目の x と y は自由変項 (free variable) である.
- 別の例として，論理式 $\forall x.(F(x,y) \supset \exists x.G(x))$ において，$F(x,y)$ での x と $G(x)$ での x は別物であることに注意する．$G(x)$ での x は $\forall x$ の内側にも $\exists x$ の内側にもあり束縛されており，$\forall x$ のスコープにも $\exists x$ のスコープにも入っている．$F(x,y)$ での x,y はともに，$\exists x$ のスコープには入っておらず，$\forall x$ のスコープには入っている.

ここまでの自由変項の説明を定義すると，次のようになる.

> **定義 6.5.3**　各項 $t \in \mathbf{Terms}$ について，t の自由変項の集合 $\mathrm{FV}(t)$ は次のように t の構成について再帰的に定義される.
>
> $$\mathrm{FV}(x) := \{x\} \quad x \in \mathbf{Var} \text{ のとき}$$

$$\mathrm{FV}(a) := \{\} \quad a \in \mathbf{Con} \text{ のとき}$$

$$\mathrm{FV}(f(t_1, \ldots, t_n)) := \mathrm{FV}(t_1) \cup \ldots \cup \mathrm{FV}(t_n)$$

ここで $f \in \mathbf{Func}$ は n 項の関数記号とする.

各論理式 $A \in \mathbf{Fml}$ について，A の自由変項の集合 $\mathrm{FV}(A)$ は次のように A の構成について再帰的に定義される.

$$\mathrm{FV}(P(t_1, \ldots, t_n)) := \mathrm{FV}(t_1) \cup \ldots \cup \mathrm{FV}(t_n)$$

$$\mathrm{FV}(\top) := \emptyset$$

$$\mathrm{FV}(\bot) := \emptyset$$

$$\mathrm{FV}(A \wedge B) := \mathrm{FV}(A) \cup \mathrm{FV}(B)$$

$$\mathrm{FV}(A \vee B) := \mathrm{FV}(A) \cup \mathrm{FV}(B)$$

$$\mathrm{FV}(A \supset B) := \mathrm{FV}(A) \cup \mathrm{FV}(B)$$

$$\mathrm{FV}(\neg A) := \mathrm{FV}(A)$$

$$\mathrm{FV}(\forall x.A) := \mathrm{FV}(A) - \{x\}$$

$$\mathrm{FV}(\exists x.A) := \mathrm{FV}(A) - \{x\}$$

自由変項が一つもない項や論理式のことを**閉じた項** (closed term), **閉じた論理式** (closed formula) という. 逆に，自由変項を含む項や論理式を**開いた項** (open term), **開いた論理式** (open formula) という.

- 例 1. 論理式 $(\forall x.F(x)) \supset G(x, y)$ の自由変項は $\mathrm{FV}((\forall x.F(x)) \supset G(x, y)) = \{x, y\}$ である.
- 例 2. 論理式 $F(x)$ の自由変項は $\mathrm{FV}(F(x)) = \{x\}$ である.
- 例 3. 論理式 $\forall x.F(x)$ の自由変項は $\mathrm{FV}(\forall x.F(x)) = \emptyset$ であるので，$\forall x.F(x)$ は閉じた論理式である.

定義 6.5.4 二つの論理式が束縛変項の名前のみ異なる場合，それらの論理式は α **同値** (α-equivalent) であるという.

- α 同値の論理式は構文的に同値な論理式として扱う．すなわち，束縛変項の名前を変えても論理式としては同値であるということであり，

$$\forall x.F(x) \equiv \forall y.F(y)$$

が成り立つ.

論理式 $\forall x.R(x, y)$ における y の現れに対して $f(x)$ を代入する操作について考えよう．単純に $f(x)$ を代入しようとすると $\forall x.R(x, f(x))$ となるが，このとき $f(x)$ の変項 x は自由変項であるにもかかわらず，全称量化の x に束縛されてしまう．このように代入操作によって変項の衝突が起こることを変項の**捕獲**と呼ぶ．そこで，α 同値性を利用し，全称量化の束縛変項 x の名前を別の名前（w や z）に変えてから代入を行う．

$$(\forall x.R(x, y))[f(x)/y] \equiv \forall w.R(w, f(x)) \equiv \forall z.R(z, f(x))$$

定義 6.5.5 $x \in \mathbf{Var}$ を個体変項，$t \in \mathbf{Terms}$ を項，A を論理式とする．**捕獲を避ける代入** (capture-avoiding substitution) を $A[t/x]$ のように記述する．これは，A 中のすべての自由変項 x を t に置き換える代入を表すが，もし t が捕獲される場合は適切に束縛変項の名前を変える．

6.6 ● 述語論理の証明論

定義 6.6.1 述語論理の**シーケント** (sequent) とは，$\Rightarrow$ で区切られた $\mathbf{Fml}$ 中の二つの述語論理式の有限列であり，次のように表される．

$$A_1, \ldots, A_m \Rightarrow B_1, \ldots, B_n$$

シーケントの左側の論理式列が前提，シーケントの右側の論理式列が結論である．

定義 6.6.2　述語論理の LK の推論規則は，命題論理の LK の推論規則に量化に関する 4 つの規則を追加したものからなる．

$$\frac{A[t/x], \Gamma \Rightarrow \Delta}{\forall x.A, \Gamma \Rightarrow \Delta} \ (\forall\text{-L}) \qquad \frac{\Gamma \Rightarrow \Delta, A[z/x]}{\Gamma \Rightarrow \Delta, \forall x.A} \ (\forall\text{-R}), (\text{VC})$$

$$\frac{A[z/x], \Gamma \Rightarrow \Delta}{\exists x.A, \Gamma \Rightarrow \Delta} \ (\exists\text{-L}), (\text{VC}) \qquad \frac{\Gamma \Rightarrow \Delta, A[t/x]}{\Gamma \Rightarrow \Delta, \exists x.A} \ (\exists\text{-R})$$

全称の右推論規則 ($\forall$-R)，存在の左推論規則 ($\exists$-L) には，変項 z は下段のシーケントに自由に現れないという**固有変項条件** (eigenvariable condition, VC) が課せられる．

- 固有変項条件を課さないと，以下のような証明図が導出できることになってしまい，問題となる．

$$\frac{\dfrac{\overline{P(z) \Rightarrow P(z)} \ (\text{Init})}{P(z) \Rightarrow \forall x.F(x)} \ (\forall\text{-R})}{\exists x.F(x) \Rightarrow \forall x.F(x)} \ (\exists\text{-L})$$

$$\frac{\dfrac{\overline{P(z) \Rightarrow P(z)} \ (\text{Init})}{\exists x.F(x) \Rightarrow P(z)} \ (\exists\text{-L})}{\exists x.F(x) \Rightarrow \forall x.F(x)} \ (\forall\text{-R})$$

- LK による述語論理の証明の例として，$\forall x.(A \supset B) \Rightarrow A \supset \forall x.B$ の証明を示す（ここで，A には x が自由に現れないとする）．

101

$$\frac{\dfrac{\overline{A \Rightarrow A} \ (\text{Init}) \quad \overline{B \Rightarrow B} \ (\text{Init})}{A \supset B, A \Rightarrow B} \ (\supset\text{-L})}{\dfrac{\forall x.(A \supset B), A \Rightarrow B}{\dfrac{\forall x.(A \supset B), A \Rightarrow \forall x.B}{\dfrac{A, \forall x.(A \supset B) \Rightarrow \forall x.B}{\forall x.(A \supset B) \Rightarrow A \supset \forall x.B} \ (\supset\text{-R})} \ (\text{Exchange-L})} \ (\forall\text{-R}), (\text{VC})} \ (\forall\text{-L})$$

この例では，($\forall$-R) 規則を適用するとき，A の中に x は自由に現れないので，x はシーケント $\forall x.(A \supset B), A \Rightarrow \forall x.B$ の中にも自由に現れることがなく，ゆえに固有変項条件（VC）が満たされている．

● 述語論理では ($\forall$-L) 規則や ($\exists$-R) 規則の適用において上段のシーケントに現れる項 t をうまくみつけなければならず，下段のシーケントから推論規則を機械的に適用して証明図を導出することは難しく，決定不可能である．

また，6.5 節では等号が 2 項述語として扱われることを紹介したが，等号に関しては次のような推論規則がある．

定義 6.6.3 等号に関する推論規則：

$$\frac{}{\Rightarrow t = t} \ (\text{Init}_=) \ (t \text{ は閉じた項})$$

$$\frac{s = t, \Gamma \Rightarrow \Delta, A[s/x]}{s = t, \Gamma \Rightarrow \Delta, A[t/x]} \ (=\text{-L1})$$

$$\frac{s = t, \Gamma \Rightarrow \Delta, A[t/x]}{s = t, \Gamma \Rightarrow \Delta, A[s/x]} \ (=\text{-L2})$$

等号に関する推論規則を用いた証明図の例として，等式で対称律が成り立つことの証明は次のように示すことができる．

$$\frac{\dfrac{\overline{\Rightarrow t_1 = t_1} \ (\text{Init}_=)}{t_1 = t_2 \Rightarrow t_1 = t_1} \ (\text{Weakening-L})}{t_1 = t_2 \Rightarrow t_2 = t_1} \ (=\text{-L1})$$

練習問題 **6.6.1**　等式で推移律が成り立つことを示せ．（ヒント：シーケント $t_1 = t_2, t_2 = t_3 \Rightarrow t_1 = t_3$ を根とする証明図が導出できればよい.）

通常の推論規則は，**部分論理式特性** (subformula property)，すなわち上段のシーケントが常に下段のシーケントの部分論理式として現れているという性質をもつ．この部分論理式特性は，6.3 節で紹介した，結論から上に証明を探索する証明図の導出方法（証明探索）の考え方として有効であり，9.2 節で紹介する自動定理証明の証明探索において重要な性質である．

一方，カット規則は次のような規則で，下段のシーケントから上段のシーケントを推測できないという点で通常の推論規則とは性質が異なり，自動定理証明では問題となる．

$$\frac{\Gamma \Rightarrow \Sigma, A \quad A, \Pi \Rightarrow \Sigma}{\Gamma, \Pi \Rightarrow \Delta, \Sigma} \ (\text{CUT})$$

次のカット除去定理は，証明体系に関するメタな定理の一つである．

> **定理 6.6.4**　カット除去 (cut elimination) 定理：LK の命題論理，述語論理において，カット規則を使って示せる証明は，カット規則を適用しなくても証明可能である（カット規則が許容可能である）.

ここでは証明には触れないが，証明の詳細は [**287**, **297**] を参照のこと．シーケント計算ではカット除去定理が成り立つことから，カット規則を用いて示せる証明は，カット規則を用いずに部分論理式特性が成り立つ推論規則のみを用いた証明でも示すことができ，証明がほぼ自動化できる（計算機上で処理しやすい）という利点がある．なお，本章の導入で紹介した証明体系であるタブローは，カット規則を除去したシーケント計算に実は対応している．

6.7 ● 述語論理の意味論

形式意味論の準備の最後として，述語論理の意味論について確認しておこう．述語論理の論理式の解釈は，モデルとモデル上の付値によって与えられる．

定義 6.7.1　Con, Func, Pred 上の一階述語論理の**モデル** (model) $\mathbb{S}$ は，次のように表される．

$$\mathbb{S} = (D, ([\![a]\!]_{\mathbb{S}})_{a \in \mathbf{Con}}, ([\![f]\!]_{\mathbb{S}})_{f \in \mathbf{Func}}, ([\![P]\!]_{\mathbb{S}})_{P \in \mathbf{Pred}})$$

- **領域** (domain, universe)D は空でない集合を表す．
- 各個体定項 $a \in \mathbf{Con}$ について，$[\![a]\!]_{\mathbb{S}} \in D$ は a の**解釈** (interpretation) という．
- 各 n 項関数記号 $f \in \mathbf{Func}$ について，$[\![f]\!]_{\mathbb{S}} : D^n \to D$ は f の解釈という．
- 各 n 項述語記号 $P \in \mathbf{Pred}$ について，$[\![P]\!]_{\mathbb{S}} : D^n \to \{1,0\}$ は P の解釈という．$[\![P]\!]_{\mathbb{S}} : D^n \to \{1,0\}$ は関数と考えることもできるが，D^n の部分集合と考えることもできる．つまり，$\{(d_1, \ldots, d_n) \mid [\![P]\!]_{\mathbb{S}}(d_1, \ldots, d_n) = 1\} \subseteq D^n$ となる．
- モデルは構造 (structure) と呼ばれることもしばしばある．

7 章以降では P の解釈を D^n の部分集合として扱う．

定義 6.7.2　関数 $J : \mathbf{Var} \to D$ をモデル $\mathbb{S}$ 上の**付値** (valuation) という．

定義 6.7.3

$$\mathbb{S} = (D, ([\![a]\!]_{\mathbb{S}})_{a \in \mathbf{Con}}, ([\![f]\!]_{\mathbb{S}})_{f \in \mathbf{Func}}, ([\![P]\!]_{\mathbb{S}})_{P \in \mathbf{Pred}})$$

を **Con, Func, Pred** 上の一階述語論理のモデルとし，関数 $J : \mathbf{Var} \to D$ をモデル $\mathbb{S}$ 上の付値とする．ここで，$x \in \mathbf{Var}, d \in D$ とする．このとき新しい付値 $J[x \mapsto d]$ は次のように定義される．

$$J[x \mapsto d] : \mathbf{Var} \to D$$

$$y \mapsto \begin{cases} J(y) & y \not\equiv x \text{ のとき} \\ u & y \equiv x \text{ のとき} \end{cases}$$

$\mathbb{S}, J$ のもとでの論理式から領域 $\{1, 0\}$ への**解釈関数** (interpretation function), すなわち, $[\![\ ]\!]_{\mathbb{S},J} : \mathbf{Fml} \to \{1, 0\}$ は次のように論理式の構造にしたがって再帰的に定義する.

定義 6.7.4　述語論理の真理条件：

$$\mathbb{S} = (D, ([\![a]\!]_{\mathbb{S}})_{a \in \mathbf{Con}}, ([\![f]\!]_{\mathbb{S}})_{f \in \mathbf{Func}}, ([\![P]\!]_{\mathbb{S}})_{P \in \mathbf{Pred}})$$

を $\mathbf{Con}, \mathbf{Func}, \mathbf{Pred}$ 上の一階述語論理のモデルとし, 関数 $J : \mathbf{Var} \to D$ をモデル $\mathbb{S}$ 上の付値とする. $J, \mathbb{S}$ のもとで各項 t の指示対象 $[\![t]\!]_{\mathbb{S},J} \in D$ は t の構成について次のように再帰的に定義される.

$$[\![x]\!]_{\mathbb{S},J} := J(x) \quad x \in \mathbf{Var} \text{ のとき}$$

$$[\![a]\!]_{\mathbb{S},J} := [\![a]\!]_{\mathbb{S}} \quad a \in \mathbf{Con} \text{ のとき}$$

$$[\![f(t_1, \ldots, t_n)]\!]_{\mathbb{S},J} := [\![f]\!]_{\mathbb{S}}([\![t_1]\!]_{\mathbb{S},J}, \ldots, [\![t_n]\!]_{\mathbb{S},J})$$

また, $J, \mathbb{S}$ のもとで各論理式 A について指示対象

$$[\![A]\!]_{\mathbb{S},J} \in \{1, 0\}$$

は A の構造について次のように再帰的に定義される.

$$[\![P(t_1, \ldots, t_n)]\!]_{\mathbb{S},J} = 1 \overset{\text{def}}{\Longleftrightarrow} [\![P]\!]_{\mathbb{S}}([\![t_1]\!]_{\mathbb{S},J}, \ldots, [\![t_n]\!]_{\mathbb{S},J}) = 1 \quad P \in \mathbf{Pred} \text{ のとき}$$

$$[\![s = t]\!]_{\mathbb{S},J} = 1 \overset{\text{def}}{\Longleftrightarrow} [\![s]\!]_{\mathbb{S},J} \text{ と } [\![t]\!]_{\mathbb{S},J} \text{ は等しい}$$

$$[\![A \wedge B]\!]_{\mathbb{S},J} = 1 \overset{\text{def}}{\Longleftrightarrow} [\![A]\!]_{\mathbb{S},J} = 1 \text{ かつ } [\![B]\!]_{\mathbb{S},J} = 1$$

$$[\![A \vee B]\!]_{\mathbb{S},J} = 1 \overset{\text{def}}{\Longleftrightarrow} [\![A]\!]_{\mathbb{S},J} = 1 \text{ または } [\![B]\!]_{\mathbb{S},J} = 1$$

$$\llbracket A \supset B \rrbracket_{\mathbb{S},J} = 1 \overset{\text{def}}{\iff} \llbracket A \rrbracket_{\mathbb{S},J} = 0 \text{ または } \llbracket B \rrbracket_{\mathbb{S},J} = 1$$

$$\llbracket \neg A \rrbracket_{\mathbb{S},J} = 1 \overset{\text{def}}{\iff} \llbracket A \rrbracket_{\mathbb{S},J} = 0$$

$$\llbracket \forall x.A \rrbracket_{\mathbb{S},J} = 1 \overset{\text{def}}{\iff} \text{任意の } d \in D \text{ について } \llbracket A \rrbracket_{\mathbb{S},J[x \mapsto d]} = 1$$

$$\llbracket \exists x.A \rrbracket_{\mathbb{S},J} = 1 \overset{\text{def}}{\iff} \text{ある } d \in D \text{ について } \llbracket A \rrbracket_{\mathbb{S},J[x \mapsto d]} = 1$$

なお，$\llbracket P \rrbracket_{\mathbb{S},J}$ を D^n の部分集合として扱う場合は，

$$\llbracket P(t_1, \ldots, t_n) \rrbracket_{\mathbb{S},J} = 1 \overset{\text{def}}{\iff} (\llbracket t_1 \rrbracket_{\mathbb{S},J}, \ldots, \llbracket t_n \rrbracket_{\mathbb{S},J}) \in \llbracket P \rrbracket_{\mathbb{S},J}$$

である．また，シーケント $\Gamma \Rightarrow \Delta$ の指示対象は命題論理と同様に次のように定義される．

$$\llbracket \Gamma \Rightarrow \Delta \rrbracket_{\mathbb{S},J} := \llbracket \bigwedge \Gamma \supset \bigvee \Delta \rrbracket_{\mathbb{S},J}$$

● 次が成り立つ．

$$\llbracket \forall x.P(x) \rrbracket_{\mathbb{S},J} = 1 \overset{\text{def}}{\iff} \text{任意の } d \in D \text{ について，} \llbracket P(x) \rrbracket_{\mathbb{S},J[x \mapsto d]} = 1$$

$$\iff \text{任意の } d \in D \text{ について，} \llbracket P \rrbracket_{\mathbb{S}}(\llbracket x \rrbracket_{\mathbb{S},J[x \mapsto d]}) = 1$$

$$\iff \text{任意の } d \in D \text{ について，} \llbracket P \rrbracket_{\mathbb{S}}(d) = 1$$

● 述語論理の真理条件を確認したところで，6.5 節で言及した，「―であるようなものが少なくとも二つ存在する」という数を表す言語表現を $\exists x \exists y.(F(x) \wedge F(y))$ と翻訳するとなぜ誤りなのかについて紹介したい．この論理式の真理条件を考えてみると，$D = \{a\}, J(x) = a, J(y) = a, \llbracket F \rrbracket_{\mathbb{S},J} = \{a\}$ を満たすモデル $\mathbb{S}$, 付値 J のもとでも論理式 $\exists x \exists y.(F(x) \wedge F(y))$ は真となることがわかる．つまり，この論理式は x と y に同じ個体が割り当てられる場合，言い換えれば「―であるようなもの」を満たす個体が一つしか存在しない場合でも真となってしまい，「少なくとも二つ」という言語表現を正しく翻訳できていない．「少なくとも二つ」という言語表現を翻訳するためには，x と y を

満たす個体が別の個体であるということを表す必要があり，等号を用いることで $\exists x \exists y.(F(x) \wedge F(y) \wedge \neg(x = y))$ と正しい翻訳が得られる．

定義 6.7.5 モデル $\mathbb{S}$ 上の任意の付値 J で $[\![A]\!]_{\mathbb{S},J} = 1$ であるとき，論理式 A はモデル $\mathbb{S}$ のもとで真であるといい，$\mathbb{S} \vDash A$ と書く．任意のモデル $\mathbb{S}$ 上で論理式 A が真であるとき A は**恒真** (valid) であるといい，$\vDash A$ と書く．

- 恒真な述語論理式の例として，$\forall x.(F(x) \supset F(x) \vee G(x))$ がある．

定義 6.7.6 $[\![A]\!]_{\mathbb{S},J} = 1$ となるようなモデル $\mathbb{S}$ と付値 J が存在するとき，論理式 A は**充足可能** (satisfiable) であるという．また，任意のモデル $\mathbb{S}$ と付値 J において $[\![A]\!]_{\mathbb{S},J} = 0$ であるとき，論理式 A は**充足不能** (unsatisfiable) である，または**矛盾**している (inconsistent) という．

- 例として，$\forall x.(F(x) \wedge G(x))$ は $D = \{a,b\}, [\![F]\!]_{\mathbb{S}_1,J} = [\![G]\!]_{\mathbb{S}_1,J} = \{a,b\}$ を満たすモデル $\mathbb{S}_1$ のもとでは真であるが，$[\![F]\!]_{\mathbb{S}_2,J} = \{a\}, [\![G]\!]_{\mathbb{S}_2,J} = \{a,b\}$ を満たすモデル $\mathbb{S}_2$ のもとでは偽であるので，恒真な論理式ではないが充足可能な論理式である．
- 充足不能な述語論理式の例として，$\exists x.(F(x) \wedge \neg F(x))$ がある．

定義 6.7.7 論理式の集合 Γ に属するすべての論理式 A について $[\![A]\!]_{\mathbb{S},J} = 1$ となる任意のモデル $\mathbb{S}$ と付値 J において，$[\![B]\!]_{\mathbb{S},J} = 1$ となるとき，Γ は論理式 B を**意味論的に含意する** (semantically entail) といい，$\Gamma \vDash B$ のように表す．

- 例として，$\Gamma = \{\forall x.(F(x) \supset G(x)), \forall x.(G(x) \supset H(x))\}$ に対して

$\forall x.(F(x) \supset H(x))$ は意味論的に含意される.

定義 6.7.8 任意のモデル $\mathbb{S}$ と任意の付値 J において $[\![A]\!]_{\mathbb{S},J} = [\![B]\!]_{\mathbb{S},J}$ であるとき,論理式 A と B は**論理的に同値** (logically equivalent) であるといい,$A \cong B$ と表す.A と B が α 同値である場合も論理的に同値である.

命題 6.7.9 次の論理的同値性が成り立つ.

$$\neg\forall x.A \cong \exists x.\neg A$$

$$\neg\exists x.A \cong \forall x.\neg A$$

証明.一つ目だけ示す.二つ目も同様である.

$[\![\neg\forall x.A]\!]_{\mathbb{S},J} = 1 \Longleftrightarrow [\![\forall x.A]\!]_{\mathbb{S},J} = 0$

$\qquad\qquad \Longleftrightarrow$ 任意の $d \in D$ で $[\![A]\!]_{\mathbb{S},J[x\mapsto d]} = 1$ が成り立つわけではない

$\qquad\qquad \Longleftrightarrow$ ある $d \in D$ で $[\![A]\!]_{\mathbb{S},J[x\mapsto d]} = 0$

$\qquad\qquad \Longleftrightarrow$ ある $d \in D$ で $[\![\neg A]\!]_{\mathbb{S},J[x\mapsto d]} = 1$

$\qquad\qquad \Longleftrightarrow [\![\exists x.\neg A]\!]_{\mathbb{S},J} = 1$

$\qquad\qquad\qquad\qquad\qquad\qquad\qquad\qquad\qquad\qquad\qquad\qquad$ □

補題 6.7.10 $\mathbb{S}$ をモデル,J, J' を $\mathbb{S}$ 上の付値とし,A を論理式とする.任意の $x \in \mathrm{FV}(A)$ について

$$J(x) = J'(x)$$

としたとき($\mathrm{FV}(A)$ は A 中の自由変項の集合),次が成り立つ.

$$[\![A]\!]_{\mathbb{S},J} = [\![A]\!]_{\mathbb{S},J'}$$

証明．A の構成に関する帰納法によって示すことができる．自由変項，束縛変項の扱いに注意する必要がある．　　　　　　　　　　　　　　　　□

定義 6.7.11　$\Gamma \Rightarrow \Delta$ をシーケントとする．モデル $\mathbb{S}$，付値 J のもとでのシーケント $\Gamma \Rightarrow \Delta$ の指示対象 (denotation) $[\![\Gamma \Rightarrow \Delta]\!]_{\mathbb{S},J}$ は次のように定義される．

$$[\![\Gamma \Rightarrow \Delta]\!]_{\mathbb{S},J} := [\![\bigwedge \Gamma \supset \bigvee \Delta]\!]_{\mathbb{S},J}$$

任意の付値 J，モデル $\mathbb{S}$ のもとで $[\![\Gamma \Rightarrow \Delta]\!]_{\mathbb{S},J} = 1$ であるとき，シーケント $\Gamma \Rightarrow \Delta$ は**恒真** (valid) であるといい，$\vDash \Gamma \Rightarrow \Delta$ のように表す．

定理 6.7.12　述語論理 LK の**健全性** (soundness)：$\vdash \Gamma \Rightarrow \Delta$ ならば $\vDash \Gamma \Rightarrow \Delta$ である．

証明は [**238**] を参照してほしい．健全性の対偶 $\nvDash \Gamma \Rightarrow \Delta$ ならば $\nvdash \Gamma \Rightarrow \Delta$ を直観的に説明すると，シーケント $\Gamma \Rightarrow \Delta$ が証明不可能であることを示したい場合は，有限列 Γ 中の論理式がすべて真となるモデルにおいて Δ 中の論理式がすべて偽であることを示せばよいということである．この健全性の対偶は，論理式間の含意関係が成り立たないこと（証明不可能であること）を示すときによく用いられる．

定理 6.7.13　述語論理 LK の**完全性** (completeness)：$\vDash \Gamma \Rightarrow \Delta$ ならば $\vdash \Gamma \Rightarrow \Delta$ である．

証明は [**238**] を参照してほしい．健全性と完全性が成り立つことで，論理式の恒真性と証明可能性が一致する．たとえば，恒真な論理式の例として挙げた $\forall x.(F(x) \supset F(x) \vee G(x))$ は次の証明図から証明可能である．一番下のシーケントからボトムアップに証明図を導出していくとき，述語論理では量化に関する推論規則を適用してから，その他の論理記号の推論規則を適用し

ていることに注意する.

$$\frac{\dfrac{}{F(z) \Rightarrow F(z)} \text{ (INIT)}}{\dfrac{\dfrac{F(z) \Rightarrow F(z) \lor G(z)}{\Rightarrow F(z) \supset F(z) \lor G(z)}}{\Rightarrow \forall x.(F(x) \supset F(x) \lor G(x))}} \begin{array}{l} (\lor\text{-R1}) \\ (\supset\text{-R1}) \\ (\forall\text{-R}), (\text{VC}) \end{array}$$

また，論理式 $\exists x.(F(x) \land \neg F(x))$ が充足不能であることは，次の証明図に
よって示すことができる．この証明図では派生規則 $(\land\text{-L'})$ を用いており，交
換規則は省略している．この証明図でも一番下のシーケントからボトムアッ
プに証明図を導出するときに，はじめに存在量化の推論規則を適用している
ことに注意する．

$$\frac{\dfrac{\dfrac{}{F(z) \Rightarrow F(z)} \text{ (INIT)}}{\dfrac{F(z), \neg F(z) \Rightarrow}{F(z) \land \neg F(z) \Rightarrow}}}{\exists x.(F(x) \land \neg F(x)) \Rightarrow} \begin{array}{l} (\neg\text{-L}) \\ (\land\text{-L'}) \\ (\exists\text{-L}), (\text{VC}) \end{array}$$

第 7 章

形式意味論に基づく含意関係の計算

　形式意味論では，ある意味理論の立場に立ってさまざまな言語現象について分析することを通して，自然言語の意味を考える．このとき，その意味理論のもとで，文間の含意関係という経験的な証拠に対して妥当な推論を導くことができるかどうかについては，6 章で紹介したとおり，記号論理学では論理式間の証明（証明論）と論理式の真理条件（意味論）という二つの側面から検証することができる．つまり，ある言語現象に対して，次の (I), (II), (III) の条件が一致した分析を提示することができれば，その意味理論は真理条件的意味論の基準を満たしているといえる．

　意味理論 T のもとで文 S_1, S_2 に対してそれぞれ論理式 S_1', S_2' への翻訳を与える．このとき，以下の三つの条件が等しければ，意味理論 T は文 S_1, S_2 に対する**真理条件的意味論** (truth-conditional semantics) の基準を満たす．
(I) S_1 が S_2 を経験的に含意する
(II) $\vdash S_1' \Rightarrow S_2'$
(III) $S_1' \vDash S_2'$

　本章では，5 章と 6 章で確認した集合論と記号論理学の道具立てを使って，実際に文の意味を分析してみたい．

7.1　● 証明論的含意

　本節では 4 章で紹介したいくつかの例について，証明論的な検証を試みる．まず，(52) の含意関係（S_1: Hanako is young and smart と S_2: Hanako is smart 間の含意関係）が妥当であることを示してみよう．文 S_1, S_2 は，それぞれ次のような論理式 S_1', S_2' への翻訳を与えることができる．

$$S_1' : \text{young(h)} \wedge \text{smart(h)}$$

$$S_2' : \text{smart(h)}$$

ここでは Hanako という固有名詞は個体定項 h, and は論理記号 ∧, 形容詞 young, smart は 1 項述語 young, smart にそれぞれ翻訳している. is は文の主語と述語を結ぶ以外の意味あいをもたないため, ここでは翻訳していない. 語や文の意味がどのようにして論理式に翻訳されるのかについては 8 章以降で紹介するので, ひとまずは文 S_1, S_2 と論理式 S_1', S_2' を見比べてみて, たしかにこのような翻訳を考えることができそうだと直観的に捉えてほしい.

このとき, $S_1' \Rightarrow S_2'$ が成り立つことは, 6 章で紹介したシーケント計算を用いて示すことができる. 次の証明図を導出できることから, $S_1' \Rightarrow S_2'$ の成立が示される.

$$\cfrac{\cfrac{}{\mathsf{smart}(\mathsf{h}) \Rightarrow \mathsf{smart}(\mathsf{h})}\ (\textsc{Init})}{\mathsf{young}(\mathsf{h}) \land \mathsf{smart}(\mathsf{h}) \Rightarrow \mathsf{smart}(\mathsf{h})}\ (\land\text{-L2})$$

もう少し複雑な含意関係の例として, (53 ⓐ) の含意関係 (S_3: Hanako is young, and Ms.Yamada is not young と S_4: Hanako is not Ms.Yamada 間の含意関係) が妥当であることを示してみよう. 文 S_3, S_4 は, それぞれ次のように論理式 S_3', S_4' への翻訳を与えることができる.

$$S_3' : \mathsf{young}(\mathsf{h}) \land \lnot\mathsf{young}(\mathsf{y})$$
$$S_4' : \lnot(\mathsf{h} = \mathsf{y})$$

ここで, Ms.Yamada という固有名詞は個体定項 y に, not は論理記号 ¬ にそれぞれ翻訳している.

$S_3' \Rightarrow S_4'$ が成り立つことは次の証明図から示すことができる. S_4' は等号が含まれているので, 等号に関する推論規則が適用されていることに注意する. また, この証明図では派生規則 (∧-L') を用いており, 交換規則は省略している. この例から, 自然言語の含意関係を示す場合も, シーケント計算では, 示したいシーケントの形によって右規則, 左規則という順に, ほぼ機械的に適用する推論規則が決まることがわかる.

$$
\dfrac{\dfrac{\dfrac{\dfrac{\dfrac{\dfrac{}{\mathsf{young(h)} \Rightarrow \mathsf{young(h)}}\ (\textsc{Init})}{\mathsf{young(h)}, \mathsf{h} = \mathsf{y} \Rightarrow \mathsf{young(h)}}\ (\textsc{Weakening-L})}{\mathsf{young(h)}, \mathsf{h} = \mathsf{y} \Rightarrow \mathsf{young(y)}}\ (= \text{-L1})}{\mathsf{h} = \mathsf{y}, \neg\mathsf{young(y)}, \mathsf{young(h)} \Rightarrow}\ (\neg\text{-L})}{\mathsf{h} = \mathsf{y}, \mathsf{young(h)} \wedge \neg\mathsf{young(y)} \Rightarrow}\ (\wedge\text{-L'})}{\mathsf{young(h)} \wedge \neg\mathsf{young(y)} \Rightarrow \neg(\mathsf{h} = \mathsf{y})}\ (\neg\text{-R})
$$

4 章では含意関係の例だけでなく，(58) と (59) 間の矛盾関係の例も紹介した．文間の経験的な矛盾関係も，証明図を導出することで証明論的に検証することができる．文 S_5: There is no woman と文 S_6: A woman is dancing は次のように論理式 S'_5, S'_6 への翻訳を与えることができる．

$$
\begin{aligned}
&\mathrm{S}'_5 : \neg\exists x.(\mathsf{woman}(x)) \\
&\mathrm{S}'_6 : \exists x.(\mathsf{woman}(x) \wedge \mathsf{dance}(x))
\end{aligned}
$$

矛盾関係の場合は，シーケント $\neg\exists x.(\mathsf{woman}(x)), \exists x.(\mathsf{woman}(x) \wedge \mathsf{dance}(x)) \Rightarrow$ を根とする証明図を導出できればよく，次のように導出することができる．ここで一番下のシーケントに対してはじめに固有変項条件が課せられる存在量化の左推論規則を適用してから，存在量化の右推論規則を適用していることに注意する．このように一番下のシーケントからボトムアップに証明図を導出するとき，条件が課される推論規則を先に適用するとよい．

$$
\dfrac{\dfrac{\dfrac{\dfrac{\dfrac{}{\mathsf{woman}(z) \Rightarrow \mathsf{woman}(z)}\ (\textsc{Init})}{\mathsf{woman}(z) \wedge \mathsf{dance}(z) \Rightarrow \mathsf{woman}(z)}\ (\wedge\text{-L1})}{\mathsf{woman}(z) \wedge \mathsf{dance}(z) \Rightarrow \exists x.(\mathsf{woman}(x))}\ (\exists\text{-R})}{\exists x.(\mathsf{woman}(x) \wedge \mathsf{dance}(x)) \Rightarrow \exists x.(\mathsf{woman}(x))}\ (\exists\text{-L}), (\mathrm{VC})}{\neg\exists x.(\mathsf{woman}(x)), \exists x.(\mathsf{woman}(x) \wedge \mathsf{dance}(x)) \Rightarrow}\ (\neg\text{-L})
$$

5.1 節にオイラー図で示した単調性推論の例も証明図の導出によって含意関係を示してみよう．S_d: Some dogs ran から S_a: Some animals ran への含意関係について考える．まず S_d, S_a はそれぞれ次のように翻訳される．

$$
\mathrm{S}'_d : \exists x.(\mathsf{dog}(x) \wedge \mathsf{ran}(x))
$$

$$S'_a : \exists x.(\mathsf{animal}(x) \wedge \mathsf{ran}(x))$$

この含意関係を示すためには，dog に属する個体はすべて animal にも属するということを前提に追加する必要がある．つまり示したいシーケントは次のようになる．

$$\exists x.(\mathsf{dog}(x) \wedge \mathsf{ran}(x)), \forall x.(\mathsf{dog}(x) \supset \mathsf{animal}(x))$$

$$\Rightarrow \exists x.(\mathsf{animal}(x) \wedge \mathsf{ran}(x))$$

このシーケントは次の証明図から導出可能である．$\mathcal{D}$ の部分は $\wedge$ の右派生規則，左派生規則，左弱化規則を適用することで示すことができる．

$$
\cfrac{
  \cfrac{
    \cfrac{
      \cfrac{
        \cfrac{
          \cfrac{\mathsf{d}(z) \Rightarrow \mathsf{d}(z)}{} \text{(Init)} \quad \cfrac{\mathsf{a}(z) \Rightarrow \mathsf{a}(z)}{} \text{(Init)}
        }{\mathsf{d}(z), \mathsf{d}(z) \supset \mathsf{a}(z) \Rightarrow \mathsf{a}(z)} (\supset\text{-L})
      }{\mathsf{d}(z) \wedge \mathsf{r}(z), \mathsf{d}(z) \supset \mathsf{a}(z) \Rightarrow \mathsf{a}(z)} (\wedge\text{-L1}) \qquad \cfrac{\vdots \; \mathcal{D}}{\mathsf{d}(z) \wedge \mathsf{r}(z), \mathsf{d}(z) \supset \mathsf{a}(z) \Rightarrow \mathsf{r}(z)}
    }{\mathsf{d}(z) \wedge \mathsf{r}(z), \mathsf{d}(z) \supset \mathsf{a}(z) \Rightarrow \mathsf{a}(z) \wedge \mathsf{r}(z)} (\wedge\text{-R})
  }{\mathsf{d}(z) \wedge \mathsf{r}(z), \forall x.(\mathsf{d}(x) \supset \mathsf{a}(x)) \Rightarrow \mathsf{a}(z) \wedge \mathsf{r}(z)} (\forall\text{-L})
  }{\mathsf{d}(z) \wedge \mathsf{r}(z), \forall x.(\mathsf{d}(x) \supset \mathsf{a}(x)) \Rightarrow \exists x.(\mathsf{a}(x) \wedge \mathsf{r}(x))} (\exists\text{-R})
}{\exists x.(\mathsf{d}(x) \wedge \mathsf{r}(x)), \forall x.(\mathsf{d}(x) \supset \mathsf{a}(x)) \Rightarrow \exists x.(\mathsf{a}(x) \wedge \mathsf{r}(x))} (\exists\text{-L}), (\text{VC})
$$

7.2 ● 意味論的含意

一方，S'_a から S'_d への含意関係は成り立たない．証明図を導出しようとすると途中までは上の証明図と同様に示せるが，以下が開かれた枝として残る．

$$\cfrac{\mathsf{a}(z) \Rightarrow \mathsf{d}(z), \mathsf{a}(z) \Rightarrow \mathsf{d}(z)}{\mathsf{a}(z), \mathsf{d}(z) \supset \mathsf{a}(z) \Rightarrow \mathsf{d}(z)} (\supset\text{-L})$$

実は，文間の含意関係が成り立たないことを証明図を用いて示すことは難しい．しかし，5.1 節で触れた**反例モデル** (counter model) を用いることで，文間の含意関係が成り立たないことを意味論的な側面から検証することができる．この開かれた枝の上段のシーケントの左辺の論理式列 $\mathsf{a}(z)$ を真とし右辺の論理式 $\mathsf{d}(z)$ を偽とするようなモデルを考えると，たとえば次のモデル $\mathbb{S}$ が考えられる．

$$D = \{a_1, a_2\}, [\![\mathsf{a}]\!]_{\mathbb{S}} = \{a_1\}, [\![\mathsf{d}]\!]_{\mathbb{S}} = \{a_2\}$$

このモデルが S_a' から S_d' の含意関係の非成立を示す反例モデルとなる．シーケント計算の場合は，開かれた枝のシーケントの左辺にある論理式をすべて真とし，右辺にある論理式をすべて偽とするようなモデルを考えると，反例モデルを構成することができる．このように，与えられた論理式が偽（または真）となるようなモデルを構成することを**モデル構築** (model building) という．

4 章で紹介した文間の含意関係が成り立たない例 (53 **ⓑ**) についても，反例モデルを用いて検証してみよう．(53 **ⓑ**) の含意関係の不成立 (S_7: Hanako is young, and Hanako is not Ms.Yamada $\not\Rightarrow$ S_8: Ms.Yamada is not young) を示すことを考えよう．

まず，前節と同様に文 S_7, S_8 を論理式に翻訳すると，それぞれ S_7', S_8' のようになる．

$$S_7' : \text{young}(\text{h}) \wedge \neg(\text{h} = \text{y})$$
$$S_8' : \neg(\text{young}(\text{y}))$$

いま，Hanako, Ms.Yamada といった固有名詞は個体定項 h, y としてそれぞれ翻訳され，young や smart といった形容詞は 1 項述語 young, smart としてそれぞれ翻訳されている．

真理条件的意味論では，文の論理式の翻訳（意味表示）は**真理値** (truth value) を指示するのであった．真理値は定義 6.4.1 で確認したように，真 (1) と偽 (0) からなる集合である．ここで，論理式 S_7' の解釈を真とし，S_8' の解釈を偽とするような反例モデルを考える．モデルは，定義 6.7.1 にしたがって仮説的[*1] な状況の記述として構成する．モデルを構成するときはまず，領域 D を指定する必要がある．領域 D は個体変項や個体定項に割り当てられる抽象的な個体の集合であり，仮に $D = \{a, b, c\}$ としよう．また，ここで付値 J は個体定項 h を a に割り当て，y を b に割り当てるとする．次に，S_7' の解釈が真となるように 1 項述語 young, smart の解釈を指定する．1 項述語の解釈は

[*1] 考える状況は，必ずしも常に現実世界の状況に対応しているわけではない（たとえばフィクションの物語の中で使用されている文を分析することもある）ので，「仮説的」としている．

定義 6.7.1 で述べたとおり，領域 D の部分集合（からなる特性関数）と捉えることができる．整理すると，固有名詞は述語論理の体系において個体定項に翻訳され個体を指示し，形容詞は 1 項述語に翻訳され個体の集合を指示するということになる．

いま，仮に次の二つのモデル $\mathbb{S}_1, \mathbb{S}_2$ を考える．

- $\mathbb{S}_1$ において young は集合 $\{a, b\}$ を，smart は集合 $\{a, c\}$ を指示する
- $\mathbb{S}_2$ において young は集合 $\{a, c\}$ を，smart は集合 $\{b, c\}$ を指示する

この二つのモデルは形式的には次のように表すことができる．

$$[\![\mathrm{young}]\!]_{\mathbb{S}_1, J} = \{a, b\}$$

$$[\![\mathrm{smart}]\!]_{\mathbb{S}_1, J} = \{a, c\}$$

$$[\![\mathrm{young}]\!]_{\mathbb{S}_2, J} = \{a, c\}$$

$$[\![\mathrm{smart}]\!]_{\mathbb{S}_2, J} = \{b, c\}$$

念のため $\mathbb{S}_1$ において S_7' が真となるか確かめてみると，

$$[\![\mathrm{young(h)} \wedge \neg(\mathrm{h} = \mathrm{y})]\!]_{\mathbb{S}_1, J} = 1$$

$$\Longleftrightarrow [\![\mathrm{young(h)}]\!]_{\mathbb{S}_1, J} = 1 \text{ かつ } [\![\neg(\mathrm{h} = \mathrm{y})]\!]_{\mathbb{S}_1, J} = 1$$

$$\Longleftrightarrow [\![\mathrm{young}]\!]_{\mathbb{S}_1, J}([\![\mathrm{h}]\!]_{\mathbb{S}_1, J}) = 1 \text{ かつ } [\![\neg(\mathrm{h} = \mathrm{y})]\!]_{\mathbb{S}_1, J} = 1$$

$$\Longleftrightarrow [\![\mathrm{young}]\!]_{\mathbb{S}_1, J}([\![\mathrm{h}]\!]_{\mathbb{S}_1, J}) = 1 \text{ かつ } [\![\mathrm{h} = \mathrm{y}]\!]_{\mathbb{S}_1, J} = 0$$

$$\Longleftrightarrow [\![\mathrm{h}]\!]_{\mathbb{S}_1, J} \in [\![\mathrm{young}]\!]_{\mathbb{S}_1, J} \text{かつ } [\![\mathrm{h}]\!]_{\mathbb{S}_1, J} \neq [\![\mathrm{y}]\!]_{\mathbb{S}_1, J}$$

$$\Longleftrightarrow a \in \{a, b\} \text{ かつ } a \neq b$$

となるので，たしかに S_7' は $\mathbb{S}_1$ のもとで真である．同様にして，S_7' は $\mathbb{S}_2$ のもとで真であることも示すことができる．

次に，$\mathbb{S}_1, \mathbb{S}_2$ のもとで S_8' の解釈はどうなるだろうか．$\mathbb{S}_1$ のもとで S_8' の解釈を考えると，

$$[\![\neg(\mathrm{young(y)})]\!]_{\mathbb{S}_1, J} = 0 \Longleftrightarrow [\![\mathrm{young(y)}]\!]_{\mathbb{S}_1, J} = 1$$

$$\Longleftrightarrow [\![\mathsf{young}]\!]_{\mathbb{S}_1,J}([\![\mathsf{y}]\!]_{\mathbb{S}_1,J}) = 1$$

$$\Longleftrightarrow [\![\mathsf{y}]\!]_{\mathbb{S}_1,J} \in [\![\mathsf{young}]\!]_{\mathbb{S}_1,J}$$

$$\Longleftrightarrow b \in \{a, b\}$$

となるので，$\mathbb{S}_1$ のもとで S'_8 は偽となることがわかる．つまり，$\mathbb{S}_1$ が含意関係の不成立を示す反例モデルである．

　少し冗長に説明してきたが，**図 7.1** のようにモデルを図で表すと，より直観的に反例モデル $\mathbb{S}_1$ のもとで S'_7 は真となり S'_8 は偽となることがわかる．このように，モデルを構成するときには図でモデルを表して考えるとわかりやすい．

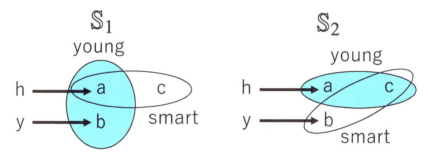

図 7.1　　モデル $\mathbb{S}_1, \mathbb{S}_2$ を図で示した結果．

　ここまではモデルを用いて含意関係の不成立を示してきたが，ここではモデルを用いて含意関係の成立を示すことができるか考えてみよう．図 7.1 の二つのモデル $\mathbb{S}_1$ と $\mathbb{S}_2$ のもとで S_1: Hanako is young and smart と S_2: Hanako is smart という文の意味表示 S'_1: young(h) $\wedge$ smart(h), S'_2: smart(h) をそれぞれ解釈すると，以下を満たすことがわかる．

$$[\![\mathsf{young(h)} \wedge \mathsf{smart(h)}]\!]_{\mathbb{S}_1} = 1$$

$$[\![\mathsf{young(h)} \wedge \mathsf{smart(h)}]\!]_{\mathbb{S}_2} = 0$$

$$[\![\mathsf{smart(h)}]\!]_{\mathbb{S}_1} = 1$$

$$[\![\mathsf{smart(h)}]\!]_{\mathbb{S}_2} = 0$$

経験的な含意関係 $S_1 \Rightarrow S_2$ の成立を意味論的に検証するためには，定義 6.7.7 にしたがって S_1' を真とするすべてのモデルにおいて S_2' も真であることを示せばよい．たしかに，ここで考えている S_1' を真とするモデル $\mathbb{S}_1$ においては少なくとも，S_2' も真であることがわかる．このように，ある特定のモデルのもとで論理式の真偽を判定することを**モデル検査** (model checking) という．

7.2.1

1. 次の含意関係を，シーケント計算を用いて示してみよう．

   (a) Every dog runs $\Rightarrow$ Every white dog runs

   (b) No dogs run $\Rightarrow$ No white dogs run

   (c) Every bird sang and danced $\Rightarrow$ Every bird sang

   (d) No dogs walked $\Rightarrow$ No dogs walked quickly

   (e) Hanako is tall, Ms.Yamada is not tall, and Hanako is my daughter $\Rightarrow$ My daughter is not Ms.Yamada

   （ヒント：my daughter は個体定項 d として翻訳する．）

2. 次の非含意関係を，反例モデルを構成して示してみよう．

   (a) Every white dog runs $\not\Rightarrow$ Every dog runs

   (b) No white dogs run $\not\Rightarrow$ No dogs run

   (c) Every bird sang $\not\Rightarrow$ Every bird sang and danced

   (d) No dogs walked quickly $\not\Rightarrow$ No dogs walked

   (e) Hanako is tall, Ms.Yamada is not tall, and Hanako is young $\not\Rightarrow$ Ms.Yamada is not young

　本章では具体例を通して，証明論的アプローチと意味論的アプローチを用いて経験的な自然言語の文間の含意関係が妥当であることを示す方法を紹介してきた．本章のまとめとして，証明論的アプローチと意味論的アプローチの得意な点と不得意な点をそれぞれ整理したい．証明論的アプローチでは文間の含意関係の成立や矛盾を証明で機械的に示すことができるが，含意関係が成立しないことを証明で示すのは困難である．一方で，意味論的アプローチでは反例モデルを構成することで，含意関係が成立しないことを容易に示

すことができる．しかし，意味論的アプローチで文間の含意関係（や矛盾）の成立を示すためには，前提が真となるようなすべてのモデルにおいて結論が真（偽）であることを示す必要がある．この証明論的アプローチと意味論的アプローチの違いを論理式の充足可能性という観点でみると，論理式の充足可能性を示すには意味論的アプローチ，複数の論理式を同時に充足するモデルと付値が存在しないこと，すなわち論理式の充足不能性（矛盾の成立）を示すには証明論的アプローチが適しているといえる．

第 8 章

組合せ範疇文法に基づく意味合成

7 章ではいくつかの言語表現について論理式への翻訳（意味表示の導出）を考えてきたが，どのようにして行われるのかは自明でない．ここで，私たちは日々あらゆる言語表現の意味を計算しているが，言語表現の解釈には言語表現を構成する語の解釈だけでなく，言語表現の統語構造が密接に関わっている．

本章ではまず，ことばの意味に関する重要な概念である構成性について説明する．その上で，3 章で説明した組合せ範疇文法 (CCG) に基づく文の意味表示の導出（意味合成，semantic composition）について紹介したい．

8.1 ● 構成性

たとえば，次の二つの文を考えてみよう．

(86)

ⓐ All pianists are composers, and Hanako is a pianist

ⓑ All composers are pianists, and Hanako is a pianist

(86 ⓐ) と (86 ⓑ) は同じ単語からなるが，語順が異なる．その結果，文全体の意味も大きく異なる．そのことは，(86 ⓐ) は Hanako is a composer という文を含意するが，この文は (86 ⓑ) に対しては含意しないことから明らかである．このように，言語表現の意味は単語の意味の単純な組合せではなく，語順や階層構造による影響を受ける．

ここで重要になる自然言語の意味論に関する考え方として，**構成性** (合成性，compositionality) の原理がある．構成性原理 (principle of compositionality) は Frege の原理 [**80**] とも呼ばれており，言語表現の意味はその構成素をなす表現の意味とそれらの結合方法によって定まるという原理である．

たとえば，4 章で紹介した (52 ⓐ) の Hanako is young and smart の意味

$$\cfrac{\cfrac{\text{Hanako}}{NP} \quad \cfrac{\cfrac{\text{is}}{(S_{dcl}\backslash NP)/(S_{adj}\backslash NP)} \quad \cfrac{\cfrac{\text{young}}{S_{adj}\backslash NP} \quad \cfrac{\text{and}}{CONJ} \quad \cfrac{\text{smart}}{S_{adj}\backslash NP}}{S_{adj}\backslash NP}<\Phi>}{S_{dcl}\backslash NP}>}{S_{dcl}}<$$

$$\cfrac{\cfrac{\text{Hanako}}{\text{h}} \quad \cfrac{\cfrac{\text{is}}{\lambda V \lambda x.V(x)} \quad \cfrac{\cfrac{\text{young}}{\lambda x.\mathsf{young}(x)} \quad \cfrac{\text{and}}{\lambda F_1 \lambda F_2 \lambda x.F_1(x) \wedge F_2(x)} \quad \cfrac{\text{smart}}{\lambda x.\mathsf{smart}(x)}}{\lambda x.(\mathsf{young}(x) \wedge \mathsf{smart}(x))}<\Phi>}{\lambda x.(\mathsf{young}(x) \wedge \mathsf{smart}(x))}>}{\mathsf{young}(\mathsf{h}) \wedge \mathsf{smart}(\mathsf{h})}<$$

図 8.1 Hanako is young and smart. の CCG 導出木（上）と意味表示（下）の構成的導出．$S_{adj}\backslash NP$ は形容詞 (adjective) を表す統語範疇，S_{dcl} は平叙文 (declarative sentence) を表す統語範疇である．

表示は**図 8.1** 下のように，図 8.1 上の CCG 導出木にしたがって Hanako という固有名詞，is という be 動詞，young and smart という形容詞の意味表示から段階的に導出することができる．図 8.1 下の意味表示は図 8.1 上の CCG 導出木と独立して導出されたものではなく，図 8.1 が示すように，各語の意味表示と，CCG 導出木が示す合成のしかたにしたがって導出されていることがわかる．ここでは，各語の意味表示は次のような語彙項目として指定されているとする．なぜこのような語彙項目を指定しているのかについては，8.2節以降で詳しく説明する．

- 固有名詞 Hanako は h に翻訳する．
- 形容詞 young, smart は $\lambda x.\mathsf{young}(x)$, $\lambda x.\mathsf{smart}(x)$ に翻訳する．
- be 動詞 is は $\lambda V \lambda x.V(x)$ に翻訳する．
- 等位接続詞 and は $\lambda F_1 \lambda F_2 \lambda x.F_1(x) \wedge F_2(x)$ に翻訳する．

図 8.1 上の CCG 導出木に基づく文の意味表示の導出は，構成性原理に基づいている．逆にいえば，構成性原理に基づくと，これ以外の順序では意味表示を導出できない．たとえば，図 8.1 上において young や smart を直接 S_{dcl} の子供にすることはできない．このように，意味表示が統語構造から直

接導出され，中間的な意味表示のようなものが存在しないような構成性はとくに**直接構成性** (direct compositionality) と呼ばれている．

　なぜ構成性原理が形式意味論において重要な考え方なのか，別の観点から考えてみたい．有名な例として，マザーグースのジャックの建てた家 "The House That Jack Built" という歌がある．

> This is the farmer sowing his corn that kept the cock that crowed in the morn that waked the priest all shaven and shorn that married the man all tattered and torn that kissed the maiden all forlorn that milked the cow with the crumpled horn that tossed the dog that worried the cat that killed the rat that ate the malt that lay in the house that Jack built.
>
> 　　　　　　　（Mother Goose, "The House That Jack Built" より一部引用）

この例は，関係節をいくらでも深く埋め込むことができることを示している．このように，自然言語には**再帰性** (recursiveness)[*1] という性質がある．次の例のように，自然言語の再帰性は関係節に限らない．文法的な文は構成素の組合せ方によって可算無限個考えることができる．

(87)
　ⓐ ポチは賢い犬だ．
　ⓑ ポチは賢く優しく穏やかで明るくかわいく ... 元気な犬だ．

自然言語の再帰性という観点からも，自然言語の意味が自然言語の構造に影響を受け，構成性が重要な概念であることがわかる．

　本節では，自然言語の統語論が与える構造にしたがって，言語表現の意味表示を計算する過程を簡単にデモンストレーションする．このような**合成的意味論** (compositional semantics) の考え方では，任意の文について統語論が与える構造から意味表示を導出し，真理条件を予測することができる．2.4 節で，理論言語学では反証可能性が重視されていると述べたが，任意の文に

---

*1 **生産性** (productivity) と呼ばれることもある．

対して真理条件を予測する合成的意味論の考え方は，形式意味論の研究に反証可能性をもたらし，今日までにさまざまな自然言語の統語論と意味論の立場が提案されている．たとえば，4.3 節で紹介したモンタギュー意味論 [181] では，自然言語の統語論としては範疇文法を，意味論としては内包論理という高階様相論理を扱っており，各語に意味表示を与える辞書と範疇文法の各統語規則に対応する意味合成規則が定められている．自然言語はその統語構造に基づいて内包論理に基づく意味表示に翻訳され，モデル理論的意味論によって，意味表示に真理条件が与えられる．

　以降では，3.4 節で紹介した組合せ範疇文法 (CCG) を自然言語の統語論，高階論理（単純型付きラムダ計算）を意味合成の理論として採用し，自然言語文を述語論理に基づく意味表示に翻訳することを考える．さまざまな文の意味表示がどのようにして構成的に導出できるかについてみていく．CCG と型付きラムダ計算に基づく意味合成は計算機上で実装することができ，9.4 節で簡潔に紹介する．

8.2　●　ラムダ計算の導入

　8.1 節で紹介した Frege の構成性原理では，自然言語の意味合成は関数でモデル化できるという考え方を採用している．関数を計算の対象とする計算体系は**ラムダ計算** (lambda calculus) と呼ばれる．たとえば，名詞句と動詞句からなる文のように，自然言語では二つの句を組み合わせて構成されるさまざまな句を考えることができる．これらの句の意味をラムダ計算を用いてどのように合成するかについて考えてみよう．

　以降ではわかりやすさのため，組合せの要素となる句を部分句，部分句を組み合わせて構成される句を句と呼ぶことにする．二つの部分句の意味論的な値を結合して句の意味を導出するためには，一方が関数を表し，他方がその関数の引数を表す必要がある．具体例として，Hanako likes Taro という文の意味表示を考えてみると，Hanako, Taro はそれぞれ個体 h, t を指示し，他動詞 likes は二つの個体を受けとって文の真理値を返すような 2 項述語と考えることができ，次のような意味表示となる．

$$\text{like}(\text{h}, \text{t})$$

このとき，likes Taro という動詞句の意味表示は，どうすれば導出できるだろうか．Hanako likes Taro の意味表示の h を変項 x に置き換えればよく，次のように書くことができる．

$$\text{like}(x, \text{t})$$

しかし，この書き方では $\text{like}(x, \text{t})$ という意味表示が，引数 x を埋める何らかの個体を入力として受けとり文の真理値を返す関数なのか，何らかの値 x が入ったときの関数の結果の値を示しているのか，区別がつかない．そこで λ と変項を用いて明示的に引数を示し新しい関数を作る操作が，**関数抽象** (ラムダ抽象, function abstraction) である．likes Taro という動詞句の意味表示は関数抽象を使うと，入力 x を第一引数として受けとり，それを代入した結果を返す関数として次のように書くことができる．

$$\lambda x.\text{like}(x, \text{t})$$

ここでは引数 x を λ によって束縛することで，上の式が x を引数とした関数であることを明示的に示している．このように，λ という記号を用いて引数を束縛することで関数であることを明示的に示す記法をラムダ記法 (lambda notation) という．

　そして，この意味表示はたしかに，ある個体から真理値への関数を表し，その個体が Taro を好きな場合にのみ真を返す関数で表されており，Taro を好きなすべての個体の集合の特性関数として表されていることがわかる．そして関数抽象によって得られた関数 $\lambda x.\text{like}(x, \text{t})$ を用いて Mary likes Taro という文の意味表示を導出するには，この関数に Mary が指示する個体 m を適用することで $\text{like}(\text{m}, \text{t})$ と導出することができる．このような関数の操作を**関数適用** (function application) という．

　このように，自然言語の構成的な意味合成はラムダ計算，とくに**単純型付きラムダ計算** (simply typed lambda calculus) を用いて行うことができる．単純型付きラムダ計算はもともとは論理学者の Alonzo Church（アロンゾ・

チャーチ) [47]によって提案された**高階論理** (higher-order logic) であるが，モンタギューが文の意味の記述に使用して以来，現在の形式意味論の標準的な記述言語として用いられている．

ここで，高階論理を扱う例についてみるために，「全員が学生である」という文の意味表示を考えてみよう．この文の意味表示は

$$\forall x.\mathsf{student}(x)$$

と表すことができ，同様に，「全員が先生である」という文の意味表示を考えてみると，

$$\forall x.\mathsf{teacher}(x)$$

と表すことができる．ここで，この二つの文に共通する言語表現である，「全員」という名詞句の意味表示を考えてみよう．これは「学生である」という述語 $\mathsf{student}(x)$ や「先生である」という述語 $\mathsf{teacher}(x)$ を関数抽象すると導出できる．

$$\lambda F\forall x.F(x)$$

この関数は関数（述語）を入力とするような関数となっており，述語変項を項にとる高階論理を構成している．

8.3 ● 型付きラムダ計算

ここでは単純型付きラムダ計算について確認しよう．単純型付きラムダ計算は，**型** (type) の概念を導入して一般的なレベルで関数を表現する計算体系である．型の導入によって関数の種類を分けることで，自己適用を許す**ラムダ項** (lambda term) を制限することができる．「項 M が型 σ をもつ」という形の表現を**言明** (statement) と呼び，$M:\sigma$ と表記する．項 M に対して，$M:\sigma$ となる型 σ が存在するとき，M は**型割り当て可能** (typable) であるという．たとえば，x が型 σ をもつとき，$\lambda x.x$ は型 $\sigma \to \sigma$ をもち，型割り当て可能である．一方，項 xx は関数適用の形をしているから，x は $\sigma \to \tau$ という**関数型** (function type) をもち，同時にその入力の型 σ をもたなければ

ならないことになる. これは明らかに型割り当て不可能であるため, 自己適用を制限できる.

ラムダ項は定項*2の集合 $C = \{a, b, c, \ldots\}$ と変項の集合 $V = \{x, y, z, \ldots\}$ を用いて, 以下のように再帰的に定義される.

定義 8.3.1 ラムダ項 (lambda term):

1. **変項** (variable): $u \in C \cup V$ ならば, u はラムダ項である.
2. **関数適用** (function application): M が型 $\alpha \to \beta$ のラムダ項で, N が型 α のラムダ項であるならば, $M(N)$ は型 β のラムダ項である.
3. **関数抽象** (function abstraction): u が型 α の変項であり, かつ, M が型 β のラムダ項であるならば, $(\lambda u.M)$ は型 $\alpha \to \beta$ のラムダ項である.

- 型と命題の同型性を示す**カリー・ハワード対応** (Curry-Howard correspondence) により, 型付きラムダ計算の $\to$ は直観主義論理の含意 (ならば, $\supset$) に対応する. 関数抽象は含意導入則, 関数適用は含意除去則に対応する.
- V の要素である変項は, 小文字のアルファベット x, y, z などで表し, ラムダ項一般を表す変項 (メタ変項) としては大文字のアルファベット L, M, N などを用いる.
- また, 二つのラムダ項が構文的に同一であることを $M \equiv N$ のように表す.

ラムダ項の括弧をすべて記述すると複雑になるため, 一般に次のような省略法が用いられる.

- 一番外側の括弧は省略する. $(\lambda x.M)$ の代わりに $\lambda x.M$ と書く.
- 関数抽象が連続するとき, たとえば, $\lambda x.(\lambda y.MN)$ は, $\lambda x \lambda y.MN$ も

---

*2 定項には論理記号も含まれる.

しくは $\lambda xy.MN$ のように略してよい.

- 以上の表記から，次のようにまとめることができる.
  - $M(N)(L)$ は，$M(N)$ に L を適用したラムダ項であり，$M(N(L))$ は M に $N(L)$ を適用して得られるラムダ項である.
  - $\lambda x.M(N)$ は，$M(N)$ から関数抽象によって得られるラムダ項であり，$(\lambda x.M)(N)$ は，$(\lambda x.M)$ に N を適用して得られるラムダ項である.

ラムダ項の自由変項と束縛変項は次のように定義される.

定義 8.3.2　ラムダ項 M の自由変項の集合を $FV(M)$ と表し，以下のように定義する. ただし，$x \in V, c \in C$ である.

1. $FV(x) = \{x\}$
2. $FV(c) = \emptyset$
3. $FV(MN) = FV(M) \cup FV(N)$
4. $FV(\lambda x.M) = FV(M) - \{x\}$

- 例として，$FV(\lambda x.xy) = \{y\}$ であり，x は束縛変項である.

型付きラムダ計算の重要な計算規則として，まず束縛変項の置き換えができることを示す α **変換** (α-conversion) がある.

定義 8.3.3　ラムダ項 M における自由変項 x をすべて y によって置き換えた結果を $M^{x \to y}$ と表す. M における変項 x のすべての自由な出現を y によって置き換えた結果の関係を $=_\alpha$ と表し，

$$\lambda x.M =_\alpha \lambda y.M^{x \to y}$$

と定義する. ただし，この操作が可能であるのは，(i) $y \notin FV(M)$, (ii) y は M において束縛変項ではない，という二つの条件が満たされている

ときに限る．また，α 変換 $=_\alpha$ では以下が成り立つ．

1. 両立性 (compatibility) $M =_\alpha N$ ならば，(1) $ML =_\alpha NL$, (2) $LM =_\alpha LN$, (3) 任意の z について，$\lambda z.M =_\alpha \lambda z.N$ が成り立つ
2. 反射性 (reflexivity) $M =_\alpha M$
3. 対称性 (symmetry) $M =_\alpha N$ ならば，$N =_\alpha M$
4. 推移性 (transitivity) $L =_\alpha M$ かつ $M =_\alpha N$ ならば，$L =_\alpha N$

- $M =_\alpha N$ であるとき，M と N は α 変換可能，もしくは，α 同値であるという．
- $\lambda x.M \equiv \lambda x.y$ のとき $y \in FV(M)$ となり，$\lambda x.M =_\alpha \lambda y.M^{x \to y}$ と変項の置き換えを行うと元の関数の束縛関係が崩れてしまい，元の関数とは異なる関数になってしまう．同様に，$\lambda x.M \equiv \lambda x \lambda y.x$ では y が束縛変項であるため，この場合も α 変換を行うことはできない．
- たとえば，$\lambda x \lambda y.x =_\alpha \lambda w \lambda y.w$ は $\lambda x \lambda y.x =_\alpha \lambda w \lambda y.x^{x \to w}$ により成り立つ．

ラムダ計算のもう一つの重要な計算規則として，**代入** (substitution) の操作である β **簡約**がある．β 簡約は $(\lambda x.M)N$ という形の式を，$M[x := N]$，すなわち，M において変項 x のすべての出現を N に代入して得られる式に書き換えることができるという計算規則である．β 簡約の厳密な定義は次のようになる．

定義 8.3.4 β **簡約** (β-reduction) を $\to_\beta$ と表し，以下のように定義する．

1. $x[x := M] \equiv M$
2. $y[x := M] \equiv y$ ($x \neq y$ のとき)
3. $c[x := M] \equiv c$
4. $(PQ)[x := N] \equiv (P[x := N])(Q[x := N])$
5. $(\lambda y.P)[x := N] \equiv \lambda z.(P^{y \to z}[x := N])$ ($\lambda z.P^{y \to z}$ が $\lambda y.P$ と α

> 同値で，かつ，$z \notin FV(N)$ のとき）

8.4 ● 意味表示の型

　7章では，文は論理式に翻訳され真理値（真か偽）を指示し，固有名詞は個体定項に翻訳され，個体（エンティティ）を指示するということをみてきた．型付きラムダ計算を用いて文を論理式に翻訳するとき，語の意味表示はラムダ項，語の意味的なカテゴリは型付きラムダ計算の型 (type) とそれぞれ対応させて考える．これは 8.3 節で少し紹介した，命題と型との同型性を示すカリー・ハワード対応 (Curry-Howard correspondence) と関わりがある．真理値の型を t，個体の型を e とすると，意味表示の型はたとえば次のように再帰的に定義される．

意味表示の型：

1. e と t は**型**である．e は個体 (entity)，t は真理値 (truth value) の型を表す．
2. α と β が型であるならば，$\alpha \to \beta$ も型である．
3. それ以外は型ではない．

以下，$\alpha \to (\beta \to \gamma)$ を $\alpha \to \beta \to \gamma$ と略す．

　たとえば，文 S の型は t，固有名詞 NP の型は e である．run などの自動詞は固有名詞 NP を受けとって文 S を返す関数と考えることができ，自動詞の型は $e \to t$ と考えることができる．同様に，like などの他動詞は固有名詞 NP を二つ受けとって文 S を返す関数と考えることができ，他動詞の型は $e \to e \to t$ と考えることができる．

8.5 ● 意味合成の基本

　意味表示の型について確認したところで，まずは簡単な文で CCG に基づく意味合成を考えてみよう．3 章でみてきたように，CCG は統語構造と意味

解釈が明示的に対応した文法体系である．つまり，CCG の統語範疇と組合せ規則は，語から句や文を構成するときの統語構造だけでなく，意味合成の計算方法を同時に定めている．CCG の統語範疇から意味表示の型への写像（対応関係）$(\cdot)^*$ はたとえば次のように定義される．

統語範疇から意味表示の型への写像：

$$S^* = t$$

$$NP^* = e$$

$$N^* = e \to t$$

$$(Y/X)^* = (X)^* \to (Y)^*$$

$$(X \backslash Y)^* = (Y)^* \to (X)^*$$

この定義において自動詞の統語範疇 $S \backslash NP$，他動詞の統語範疇 $(S \backslash NP)/NP$ は次のように意味表示の型に対応づけられる．

$$(S \backslash NP)^* = NP^* \to S^* = e \to t$$

$$((S \backslash NP)/NP)^* = NP^* \to (S \backslash NP)^* = e \to e \to t$$

この CCG の統語範疇から意味表示の型への写像は，分析のしかたによってさまざまな変更が考えられる．

練習問題 8.5.1 本節で考えている統語範疇から意味表示の型への写像に基づくと，統語範疇 $(S \backslash NP) \backslash (S \backslash NP)$ はどのような意味表示の型に対応づけられるか．

ここまでの内容を整理して，CCG 導出木に基づいて意味表示を導出してみよう．このとき，語彙項目には**表 8.1** のように語の統語範疇と意味表示を記述する．型付きラムダ計算の表記にしたがうと like の意味表示は本来は $\lambda y \lambda x.\mathrm{like}(y)(x)$ となるが，述語論理との対応を考え $\lambda y \lambda x.\mathrm{like}(x, y)$ として

表 8.1　語彙項目の例.

語	統語範疇	品詞	意味表示	型	意味表示の分類
John	NP	固有名詞	john	e	個体定項
student	N	普通名詞	$\lambda x.\mathsf{student}(x)$	$e \to t$	1 項述語
run	$S\backslash NP$	自動詞	$\lambda x.\mathsf{run}(x)$	$e \to t$	1 項述語
like	$(S\backslash NP)/NP$	他動詞	$\lambda y\lambda x.\mathsf{like}(x,y)$	$e \to e \to t$	2 項述語

いることに注意する.

ラムダ項によって表現された語の意味から，CCG 導出木にしたがって構成的に意味合成を行うことで，文の意味表示を導出することができる．CCG 導出木に基づく意味合成の例をみてみよう．たとえば，John loves Mary の意味表示は次のように導出できる.

$$
\frac{
\dfrac{}{\text{John} \atop NP:\mathsf{john}}
\quad
\dfrac{
\dfrac{\text{loves}}{(S\backslash NP)/NP : \lambda y\lambda x.\mathsf{love}(x,y)}
\quad
\dfrac{\text{Mary}}{NP:\mathsf{mary}}
}{S\backslash NP : \lambda x.\mathsf{love}(x,\mathsf{mary})} >
}{S : \mathsf{love}(\mathsf{john},\mathsf{mary})} <
$$

導出木の各構成素は，「統語範疇：意味表示」のように記述する．この CCG 導出木では関数適用規則 ($>$) の適用によって，統語範疇 $(S\backslash NP)/NP$ と意味 $\lambda y\lambda x.\mathsf{love}(x,y)$ をもつ構成素 loves が統語範疇 NP と意味 mary をもつ構成素 Mary に適用され，統語範疇 $S\backslash NP$ と意味 $\lambda x.\mathsf{love}(x,\mathsf{mary})$ をもつ句を形成することを表している．このように，CCG 導出木は文の統語構造を表すと同時に，文の意味表示（論理式）を合成する方法を与えていることがわかる.

ここでの語彙項目は一例であり，意味理論の考え方や分析したい言語現象によってさまざまな修正や拡張が考えられる．たとえば本書では動詞の時制形態素の区別については考慮していないが，考慮したい場合は英語であれば動詞の現在形，過去形，未来形のそれぞれについて意味表示を考える必要がある．なお，文中の動詞の時制（テンス，tense）を考慮した意味の分析は，その文を発話した時間と出来事の時間との関係をどのように扱うかという問題として研究されている [103, 126, 203].

別の例として，John is not smart の意味表示について考えてみよう．表 8.1

には be 動詞 is, 否定詞 not, 形容詞 smart の語彙項目が定義されていないので, 表 8.1 を参考に**表 8.2** のような語彙項目を追加する.

表 8.2　追加した語彙項目.

語	統語範疇	品詞	意味表示
is	$(S_{dcl}\backslash NP)/(S_{adj}\backslash NP)$	助動詞	$\lambda V \lambda x.V(x)$
not	$(S_{dcl}\backslash NP)/(S_{adj}\backslash NP)\backslash$ $((S_{dcl}\backslash NP)/(S_{adj}\backslash NP))$	否定詞	$\lambda R \lambda V \lambda x.\neg R(V)(x)$[*3]
smart	$S_{adj}\backslash NP$	形容詞	$\lambda x.\mathsf{smart}(x)$

形容詞 smart は個体の集合を指示することから意味表示の型は $e \to t$ となる. be 動詞 is は文の主語と述語を結ぶための品詞でありコピュラ (copula, 繋辞) と呼ばれ, 本節では is の意味を標準的な分析 [**100**] にしたがい恒等関数 $\lambda V \lambda x.V(x)$ として分析する. is は形容詞と合成して個体の集合を指示することから, 意味表示の型は $(e \to t) \to (e \to t)$ となる. 否定詞 not の統語範疇と意味表示はやや複雑であるが, is not の意味合成は次のようになる.

$$\frac{\overset{\text{is}}{(S_{dcl}\backslash NP)/(S_{adj}\backslash NP):\lambda V \lambda x.V(x)} \quad \overset{\text{not}}{(S_{dcl}\backslash NP)/(S_{adj}\backslash NP)\backslash((S_{dcl}\backslash NP)/(S_{adj}\backslash NP)):\lambda R \lambda V \lambda x.\neg R(V)(x)}}{(S_{dcl}\backslash NP)/(S_{adj}\backslash NP):\lambda V \lambda x.\neg V(x)} <$$

CCG 導出木と表 8.2 の語彙項目に基づくと, John is not smart の意味表示は次のように導出できる.

$$\frac{\overset{\text{John}}{NP:\mathsf{john}} \quad \frac{\overset{\text{is not}}{(S_{dcl}\backslash NP)/(S_{adj}\backslash NP):\lambda V \lambda x.\neg V(x)} \quad \overset{\text{smart}}{S_{adj}\backslash NP:\lambda x.\mathsf{smart}(x)}}{S_{dcl}\backslash NP:\lambda x.\neg \mathsf{smart}(x)} >}{S_{dcl}:\neg \mathsf{smart}(\mathsf{john})} <$$

ただし, 表 8.2 の語彙項目で指定した is, not の語彙項目は文 John is not smart のように be 動詞と形容詞の組合せからなる場合にしか使えない. John is a student や John is Bob と be 動詞の後に形容詞以外の語が続いた場合や, John does not run や John might not run と be 動詞以外の助動詞の後に否定詞が続く場合でも同じように分析できるように, 統一した語彙項目を検討する必要がある. 一つの方法としては, S の統語素性を形容詞 adj に限

---

*3 $\neg(R(V))$ は $\neg R(V)$ と書く.

定せず X と後で特定の統語素性に置き換えることができるプレースホルダの形で表して語彙項目を指定する方法がある．この not の統語素性 X は smart と合成すると $X := adj$ という統語素性の単一化 (unification) が行われる．このとき統語範疇 S_X の意味表示の型は一つに定まらず，このような型は多相型 (polymorphic) と呼ばれる（**表 8.3**）.

表 8.3　多相型を用いた語彙項目の指定．

語	統語範疇	品詞	意味表示
is	$(S_{dcl}\backslash NP)/(S_X\backslash NP)$	助動詞	$\lambda V\lambda x.V(x)$
not	$(S_{dcl}\backslash NP)/(S_X\backslash NP)\backslash((S_{dcl}\backslash NP)/(S_X\backslash NP))$	否定詞	$\lambda R\lambda V\lambda x.\neg R(V)(x)$

8.6 ● 量化を含む文の意味合成

ここまでで紹介してきた意味合成では個体を指示する固有名詞を扱ってきたが，本節では「すべての人」や「ある学生」といった名詞句の**量化** (quantificational noun phrase) を含む言語表現の意味表示を考える．名詞句の量化は英語では all や a といった限定詞 (determiner) によって表される．まず，次のような限定詞 a を含む存在量化文の意味表示について考えてみよう．

(88)　A dog runs

dog という属性を表す述語を dog，run という属性を表す述語を run とすると，上の存在量化文は二つの述語 dog, run の共通部分に含まれるような個体が存在するということを表しているので，次のような意味表示が考えられる．

(89)　$\exists x.(\mathsf{dog}(x) \wedge \mathsf{run}(x))$

この意味表示を CCG 導出木から構成的に導出するには，a の語彙項目をどのように指定する必要があるだろうか．まず，a の意味表示について考えるために，上の意味表示における述語 run を一般的な動詞を表す述語に抽象化することを考える．run を述語 G に置き換えて変項を λ によって束縛（関

数抽象）すると次のようになる.

$$\lambda G \exists x.(\text{dog}(x) \wedge G(x))^{*4}$$

これが名詞句 a dog の意味表示である. これまでの分析にしたがうと, 自動詞 run の統語範疇と意味表示の型は $S \backslash NP : e \to t$ であったので, 関数抽象して得られた名詞句 a dog の意味表示の型は $(e \to t) \to t$ となる. つまり, 集合論で考えると, 量化を伴う名詞句の場合は, 個体を指示するのではなく, 個体の集合の集合（集合族, family of sets）を指示することがわかる. このとき, 名詞句の意味表示の型 $(e \to t) \to t$ に対応した統語範疇を考えると, 述語 $S \backslash NP : e \to t$ を受けとり文 $S : t$ となるような統語範疇であるので, $S/(S \backslash NP)$ となる. 本節以降では, 名詞句の統語範疇 NP は常に $S/(S \backslash NP)$ の略記であるとする. この範疇のことを type-raised NP という.

同様に, 述語 dog の現れを一般的な名詞を表す述語に抽象化すると次のようになり, これが a の意味表示となる.

$$\lambda F \lambda G \exists x.(F(x) \wedge G(x))$$

a の意味表示の型は普通名詞 dog の統語範疇と意味表示の型が $N : e \to t$ であるので $(e \to t) \to (e \to t) \to t$ となる. a の統語範疇は名詞 N を受けとり名詞句 NP となるような統語範疇であるので, NP/N である.

また, type-raised NP を受けとって文 S となるためには, 動詞句 runs の意味表示の型を繰り上げる必要がある. つまり, 動詞句の統語範疇と意味表示の型は $S \backslash NP : ((e \to t) \to t) \to t$ となる. ここまでの内容を整理すると, 統語範疇から意味表示の型への写像は次のように, 語彙項目は**表 8.4** のようにアップデートされる.

---

*4 $\lambda G \exists x.(\text{dog}(x) \wedge G(x))$ はラムダ項の定義にしたがった記法ではないが, $\lambda G \exists (\lambda x.(\wedge(\text{dog}(x))(G(x))))$ というラムダ項とみなせばよい.

表 8.4　量化表現を考慮した語彙項目の例.

例	統語範疇	品詞/句	意味表示	型
a woman	NP	名詞句	$\lambda G \exists x.(\mathsf{woman}(x) \wedge G(x))$	$(e \to t) \to t$
a	NP/N	限定詞	$\lambda F \lambda G \exists x.(F(x) \wedge G(x))$	$(e \to t) \to (e \to t) \to t$
all	NP/N	限定詞	$\lambda F \lambda G \forall x.(F(x) \supset G(x))$	$(e \to t) \to (e \to t) \to t$
dog	N	普通名詞	$\lambda x.\mathsf{dog}(x)$	$e \to t$
run	$S \backslash NP$	自動詞	$\lambda Q.Q(\lambda x.\mathsf{run}(x))$	$((e \to t) \to t) \to t$
like	$(S \backslash NP)/NP$	他動詞	$\lambda Q_1 \lambda Q_2.Q_2$	$((e \to t) \to t) \to$
			$(\lambda y.Q_1(\lambda x.\mathsf{like}(x,y)))$	$((e \to t) \to t) \to t$

量化表現を考慮した統語範疇から意味表示の型への写像：

$$S^* = t$$
$$NP^* = (e \to t) \to t$$
$$N^* = e \to t$$
$$(Y/X)^* = (X)^* \to (Y)^*$$
$$(X \backslash Y)^* = (Y)^* \to (X)^*$$

存在量化文 (88) の意味合成を試みると，次のようになる．

$$\cfrac{\cfrac{\text{A}}{NP/N : \lambda F \lambda G \exists x.(F(x) \wedge G(x))} \quad \cfrac{\text{dog}}{N : \lambda x.\mathsf{dog}(x)}}{\cfrac{NP : \lambda G \exists x.(\mathsf{dog}(x) \wedge G(x))}{S : \exists x.(\mathsf{dog}(x) \wedge \mathsf{run}(x))}} > \cfrac{\text{runs}}{S \backslash NP : \lambda Q.Q(\lambda x.\mathsf{run}(x))} <$$

同様に，次のような全称量化文について考えよう．

(90)　All dogs sleep

sleep という属性を表す述語を sleep とすると，上の全称量化文はすべての個体について dog に属しているならば sleep に含まれ，dog に属していない場合は sleep に属していないということを表しているので，次のような意味表示が考えられる．

$$(91) \quad \forall x.(\mathsf{dog}(x) \supset \mathsf{sleep}(x))$$

all の意味表示は $\lambda F \lambda G \forall x.(F(x) \supset G(x))$[*5] のようになり，全称量化文全体の意味合成は次のようになる．

$$\cfrac{\cfrac{\text{All}}{NP/N : \lambda F \lambda G \forall x.(F(x) \supset G(x))} \quad \cfrac{\text{dogs}}{N : \lambda x.\mathsf{dog}(x)}}{NP : \lambda G \forall x.(\mathsf{dog}(x) \supset G(x))} > \quad \cfrac{\text{sleep}}{S \backslash NP : \lambda Q.Q(\lambda x.\mathsf{sleep}(x))} \atop S : \forall x.(\mathsf{dog}(x) \supset \mathsf{sleep}(x)) <$$

7 章と本章の意味合成の考え方についてまとめたい．まず，経験的な自然言語の文間の含意関係に基づくと文の意味表示（論理式）がどのようになるかを考える．次に，その意味表示を統語構造にしたがって構成的に導出するためには，語の統語範疇と意味表示の型をどのように指定するとよいかを考える．さらに，いま問題にしている言語現象について，たとえば be 動詞を助動詞一般に広げてみたり，等位接続でつないだ場合を考えてみたり，量化や否定で埋め込んでみたり，条件節や関係節で埋め込んでみたりと，少しずつ統語的・意味的な操作を加えた上でも統一した分析ができるかについて考える．こうして意味理論の全体が少しずつ構築されていく．ここで，語の統語範疇と意味表示の型は整合性をもたせる必要があり，語彙項目を少し変えるだけで全体の統語範疇や意味表示の型が変わる可能性に注意したい．

なお，ここまでの文の意味表示は一階述語論理に基づいているが，すべての言語表現を一階述語論理で表現できるわけではない点に注意したい．たとえば，most（ほとんど）という限定詞は個体全体に対する量化では扱えないことが知られている [16]．しかし，一階述語論理は多くの言語表現を扱うことができるのに加えて，計算機上では自動推論を実現しやすいという利点がある．

練習問題 8.6.1 次の文の CCG 導出木を書き，意味表示を構成的に導出してみよう．語彙項目を変更・追加してもよい．

---

*5 $\lambda F \lambda G \forall x.(F(x) \supset G(x))$ は $\lambda F \lambda G \forall (\lambda x. \supset ((F(x))(G(x))))$ というラムダ項とみなせばよい．

1. Every small dog barks

   （ヒント：8.1 節で出てきた形容詞は主格の補語として現れており，このような用法は叙述用法 (predicative use) と呼ぶのに対して，この問題の形容詞は普通名詞を修飾しており，このような用法は限定用法 (attributive use) と呼ぶ．用法によって形容詞の統語範疇が異なるので注意しよう．）

2. A student runs quickly

   （ヒント：副詞の意味表示をどうしたらいいか．）

3. John loves a dog

   （ヒント：他動詞の意味表示をどうしたらいいか．）

4. John loves Mary and Susan

   （ヒント：等位接続の意味表示をどうしたらいいか．）

8.7 　● 多重量化

2 章で，自然言語の特徴の一つは曖昧性であり，その一つとしてスコープの曖昧性を紹介したが，次の文は量化子が二つ存在し，量化子のスコープに関して曖昧性がある．

(92)　A man admires every woman

この文の意味表示を一階述語論理で表すと，少なくとも次の 2 通りが考えられる．

(93)
- ⓐ $\exists x.(\mathsf{man}(x) \land \forall y.(\mathsf{woman}(y) \supset \mathsf{admire}(x, y)))$
- ⓑ $\forall y.(\mathsf{woman}(y) \supset \exists x.(\mathsf{man}(x) \land \mathsf{admire}(x, y)))$

一つ目の意味表示では，ある一人の男性がいて，その男性がすべての女性を尊敬する（たとえば，一人の王がすべての女性を尊敬する状況を考えるとわかりやすい）という読みになる．この読みでは，a と every のスコープ関

係 (a>every) が統語構造がもつ階層関係と一致しており，canonical scope reading と呼ばれる．これに対して，二つ目の意味表示では，すべての女性がそれぞれ男性の誰かに尊敬されている（たとえば，すべての女性がそれぞれの女性の夫に尊敬されている状況を考えるとわかりやすい），という読みになる．この読みでは a と every のスコープ関係 (every>a) が統語構造がもつ階層関係とは逆転するため，inverse scope reading と呼ばれる．

　一つ目の意味表示は a man が名詞句，admires every woman が動詞句を構成するという CCG 導出木の構造に基づいて構成的に導出できる．

---

memo

　数量詞のような複数の個体を表す名詞句の解釈には，スコープの曖昧性とは別種の曖昧性がある．「3 人の教員が 5 本の論文を査読した」という文について考えてみよう．一つは「3 人の教員がそれぞれ 5 本の論文を査読した」という解釈であり，このように「それぞれ」を挿入して言い換えられるような解釈を**分配読み** (distributive reading) という．もう一つは「3 人の教員が一緒に 5 本の論文を査読した」という解釈であり，このように「一緒に」を挿入して言い換えられるような解釈を**集団読み** (collective reading) という．さらに，「合計で 3 人の教員が 5 本の論文を査読した」という解釈も考えられる．この解釈では，たとえば 2 人の教員が 2 本の論文を査読し，1 人の教員が 3 本の論文を査読したというように，教員が集団で査読を行ったか各人で査読を行ったかについては問うていないことに注意する．このような解釈を**累積読み** (cumulative reading) という．

$$
\cfrac{
  \cfrac{
    \cfrac{\text{a}}{NP/N : \lambda F\lambda G\exists x.(F(x) \land G(x))} \quad
    \cfrac{\text{man}}{N : \lambda x.\mathsf{man}(x)}
  }{NP : \lambda F\exists x.(\mathsf{man}\_x \land F(x))}\ {}^{>}
  \quad
  \cfrac{
    \cfrac{\text{admires}}{S\backslash NP/NP : \lambda Q_1.\lambda Q_2.Q_2(\lambda y.Q_1(\lambda x.\mathsf{admire}(x,y)))} \quad
    \cfrac{
      \cfrac{\text{every}}{NP/N : \lambda F\lambda G\forall x.(F(x) \supset G(x))} \quad
      \cfrac{\text{woman}}{N : \lambda x.\mathsf{woman}(x)}
    }{NP : \lambda G\forall x.(\mathsf{woman}(x) \supset G(x))}\ {}^{>}
  }{S\backslash NP : \lambda Q_2.Q_2(\lambda y.(\forall x.(\mathsf{woman}(x) \supset \mathsf{admire}(x,y))))}\ {}^{>}
}{S : \exists x.(\mathsf{man}(x) \lor \lambda y.(\mathsf{woman}(y) \supset \mathsf{admire}(x,y))))}\ {}^{<}
$$

しかし，二つ目の読みの意味表示を構成的に導出することは難しい．ここでは概略ではあるが，モンタギュー意味論などで扱われている quantifying-in と呼ばれる分析を紹介しよう．inverse scope reading を分析するためには，まず，主語と目的語を代名詞で置き換えた次の文の意味表示を考える．

(94)　He admires her

ここで，代名詞 he と she は，意味的には何の役割も果たしておらず，量化子によって束縛もされていない．そこで，代名詞の意味は自由変項に相当すると考えることができ，それぞれ x, y とすると，上の文の意味表示は $\mathsf{admire}(x, y)$ となる．次に，意味合成の過程で，読みにしたがって順番に代名詞 he を a man $(\lambda G \exists x.(\mathsf{man}(x) \land G(x)))$，代名詞 her を every woman $(\lambda G \forall x.(\mathsf{woman}(x) \supset G(x)))$ と関連づける．その結果，inverse scope reading と canonical scope reading の意味表示はそれぞれ次のように導出できる．

(95)
- ⓐ A man admires her: $\lambda y \exists x.(\mathsf{man}(x) \land \mathsf{admire}(x, y))$
- ⓑ A man admires every woman: $\forall y.(\mathsf{woman}(y) \supset \exists x.(\mathsf{man}(x) \land \mathsf{admire}(x, y)))$

(96)
- ⓐ He admires every woman: $\lambda x \forall y.(\mathsf{woman}(y) \supset \mathsf{admire}(x, y))$
- ⓑ A man admires every woman: $\exists x.(\mathsf{man}(x) \land \forall y.(\mathsf{woman}(y) \supset \mathsf{admire}(x, y)))$

このように，quantifying-in の基本的なトリックは，代名詞を後で特定の語彙に置き換えることができるプレースホルダとして用い，every woman の合成を a man の合成が終わるまで遅らせることである．これによって，every のスコープを a のスコープの上に位置づけることができる．

Cooper storage [53] は quantifying-in の基本的なトリックをもとに，量化

のスコープの曖昧性をより洗練された方法で解消する．この分析では各構成素の意味表示を一階述語論理式ではなく，核 (core) と呼ばれる意味表示と，ストア (store) と呼ばれる束縛演算子（変項が束縛されている関数）のリストからなるペアで表し，読みに応じてストアから束縛演算子を取り出し核と結合することで，それぞれの読みの意味表示を導出する．この例の構成素 S の核は動詞 admire の意味表示 $\lambda Q_1 \lambda Q_2. Q_2(\lambda y. Q_1(\lambda x. \mathrm{admire}(x, y)))$，束縛演算子は名詞句 a man の意味表示 $\lambda G \exists x. (\mathrm{man}(x) \wedge G(x))$ や every woman の意味表示 $\lambda G \forall x. (\mathrm{woman}(x) \supset G(x))$ を指す．この Cooper storage を用いた分析は，自然言語処理の Python ライブラリ NLTK や，論理プログラミング言語の一つである Prolog を用いて実装されており，計算機上でも実行することができる．NLTK による実装のしくみについては [26]，Prolog による実装のしくみについては [27] で解説されている．

第 9 章

イベント意味論と推論

　本章では，前章で紹介した CCG に基づく意味表示の発展的な話題として，イベント意味論に基づく意味表示を紹介する．イベント意味論は出来事に関する言語表現を分析する意味理論であり，計算言語学や自然言語処理においてしばしば応用されている．また，CCG に基づく意味表示と定理証明器を用いた推論システムについて，実装とともに紹介する．文の意味表示を論理式で表し，定理証明器と外部知識を組み合わせることで，文間の含意関係を計算機上で自動判定することができる．

9.1　● イベント意味論

9.1.1　┃ Event Semantics

　8 章までは言語表現の意味の型は個体（エンティティ）と真理値だけを扱っていた．しかし，この分析では言語表現に現れるイベント（出来事）の扱いに問題がある．まずは次の例文について考えてみよう．

(97)　Brutus stabbed Caesar in the back with a knife

前置詞句 in the back や with a knife のような動詞句を修飾する修飾表現 (VP modifier) は，動詞句を受けとって新たな動詞句を返す次のような統語範疇と意味表示の型に対応づけられる．

$$S \backslash NP \backslash (S \backslash NP) : (e \to t) \to e \to t$$

　ここでは簡単のため，in the back, with a knife の内部の意味合成については扱わず，in the back, with a knife という属性を表す述語をそれぞれ itb, wak とすると，in the back と with a knife の意味表示は動詞句が表す属性 V と itb（または wak）の共通部分を返す関数として，それぞれ

$\lambda V \lambda x.V(x) \wedge \mathsf{itb}(x), \lambda V \lambda x.V(x) \wedge \mathsf{wak}(x)$ のように表される．したがって (97) の意味表示は次のように導出できる．

同様に，次の例文についてもそれぞれ意味表示を導出できる．

(98)
- ⓐ Brutus stabbed Caesar in the back.
- ⓑ stab(brutus, caesar) ∧ itb(brutus)

(99)
- ⓐ Brutus stabbed Caesar with a knife.
- ⓑ stab(brutus, caesar) ∧ wak(brutus)

(100)
- ⓐ Brutus stabbed Caesar.
- ⓑ stab(brutus, caesar)

(101)
- ⓐ Brutus stabbed Caesar in the back, and Brutus stabbed Caesar with a knife.
- ⓑ stab(brutus, caesar) ∧ itb(brutus) ∧ wak(brutus)[*1]

練習問題 9.1.1

1. 8 章の分析にしたがって CCG 導出木をもとに，with a knife の意味表示を導出せよ．
2. 8 章の分析にしたがって CCG 導出木をもとに，(98 ⓐ), (99 ⓐ), (100 ⓐ), (101 ⓐ) の意味表示を導出せよ．

ここで，経験的にこれらの意味表示が妥当か，含意関係を考えることで検討する．まず，(97) から (98 ⓐ), (99 ⓐ) への含意はそれぞれ成立し，意味表示からも正しく予測できることがわかる．また，(98 ⓐ), (99 ⓐ) から (100 ⓐ) への含意，(98 ⓐ) と (99 ⓐ) の連言である (101 ⓐ) から (98 ⓐ), (99 ⓐ) への含意も成立し，意味表示からも正しく予測される．

[*1] 実際に導出される意味表示は正確には stab(brutus, caesar) ∧ itb(brutus) ∧ stab(brutus, caesar) ∧ wak(brutus) であるが，この意味表示は (101 ⓑ) と論理的に同値である．

しかし，(101 ⓐ) から (97) への含意は必ずしも成立しない．というのも，たとえば Brutus は Caesar の背中をピックで刺した後でナイフで刺したというように，(98 ⓐ) と (99 ⓐ) はそれぞれ別の出来事について述べているという解釈も考えられるからである．しかし，(101 ⓑ) は (97) の意味表示と同値であるため，(101 ⓐ) から (97) への含意も予測されてしまう．

本節では，上記の問題を解決するために意味の型としてイベントを導入した**イベント意味論** (event semantics) に基づく分析を紹介する．イベント意味論は Donald Davidson がはじめに提案した．イベントを個体変項（イベント変項）として扱う意味論であり，現在の形式意味論や自然言語処理でも研究が進められている．Davidson のイベント意味論[60]では，次のように動詞をイベント変項 e を項にもつ述語として分析し，副詞句や前置詞句などの修飾表現をイベント変項 e を項にもつ述語として扱う．

(102)

ⓐ Brutus stabbed Caesar in the back with a knife.

ⓑ $\exists e.(\mathsf{stab}(\mathsf{brutus}, \mathsf{caesar}, e) \wedge \mathsf{itb}(e) \wedge \mathsf{wak}(e))$

(103)

ⓐ Brutus stabbed Caesar in the back.

ⓑ $\exists e.(\mathsf{stab}(\mathsf{brutus}, \mathsf{caesar}, e) \wedge \mathsf{itb}(e))$

(104)

ⓐ Brutus stabbed Caesar.

ⓑ $\exists e.(\mathsf{stab}(\mathsf{brutus}, \mathsf{caesar}, e))$

(105)

ⓐ Brutus stabbed Caesar in the back, and Brutus stabbed Caesar with a knife.

ⓑ $\exists e.(\mathsf{stab}(\mathsf{brutus}, \mathsf{caesar}, e) \wedge \mathsf{itb}(e)) \wedge \exists e.(\mathsf{stab}(\mathsf{brutus}, \mathsf{caesar}, e) \wedge \mathsf{wak}(e))$

この分析では，(105 ⓐ) において (103 ⓐ) と (104 ⓐ) が別の出来事について

述べている可能性があることをイベントの量化で表しており，(105 ⓐ) から
(102 ⓐ) への含意が予測されない．また，他の含意関係についても正しく予
測することができる．

❚ Neo-Davidsonian Event Semantics

　しかし，Davidson のイベント意味論による分析では，自動詞の場合は
run(brutus, e)，他動詞の場合は stab(brutus, caesar, e) というように，動詞に
よって項の数が変わってしまうという問題がある．そこで，Telence Parsons
（テレンス・パーソンズ）は 1990 年に **Neo-Davidsonian event semantics** [**194**]
という，現在の代表的なイベント意味論を提案した．Neo-Davidsonian event
semantics では，動詞をイベント変項のみを項とする述語で表し，個体 x が
表す項がイベント変項 e を表す動詞に対して動作主 (agent) の関係にあるこ
とを agent(e) = x，個体変項 x が表す項がイベント変項 e を表す動詞に対し
て主題 (theme) の関係にあることを theme(e) = x のように表すことで，動
詞の項にイベント変項を項にとる関数を対応させる．

(106)

ⓐ Brutus stabbed Caesar in the back with a knife

ⓑ $\exists e.(\text{stab}(e) \land (\text{agent}(e) = \text{brutus}) \land (\text{theme}(e) = \text{caesar}) \land \text{itb}(e) \land$
$\text{wak}(e))$

(107)

ⓐ Brutus stabbed Caesar in the back

ⓑ $\exists e.(\text{stab}(e) \land (\text{agent}(e) = \text{brutus}) \land (\text{theme}(e) = \text{caesar}) \land \text{itb}(e))$

agent や theme のように動詞句が表すイベントに対して個体がどのような役
割であるかを表す述語を**意味役割** (semantic role)[*2] といい，関数記号（述語
論理の形式言語の定義 6.5.1 をいま一度確認してほしい）として記述する．文
中の述語や述語に対する意味役割を予測する自然言語処理の関連タスクとし

て，意味役割付与 (Semantic Role Labeling, SRL) がある．意味役割が付与
されたコーパスとしては PropBank [133] や FrameNet [218] がある．

　なお，主格 (nominative case) や対格 (accusative case) といった名詞に付
される格は意味役割と関連の深い概念であるが，格関係が統語論的な素性で
あるのに対して，意味役割は意味論的な素性であることに注意する．しかし，
語彙や統語範疇に対応する語彙項目に基づいて意味合成を行うことを考える
と，意味役割は語彙や統語構造からは必ずしも一意に定まらないため，語彙
項目にあらかじめ記述することが難しい．そのため，以降では本来の Neo-
Davidsonian event semantics の理論に対して正確性を欠くことを承知の上，
主格 nom や対格 acc などの格関係を意味役割の代わりに扱う．格関係を意味
役割の代わりに扱う場合，Neo-Davidsonian event semantics は個々の動詞
の項と付加詞の境界を定める必要がないという点で，動詞に対応する論理式
はイベント変項を項にもつ 1 項述語として統一して記述できるという利点が
ある．

　Neo-Davidsonian event semantics では，従来の Davidson のイベント意
味論よりも動詞の項の数によらずに統一的に意味表示を記述できる．たとえ
ば，他動詞を含む文 (108 ⓐ)，量化名詞句を含む文 (109 ⓐ)，否定を含む文
(110 ⓐ) はそれぞれ Neo-Davidsonian event semantics では次のように分析
される．

(108)
ⓐ Bob surprised Susan.
ⓑ $\exists e.(\mathsf{surprise}(e) \wedge (\mathsf{nom}(e) = \mathsf{bob}) \wedge (\mathsf{acc}(e) = \mathsf{susan}))$

(109)
ⓐ Some women are singing loudly.
ⓑ $\exists x.(\mathsf{woman}(x) \wedge \exists e.(\mathsf{sing}(e) \wedge (\mathsf{nom}(e) = x) \wedge \mathsf{loudly}(e)))$

(110)
ⓐ No women are singing loudly.
ⓑ $\neg\exists x.(\mathsf{woman}(x) \wedge \exists e.(\mathsf{sing}(e) \wedge (\mathsf{nom}(e) = x) \wedge \mathsf{loudly}(e)))$

c $* \exists e \neg \exists x.(\text{woman}(x) \land \text{sing}(e) \land (\text{nom}(e) = x) \land \text{loudly}(e))$

　イベント意味論に基づく文の意味表示を統語構造に基づいて構成的に導出するにあたって，イベントの量化をどの位置で導入するかという問題がある．一つには，意味合成の最後でイベント変項を存在量化子 $\exists$ で束縛するという方法が考えられる．このように，意味合成の最後に変項を存在量化で束縛する操作は，**存在閉包** (existential closure) と呼ばれる．存在閉包を用いることで，(108 **a**) の意味表示は導出できそうであるが，否定を含む文 (110 **a**) の意味表示を存在閉包を用いて導出しようとすると，(110 **c**) のようになり問題がある．(110 **c**) はイベントの存在量化が否定のスコープよりも広いスコープをとっており，There is an event that is not a singing loudly event by women という意味となるので，ほとんどのイベントが trivial に真であるという真理条件になってしまう．(110 **a**) の意味表示は，(110 **b**) のように否定がイベントの存在量化よりも広いスコープをとるのが正しく，この意味表示は There is no singing loudly event that is done by women という意味になる．このように，量化名詞句を含む文 (109 **a**) や否定を含む文 (110 **a**) では，一般的にイベントの存在量化のスコープよりも量化名詞句や否定のスコープがより広いスコープをとることが知られている [**39**]．

　イベントの量化を量化名詞句や否定のスコープの内側で導入するためには，動詞自体をイベントの量化を導入する表現として扱う [**39, 176**] という方法が考えられる．イベント型を ev とすると，意味表示の型は次のようにアップデートされる．

イベント型を導入した場合の意味表示の型：

1. e と ev と t は型である．e は個体 (entity)，ev はイベント (event)，t は真理値 (truth value) の型を表す．
2. α と β が型であるならば，$\alpha \to \beta$ も型である．
3. それ以外は型ではない．

このとき，統語範疇 S に対応する意味表示の型は t から $(ev \to t) \to t$ と

なる．もし統語範疇 S に対応する意味表示の型を t としてしまうと，動詞と副詞の意味合成を考えるときに問題となる．再び (108 ⓐ) の意味表示について考えよう．このとき，(111) のように副詞が動詞 surprised を修飾する場合とあわせて考える必要がある．

(111)　Bob greatly surprised Susan.

また，副詞は really greatly surprised のように複数で動詞を修飾できることを考えると，副詞の意味はやはりイベント変項を項にとる述語として扱い，$\lambda e.(\mathsf{surprise}(e) \wedge \mathsf{really}(e) \wedge \mathsf{greatly}(e) \ldots)$ のように，動詞の意味と連言でつなげて分析できることが望ましい．しかし，統語範疇 S に対応する意味表示の型を t とすると，動詞の意味はイベントの量化を導入するので $\exists e.\mathsf{surprise}(e)$ となり，副詞の意味をイベントの量化のスコープの内側に導入することができなくなってしまう．そこで，統語範疇 S に対応する意味表示の型を $(ev \to t) \to t$ とすることで，副詞をイベントの量化のスコープの内側に導入する「余裕」ができる．このように，形式意味論でことばの意味の分析を考えるときには，「最悪の場合」までを想定して一般化した意味表示を検討する (generalizing to the worst case [195])．

以上の話をまとめると，副詞を CCG の統語範疇から意味表示の型への写像は次のようにアップデートされる．

イベント型を導入した場合の統語範疇から意味表示の型への写像：

$$S^* = (ev \to t) \to t$$

$$NP^* = e \to (ev \to t) \to t \to (ev \to t) \to t$$

$$N^* = e \to (ev \to t) \to t$$

$$(Y/X)^* = (X)^* \to (Y)^*$$

$$(X\backslash Y)^* = (Y)^* \to (X)^*$$

動詞をイベントの量化を導入する表現として扱うと，自動詞 $S \backslash NP$ の型は $(S \backslash NP)^* = NP^* \to S^*$ であるから $e \to (ev \to t) \to t \to (ev \to t) \to t \to (ev \to t) \to t$ となるが，継続 (continuation) を用いて意味表示の型の整合性を合わせることが標準的である [12]．表 9.1 に Neo-Davidsonian event semantics に基づく語彙項目の例を示す．表 9.1 の自動詞の意味表示をみると，$\lambda K \ldots \exists e.(\ldots K(e))$ のような形になっている．これは K を引数として，量化されたイベント変項 e を K に適用する関数であることを表しており，これにより型の整合性を保ちながらイベントの存在量化を否定のスコープの内側に保持することができる．なお，修飾表現もイベントの存在量化子のスコープの内側に保持しなくてはならないので，継続が必要であることに注意する．語彙項目と CCG 導出木に基づく意味合成の具体例として，文 (110 ⓐ) の CCG 導出木と意味表示を図 9.1 に示す．ここで，命題定項 ⊤ の挿入は継続で導入した K を埋めるときに使われ，意味合成の過程で必要となる操作である．

表 9.1 Neo-Davidsonian event semantics に基づく語彙項目の例．

例	統語範疇	品詞/句	意味表示
a woman	NP	名詞句	$\lambda G \lambda H \exists x.(\mathsf{woman}(x) \wedge G(x) \wedge H(x))$
woman	N	名詞	$\lambda x.\mathsf{woman}(x)$
small	N/N	形容詞	$\lambda F \lambda x.(\mathsf{small}(x) \wedge F(x))$
every	NP/N	限定詞	$\lambda F \lambda G \lambda H \forall x.(F(x) \wedge G(x) \supset H(x))$
no	NP/N	否定詞	$\lambda F \lambda G \lambda H \neg \exists x.(F(x) \wedge G(x) \wedge H(x))$
sing	$S \backslash NP$	自動詞	$\lambda Q \lambda K.Q(\lambda x.\top, \lambda x \exists e.(\mathsf{sing}(e) \wedge (\mathsf{nom}(e) = x)$ $\wedge K(e)))$
loudly	$(S \backslash NP) \backslash (S \backslash NP)$	副詞	$\lambda V \lambda Q \lambda K.V(Q, \lambda e.(\mathsf{loudly}(e) \wedge K(e)))$

練習問題 9.1.2 　図 9.1 の意味合成の過程を確認し，最終的に導出された論理式が (110 ⓑ) の論理式と同値であることを確認しよう．

練習問題 9.1.3 　表 9.1 の各語彙の意味表示の型を確認しよう．

図 9.1　No women are singing loudly. の CCG 導出木と意味表示.

　文の意味表示を一階述語論理で表すと，定理証明器を用いることで，文間の含意関係の自動証明を計算機上で実現することができる．一階述語論理の**自動定理証明器** (automated theorem prover) としては，Vampire (`https://vprover.github.io/`) や，自然言語処理の Python ライブラリ NLTK でインターフェースが提供されている Prover9 (`https://www.cs.unm.edu/~mccune/prover9/`) などがある．どちらの自動定理証明器も，導出原理に基づく定理証明器である．ただし，導出原理では含意関係の証明に失敗したとき，なぜ失敗したのか推論の過程を解釈するのにやや複雑な工程を要する．そこで本節では推論の過程が比較的解釈しやすい体系である，自然演繹による含意関係の自動証明をいくつか紹介する．自然演繹に基づく定理証明支援系としては Coq (`https://coq.inria.fr/`) がある．Coq では Ltac という記述言語を用いて証明探索の手続きを定義することによって，証明の自動化が可能である．

　たとえば，次の二つの文とそれらの一階述語論理に基づく意味表示から含意関係を証明することを考えよう．

(112)

ⓐ A man is singing in a bar.

ⓑ $\exists e_1 \exists x_1 \exists x_2.(\mathsf{man}(x_1) \wedge \mathsf{sing}(e_1) \wedge (\mathsf{nom}(e_1) = x_1) \wedge \mathsf{bar}(x_2) \wedge \mathsf{in}(e_1, x_2))$

(113)

ⓐ A man is singing.

ⓑ $\exists e_1 \exists x_1.(\mathsf{man}(x_1) \wedge \mathsf{sing}(e_1) \wedge (\mathsf{nom}(e_1) = x_1))$

　二つの意味表示は推論規則を適用することによって分解することができる．**図 9.2** に自然演繹の推論規則を示す．自然演繹の推論規則には他の論理体系と同様に，導入規則 (-INTRO) と除去規則 (-ELIM) の二つがある．導入規則は結論（ゴール）をどのように証明するかを指定するための規則である．除

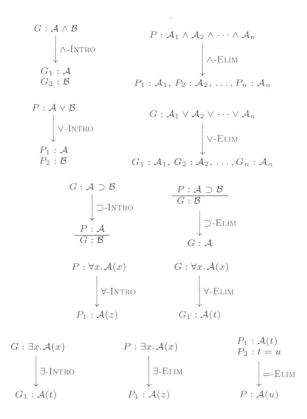

図 9.2　Coq による自然演繹の証明で用いる証明探索の規則．$P, P_1, \ldots, P_n$ は前提の論理式，G, G_1, G_2 は結論（ゴール）の論理式を表す．いずれの推論規則においても，規則適用前の論理式は矢印の上部に，規則適用後の論理式は矢印の下部に示す．ただし，$\forall$-Intro 規則と $\exists$-Elim 規則は 6.6 節で定義したシーケント計算の ($\forall$-R) 規則と ($\exists$-L) 規則と同様に固有変項条件 (VC) が課せられ，変項 z は前提と結論の論理式に自由に現れてはならない．

去規則は前提をどのように証明に利用するかを指定するための規則であるが，主に前提にある論理式をより小さい論理式に分解するために用いられる．

(112 ⓐ)⇒(113 ⓐ) の証明プロセスを**図 9.3** に示す．図 9.3 において，論理式 (112 ⓑ) は前提 P_0，論理式 (113 ⓑ) は結論 G_0 に配置される．この図では省略されているが，まず $\exists$-Elim 規則を P_0 に適用してから $\exists$-Intro 規則を G_0 に適用し，P_0 と G_0 の存在量化を外している．次に，$\wedge$-Elim 規則と $\wedge$-Intro 規則をそれぞれ P_1, G_1 に適用して連言を外し，前提の集合

$$P_0 : \exists e_1 \exists x_1 \exists x_2.(\mathsf{man}(x_1) \land \mathsf{sing}(e_1) \land (\mathsf{nom}(e_1) = x_1) \land \ \mathsf{bar}(x_2) \land \mathsf{in}(e_1, x_2))$$

$$G_0 : \exists e_1 \exists x_1.(\mathsf{man}(x_1) \land \mathsf{sing}(e_1) \land (\mathsf{nom}(e_1) = x_1))$$

$\exists\text{-Elim } (P_0), \exists\text{-Intro } (G_0)$

$$P_1 : \ \mathsf{man}(x_1) \land \mathsf{sing}(e_1) \land (\mathsf{nom}(e_1) = x_1) \land \ \mathsf{bar}(x_2) \land \mathsf{in}(e_1, x_2)$$

$$G_1 : \mathsf{man}(x_1) \land \mathsf{sing}(e_1) \land (\mathsf{nom}(e_1) = x_1)$$

$\land\text{-Elim } (P_1), \land\text{-Intro } (G_1)$

$$P_2 : \ \mathsf{man}(x_1), P_3 : \mathsf{sing}(e_1), P_4 : \mathsf{nom}(e_1) = x_1, P_5 : \mathsf{bar}(x_2), P_6 : \mathsf{in}(e_1, x_2)$$

$$G_2 : \mathsf{man}(x_1), G_3 : \mathsf{sing}(e_1), G_4 : \mathsf{nom}(e_1) = x_1$$

図 9.3　二つの文間の含意関係の証明プロセスの例.

$\mathcal{P} = \{P_2, P_3, P_4, P_5, P_6\}$ とサブゴール (証明過程における結論の部分論理式, sub-goal) の集合 $\mathcal{G} = \{G_2, G_3, G_4\}$ に分解している. 証明はサブゴール G_j と述語と項が一致する前提 P_i を探索する形で進められ, マッチする前提がみつかればそのサブゴールを解決できる. すべてのサブゴールが解決できれば $(112\ \text{Ⓐ}) \Rightarrow (113\ \text{Ⓐ})$ の証明が示せたことになる. この例では, サブゴール G_2, G_3, G_4 と前提 P_2, P_3, P_4 の述語と項がそれぞれマッチし, すべてのサブゴールが解決できるため, 公理を生成せずに $(112\ \text{Ⓐ}) \Rightarrow (113\ \text{Ⓐ})$ を示すことができる.

　矛盾関係の証明についてもみてみよう. 否定の基本的な含意関係は, 論理式 A の否定 $\neg A$ を, 偽を表す $\bot$ を用いて, $A \supset \bot$ (A が偽を含意する, つまり矛盾する) と定義することで捉えることができる. この定義にしたがって, 否定の推論規則は**図 9.4** に示す規則を用いる. 否定の導入規則 (¬-Intro) は, もしゴールの論理式が $\neg A$ という形であれば, A を新たに前提に加えて, 矛

$$G : \neg A$$
$\neg\text{-Intro}$
$$P : A$$
$$G_1 : \bot$$

$$\frac{P : \neg A}{G : \bot}$$
$\neg\text{-Elim}$
$$G_1 : A$$

図 9.4　Coq による否定の証明探索の規則.

盾 ($\perp$) の証明を試みるという形をとる．一方，否定の除去規則 ($\neg$-ELIM) は，前提に $\neg\mathcal{A}$ という形の論理式があり，ゴールが矛盾 ($\perp$) であるとき，ゴールを $\mathcal{A}$ に更新しこの新たなゴールの証明を試みる，というものである．

　矛盾関係の証明の例として，以下の二つの文間の矛盾関係について，自然演繹による証明を試みる．

(114)

　ⓐ No man is singing.

　ⓑ $\neg\exists e_1\exists x_1.(\mathsf{man}(x_1) \wedge \mathsf{sing}(e_1) \wedge (\mathsf{nom}(e_1) = x_1))$

(115)

　ⓐ There is a man singing loudly.

　ⓑ $\exists e_1\exists x_1.(\mathsf{man}(x_1) \wedge \mathsf{sing}(e_1) \wedge (\mathsf{nom}(e_1) = x_1) \wedge \mathsf{loudly}(e_1))$

図 9.5 に矛盾関係の証明プロセスを示す．(114 ⓐ) と (115 ⓐ) の意味表示は前提 P_0, P_1 にそれぞれ配置され，結論 G_0 には $\perp$ が配置される．否定の除去規則 $\neg$-ELIM を P_0 に適用することによって，ゴールは G_1 に更新される．ここで，除去規則を適用することによって，前提 P_1 は前提の集合 P_2, P_3, P_4, P_5 に分解される．同様に，導入規則を適用することで，ゴール G_1 はサブゴールの集合 G_2, G_3, G_4 に分解される．すべてのサブゴールが前提とマッチする

$P_0 :\ \neg\exists e_1\exists x_1.(\mathsf{man}(x_1) \wedge \mathsf{sing}(e_1) \wedge (\mathsf{nom}(e_1) = x_1))$
$P_1 :\ \exists e_1\exists x_1.(\mathsf{man}(x_1) \wedge \mathsf{sing}(e_1) \wedge (\mathsf{nom}(e_1) = x_1) \wedge \mathsf{loudly}(e_1))$
$\overline{G_0 : \perp}$

$\qquad\qquad\qquad\left\downarrow\ \neg\text{-ELIM}\ (P_0, G_0)\right.$

$P_1 :\ \exists e_1\exists x_1.(\mathsf{man}(x_1) \wedge \mathsf{sing}(e_1) \wedge (\mathsf{nom}(e_1) = x_1) \wedge \mathsf{loudly}(e_1))$
$\overline{G_1 : \exists e_1\exists x_1.(\mathsf{man}(x_1) \wedge \mathsf{sing}(e_1) \wedge (\mathsf{nom}(e_1) = x_1))}$

$\qquad\qquad\qquad\left\downarrow\ \exists\text{-ELIM},\ \wedge\text{-ELIM}\ (P_1),\ \exists\text{-INTRO},\ \wedge\text{-INTRO}\ (G_1)\right.$

$P_2 :\ \mathsf{man}(x_1),\ P_3 : \mathsf{sing}(e_1),\ P_4 : \mathsf{nom}(e_1) = x_1,\ P_5 : \mathsf{loudly}(e_1)$
$\overline{G_2 : \mathsf{man}(x_1),\ G_3 : \mathsf{sing}(e_1),\ G_4 : \mathsf{nom}(e_1) = x_1}$

図 9.5　二つの文間の矛盾関係の証明プロセスの例.

ため，(114 **a**) と (115 **a**) の矛盾関係，すなわち，(114 **a**)⇒ ¬(115 **a**) を示すことができる．

9.3 ● 公理を用いた知識補完

ここまで紹介した文間の含意関係や矛盾関係の証明の例は，常識的な知識や世界知識，言い換えや上位－下位関係などの語彙関係といった知識を必要とせずに示せる例であった．しかし，自然言語の推論においては形式言語の推論とは異なり，さまざまな知識を外から補完する必要がある．たとえば，次の含意関係を自動証明で示すには，前提の動詞句 gazed at と結論の動詞句looked at が上位－下位の関係にあるという語彙知識を**公理** (axiom) として補完する必要がある．

(116)　Taro gazed at Hanako ⇒ Taro looked at Hanako

ここで，Neo-Davidsonian event semantics では，動詞をイベントに対する1 項述語として統一的に扱うことで，動詞に関する語彙知識の公理を統一的に記述することができるため，$\forall e.(\mathsf{gazed}(e) \supset \mathsf{looked}(e))$ といった動詞に関する公理を補完することができるようになり，自然言語の推論により適した表現形式となっている．

　本節では，自然演繹を用いた自然言語の推論で語彙知識の公理を補完する手続きを紹介する．まず，証明の途中で証明不可能と判定されたサブゴールに関して，前提と結論で同じ項をシェアしている述語を生成する公理の候補として絞り込む．さらに，同じ項をシェアしている述語の中でも，項の格が同じである述語について優先して公理を生成する．

　公理生成を導入した証明の例として，以下の二つの文間の含意関係の証明を考える．

(117)

　a A puppy plays in a house colored in red

　b $\exists e_1 \exists e_2 \exists x_1 \exists x_2 \exists x_3.(\mathsf{puppy}(x_1) \wedge \mathsf{play}(e_1) \wedge (\mathsf{nom}(e_1) = x_1)$

$$\wedge \mathsf{house}(x_2) \wedge \mathsf{color}(e_2) \wedge (\mathsf{acc}(e_2) = x_2) \wedge \mathsf{in}(e_1, x_2) \wedge \mathsf{red}(x_3) \wedge \mathsf{in}(e_2, x_3))$$

(118)

ⓐ A young dog plays in a red house

ⓑ $\exists e_1 \exists x_1 \exists x_2.(\mathsf{young}(x_1) \wedge \mathsf{dog}(x_1) \wedge \mathsf{play}(e_1) \wedge (\mathsf{nom}(e_1) = x_1)$
$\wedge \mathsf{red}(x_2) \wedge \mathsf{house}(x_2) \wedge \mathsf{in}(e_1, x_2))$

これら二つの論理式 (117 ⓑ) と (118 ⓑ) について，(117 ⓑ) を証明の前提，(118 ⓑ) を証明の結論（ゴール）とみなし，まずは公理補完を行わずに (117 ⓐ)⇒(118 ⓐ) の証明を試みる．図 9.3 と同様に (117 ⓐ)⇒(118 ⓐ) の含意関係の証明を進めると，下記のような前提の集合 $\mathcal{P}$ とサブゴールの集合 $\mathcal{G}$ が得られる．このステップでは，存在量化子が除去され，(117 ⓑ) と (118 ⓑ) に共通する述語については，変項の単一化が行われる．

$$\mathcal{P} = \{P_1 : \mathsf{puppy}(x_1),\ P_2 : \mathsf{play}(e_1),\ P_3 : \mathsf{nom}(e_1) = x_1,\ P_4 : \mathsf{house}(x_2),$$
$$P_5 : \mathsf{color}(e_2),\ P_6 : \mathsf{acc}(e_2) = x_2,\ P_7 : \mathsf{in}(e_1, x_2),\ P_8 : \mathsf{red}(x_3),$$
$$P_9 : \mathsf{in}(e_2, x_3)\}$$
$$\mathcal{G} = \{G_1 : \mathsf{young}(x_1), G_2 : \mathsf{dog}(x_1), G_3 : \mathsf{red}(x_2)\}$$

この例では，$\mathsf{young}(x_1), \mathsf{dog}(x_1), \mathsf{red}(x_2)$ という三つのサブゴールが残り，証明に失敗する．ここで，前提中の論理式 $\mathsf{puppy}(x_1)$ と共通の項 x_1 をシェアしているサブゴール $\mathsf{young}(x_1), \mathsf{dog}(x_1)$ が生成する公理の候補となる．実装上は WordNet [174]などの語彙知識から young dog と puppy が同じ意味であることが確認できれば，young dog と puppy 間に関する公理を生成し補完することで，これら二つのサブゴールを解決できる．また，残りのサブゴール $\mathsf{red}(x_2)$ については，述語の表層形が同一である論理式 $\mathsf{red}(x_3)$ が前提中に存在するが，項は一致していない．これは a house colored in red と a red house というフレーズの言い換えを証明でどのように扱うかという問題になる．今回の例では，サブゴールに残っている述語と表層形が完全に一致する述語が前提中に含まれる場合に限り，例外的に，述語の型や項が異なっていて

も公理を生成して証明に用いてよい，とすれば公理を補完できる．しかし，このような例外を許容すると，過剰に公理を生成できてしまい，含意関係が成り立たないケースまで含意関係を証明できてしまうケースがある．このように，論理的な推論に語彙知識や世界知識といったさまざまな知識をどのような条件で公理として補完するかについては，研究途上である [**165**, **183**, **242**, **272**]．

9.4 ● 意味合成と推論の実装

　ここまでで紹介してきた，型付きラムダ計算による基本的な言語表現の意味表示の導出とモデル検査，定理証明は，Python の自然言語処理のためのライブラリ **NLTK** (`https://www.nltk.org/`) を用いて比較的簡単に実装することができる．サンプルコード (`https://github.com/ynklab/cl`) を確認して，練習問題を実装してみよう．NLTK を用いた実装については，[**26**] に詳細な説明がある．

　また，8 章で紹介した CCG に基づく意味表示の導出，本章で紹介したイベント意味論に基づく意味表示の導出，定理証明を用いた推論，公理を用いた知識補完を計算機上で実装したシステムとして，英語と日本語の意味解析・推論システム ccg2lambda[**164**, **175**, **176**] (`https://github.com/mynlp/ccg2lambda`) がある．ccg2lambda も NLTK を用いて実装されており，Github リポジトリには Docker のコンテナが開発環境として提供されているので，ぜひ動かしてみてほしい．

第10章

談話意味論

　前章まででは，一文ごとに単一の意味を割り当てることについて考えてきた．このような意味論は**静的意味論** (static semantics) という．本章では，文と文の関係（談話）を考慮した談話意味論について考えていく．まず，静的意味論では扱うことが難しい言語現象の一つとして，照応という言語現象を説明する．次に，代表的な談話意味論の一つである談話表示理論について紹介する．

10.1 ● 照応の問題

　静的意味論は，先行する名詞句（先行詞）を代名詞が指示する**照応** (anaphora) 現象を分析するときに問題が生じる．次の例をみてみよう．

(119)　A man walks in the park. He whistles.

(120)　A man walks in the park and whistles.

ここでは簡略のため，walk in the park という属性を表す述語を walk_itp とする．また，代名詞 he の意味は，8.7 節で少し紹介したように変項として扱うのが通常である．したがって，(119) の一文目の意味表示，二文目の意味表示はそれぞれ，$\exists x.(\mathsf{man}(x) \wedge \mathsf{walk\_itp}(x))$, $\mathsf{whistle}(x)$ のように導出できる．ここで，この二つの文の意味表示を合成して (119) 全体の意味表示を導出することを考える．(120) のように (119) の一文目と二文目を連言でつなげばよいと考えれば，$\exists x.(\mathsf{man}(x) \wedge \mathsf{walk\_itp}(x)) \wedge \mathsf{whistle}(x)$ と導出できると思われる．しかし，この意味表示では，$\mathsf{whistle}(x)$ の x が束縛されておらず，he の先行詞が　文目の a man であることを表せていない．(119) の正しい真理条件を得るためには，$\mathsf{whistle}(x)$ をどのようにして $\exists x.(\mathsf{man}(x) \ldots)$ の存在量化のスコープの内側に導入するかが問題である．この代名詞照応の例のように，静的意味論では談話の時間経過にしたがって動的に情報が追加

159

されることを説明できないという問題がある.

　静的意味論では照応を分析することが難しいことを示す，別の例を紹介しよう.

（121）　If a farmer owns a donkey, she beats it.

この例文はいわゆるロバ文 (donkey sentence) という有名な例文であり，**E タイプ照応** (E-type anaphora) [**70**] の問題を表す例である．E タイプ照応の特徴は，代名詞 it が先行詞 a donkey を含む文によって導入された対象を指示するという点と，指示される対象が先行詞を含む文の記述によって固定されるという点にある．つまり，(121) は the と名詞句で表される**確定記述** (definite description) を用いて，次のように言い換えることができる.

（122）　If a farmer owns a donkey, she beats the donkey which she
　　　　owns.

　ロバ文 (121) の意味表示は，どのように導出できるだろうか．これもまず，先ほどと同じように従属節と主節の意味表示を導出したのちに含意でつなぐことを考えると，(123) のような意味表示になる．しかし，この意味表示は beat(x, y) の x, y が束縛されておらず，a farmer と she 間の照応関係，a donkey と it 間の照応関係が正しく表せていない．なお，文字どおりに論理式に翻訳しようとすると，(124) のような意味表示を考えたくなるかもしれないが，この論理式は存在量化の内部にならば ($\supset$) がある．これは (125) のような意味表示と論理的に同値となり，この意味表示はロバでないものが存在すれば真となるという真理条件となるので，正しくない．また，なんとかして (123) の beat(x, y) を存在量化のスコープの内側に入れることで，(126) のような意味表示を考えたくなるかもしれないが，これは「農家が所有していて叩いているようなロバが存在する」という意味になり，条件文の意味が表せていない.

　(127) の意味表示は，「農家が所有しているすべてのロバに対して農家がそ

のロバを叩いた」という意味になるので，正しい意味表示である．すなわち，ロバ文では a donkey という不定名詞句を，代名詞 it に対応する変項の全称量化のスコープの中で解釈する必要があるが，この意味表示を構成的に導出することは自明でない．

(123)　$\exists x \exists y.(\mathsf{donkey}(y) \wedge \mathsf{farmer}(x) \wedge \mathsf{own}(x, y)) \supset \mathsf{beat}(x, y)$

(124)　$\exists x \exists y.((\mathsf{donkey}(y) \wedge \mathsf{farmer}(x) \wedge \mathsf{own}(x, y)) \supset \mathsf{beat}(x, y))$

(125)　$\exists x \exists y.(\neg(\mathsf{donkey}(y) \wedge \mathsf{farmer}(x) \wedge \mathsf{own}(x, y)) \vee \mathsf{beat}(x, y))$

(126)　$\exists x \exists y.(\mathsf{donkey}(y) \wedge \mathsf{farmer}(x) \wedge \mathsf{own}(x, y) \wedge \mathsf{beat}(x, y))$

(127)　$\forall x \forall y.((\mathsf{donkey}(x) \wedge \mathsf{farmer}(x) \wedge \mathsf{own}(x, y)) \supset \mathsf{beat}(x, y))$

　二つの例でみてきたように，静的意味論では文単位，節単位で解釈を行い，発話ごとに蓄積されていく情報を扱うことが難しいため，照応現象をうまく分析することが困難である．

10.2　● 談話表示理論

　そこで，照応などの動的な側面を伴う言語現象を対象として，会話が進むごとに蓄積していく情報の流れ（文脈）を形式的に扱う意味論として，**動的意味論** (dynamic semantics) [42, 92]がある．動的意味論は，文の意味を真理条件と捉えるのではなく，文脈から文脈への関数として捉える．このことを動的意味論では，文脈を更新するポテンシャル (context change potential) という観点から文の意味を捉える．すなわち，文の意味をこれまでの談話を真とするような文脈の集合を入力として，一番新しい文の意味を考慮して構成される新たな文脈を出力する関数と考えることで，照応や前提をはじめとした談話に特徴的に出現する意味論的な現象を分析する．**談話表示理論** (Discourse Representation Theory, DRT) [125, 126]は，Hans Kamp（ハンス・カンプ）によって提唱されたモデル理論的意味論に基づく動的意味論の一つである．また，近年では，**依存型意味論** (Dependent Type Semantics, DTS) によって動的側面を伴う言語現象に対して統一的に分析を与える研究が進められて

いる [18, 19]. DTS は 4.3 節で紹介した，文の意味を文の検証条件として捉える証明論的意味論に基づく理論である．

本節では談話表示理論について概要を紹介する．談話表示理論では，文脈を表す**談話表示構造** (Discourse Representation Structure, DRS) が，発話に応じて更新されていき，談話表示構造がモデルにおける談話の解釈を与えると考える．

本節では古典的な DRT [27, 125] で用いられている形式言語を 6.5 節の定義 6.5.1 と比較しやすいように再構成して紹介する．

DRS で用いる記号を以下のように定義する．
- **談話指示子**： $x, y, z, \ldots, e$
- **個体定項**： $a, b, c, \ldots,$ hanako
- **述語記号**： $F, G, H, \ldots, =,$ young
- **論理記号**： $\neg, \vee, \Rightarrow$

談話指示子 (discourse referent) とは，談話内で議論に挙がっているものを指し，一階述語論理の個体変項に対応するものである．6 章の命題論理と述語論理の言語の定義と異なり，DRS では ⊃ ではなく ⇒ が含意（ならば）の論理記号として使われていることに注意する．また，DRS では量化 (∀, ∃) や連言 (∧) が論理記号に含まれない．理由はこの後すぐに紹介する．関数記号は [27, 125] にしたがい DRS の形式言語としては扱っていないが，必要に応じて追加してもよい．

Dref を談話指示子の集合，**Con** を個体定項の集合，**Pred** を述語記号の集合とする．項の集合 **Terms** は次の BNF 記法にしたがって再帰的に定義される．

$$t_1, \ldots, t_n \in \mathbf{Terms} ::= x \in \mathbf{Dref} \mid a \in \mathbf{Con}$$

談話表示構造 (Discourse Representation Structure, DRS) B は，**領域** (domain, universe) である談話指示子の集合 D_B と，談話指示子間に成り立つ**条件** (condition) の集合 C_B のペア $B = \langle D_B, C_B \rangle$ からなる意味表示である．談話指示子 $x_1, \ldots, x_n \in D_B$，条件 $\gamma_1, \ldots, \gamma_m \in C_B$ からなる DRS $B = \langle \{x_1, \ldots, x_n\}, \{\gamma_1, \ldots, \gamma_m\} \rangle$ は次のように箱型の意味表示で表すことができ，上の箱に領域，下の箱に条件の集合を記述する．

$$
\begin{array}{|c|}
\hline
x_1, \ldots, x_n \\
\hline
\gamma_1 \\
\vdots \\
\gamma_m \\
\hline
\end{array}
$$

$t_1, \ldots, t_n \in \mathbf{Terms}$ を項，$P \in \mathbf{Pred}$ を n 項述語，x を談話指示子，B, B_1, B_2 を DRS としたとき，$\mathbf{Pred}$ 上の条件の集合 $\mathbf{Cond}$ は BNF 記法で次のように定義される．

$$\gamma \in \mathbf{Cond} ::= P(t_1, \ldots, t_n) \mid B_1 \vee B_2 \mid B_1 \Rightarrow B_2 \mid \neg B$$

DRS の条件は議論に挙がっているものについて何が発話されたかを指しており，一階述語論理の原子開論理式に対応している．DRT では述語論理と異なり，量化のスコープを論理記号ではなく箱を用いて表す点が特徴的である．D_B, C_B がどちらも空である，次のような DRS $B = \langle D_B, C_B \rangle$ は空の DRS （empty DRS）と呼ばれる．

また，DRT の特徴として，到達可能性 (accessibility) という概念がある．DRT では，代名詞などの照応詞に対応する談話指示子 x に対して，その談話指示子が属する箱への到達可能性を手がかりとして適切な先行詞に対応する談話指示子 y を探すことで照応解決を行い，x と y 間の照応関係を $x = y$ のように等式の条件として記述する．このことを定義すると，次のようになる．

到達可能性 (accessibility)：

　二つの DRS B_1, B_2 において，B_1 が B_2 と等しいか，B_2 が B_1 に属するとき，B_2 から B_1 に到達可能である．B_2 が B_1 に属するとは，次のように定義される．

1. B_1 の条件に $\neg B_2$ が含まれる
2. B_1 の条件に $B_2 \vee B$ もしくは $B \vee B_2$ が含まれる
3. B_1 の条件に $B_2 \Rightarrow B$ が含まれる
4. B の条件に $B_1 \Rightarrow B_2$ が含まれる

---

(119) の DRS を例として考えよう．DRT では，与えられた構文木を空の DRS の条件に入れ，構成素と構造に対して DRS の構成規則を適用することで DRS を更新していく．構成規則の適用は原則として一文目から順番にトップダウンに左から右にかけて行われる．たとえば，(119) の一文目の構文木が (128 ⓑ) のように与えられるとする．この構文木を条件に入れて，(128 ⓑ) の左の名詞句 a man に構成規則を適用したものが (128 ⓒ) となる．ここでは，談話指示子 x を導入し，構文木中の a man を x に置き換え，条件に $\mathsf{man}(x)$ を追加している．次に，(128 ⓒ) の右の動詞句に構成規則を適用していくと，一文目の DRS は (128 ⓓ) のように表される．(128 ⓓ) における $D_B = \{x\}$，$C_B = \{\mathsf{man}(x), \mathsf{walk\_itp}(x)\}$ である．

(128)

ⓐ A man walks in the park. He whistles.

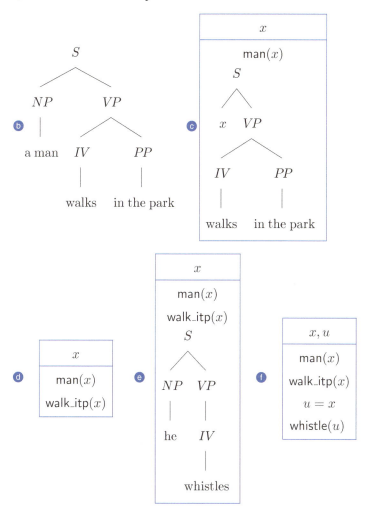

次に，一文目の DRS に対して，(128 **ⓔ**) のように二文目の構文木を追加する．二文目の構文木に同様に構成規則を適用し，得られた新たな談話指示子と条件を追加して DRS を更新する．前述のとおり，[**125**]の DRT では，照応は，自分が属している箱か，その前件か，自分が属している箱よりも大きい箱の談話指示子にのみ到達可能であるとしている．いま，照応代名詞 he に

対して新たに談話指示子 u を導入すると，u が到達可能な談話指示子は同じ箱に属する x であるので，$u = x$ とすることで he の先行詞が a man であることを表すことができる．よって，一文目と二文目の発話から得られる最終的な DRS は，(128 ❶) のようになる．

また，全称量化文の DRS は，含意（ならば）の論理記号（$\Rightarrow$）を用いて次のように導出できる．ここでは canonical scope reading（8.7 節参照）の場合を考えていることに注意する．

(129)

❶ Every woman loves a cat.

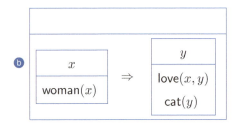

同様に，(121) の DRS は次のように導出することができる．条件節は主節と従属節についてそれぞれ箱があり，含意 $\Rightarrow$ でつながれた構造で表される．

(130)

❶ If a farmer owns a donkey, she beats it.

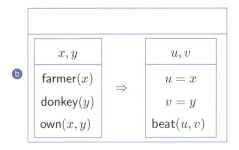

しかし，(119) や (121) で最終的に得られる意味表示は各文の意味表示を構成的に合成して導出されるのではなく，二つの文全体の発話から導出され

たものであるため，8.1 節で紹介した構成性原理には反すると指摘されており，構成性原理を満たす DRT については議論が続いている [**184**, **267**, **276**].
また，本書では詳しく触れないが，前提を照応の一種とみなして DRT に基づいて分析する研究もある [**250**].

　DRS の解釈については，DRS から一階述語論理式への翻訳を通して，一階述語論理の解釈にしたがって考えることができる．DRS から一階述語論理式への写像 fo は次のように定義することができる．

DRS から一階述語論理式への写像：

$$(\langle \{x_1, \ldots, x_n\}, \{\gamma_1, \ldots, \gamma_m\}\rangle)^{fo} = \exists x_1, \ldots, \exists x_n.((\gamma_1)^{fo} \land \ldots \land (\gamma_m)^{fo})$$

$$(P(t_1, \ldots, t_n))^{fo} = P(t_1, \ldots, t_n)$$

$$(B_1 \lor B_2)^{fo} = B_1^{fo} \lor B_2^{fo}$$

$$(B_1 \Rightarrow B_2)^{fo} = \forall x_1, \ldots, \forall x_n.(((\gamma_1)^{fo} \land \ldots \land (\gamma_m)^{fo}) \supset (B_2)^{fo})$$

$$\text{ここで } B_1 = \langle \{x_1, \ldots, x_n\}, \{\gamma_1, \ldots, \gamma_m\}\rangle$$

$$(\neg B)^{fo} = \neg B^{fo}$$

　この定義にしたがって (119) の DRS を一階述語論理式に翻訳すると，

$$\exists x \exists u.(\mathsf{man}(x) \land \mathsf{walk\_itp}(x) \land (u = x) \land \mathsf{whistle}(u))$$

となり，これは

$$\exists x.(\mathsf{man}(x) \land \mathsf{walk\_itp}(x) \land \mathsf{whistle}(x))$$

と論理的に同値である．

　同様に，(121) の DRS を一階述語論理式に翻訳すると，

$$\forall x \forall y.((\mathsf{donkey}(y) \land \mathsf{farmer}(x) \land \mathsf{own}(x, y)) \supset \exists u \exists v.((u = x) \land (v = y) \land \mathsf{beat}(u, v)))$$

となり，これは

$$\forall x \forall y.((\mathsf{donkey}(y) \land \mathsf{farmer}(x) \land \mathsf{own}(x, y)) \supset \mathsf{beat}(x, y))$$

と論理的に同値である.

10.3 ● 談話表示構造解析の実装

談話表示構造解析 (Discourse Representation Structure Parsing) は，自然言語処理の意味解析タスクの一つとしても研究されている．近年では，DRSをアノテーションした大規模なコーパスを用いて，深層学習の手法を用いた談話表示構造解析の研究 [252, 253] や解析性能を競うコンペティション [3] が進められている．

談話表示構造解析が意味解析タスクとして成立するためには，システムが正しい意味表示を導出できているかをどのようにして定量的に評価するかが問題となる．(132 ⓐ) の DRS は，(132 ⓑ) のように条件の集合を表す箱と述語と変項を一つの節とした節 (clause) 形式で表すことができる．節形式は箱形式よりも評価がしやすい形式であり，正解の節集合とマッチした節集合の割合を算出することで，DRT に基づく意味解析器の自動評価を行うことができる．また，節形式は各行を系列で表すことができ，深層ニューラルネットワークの代表的なモデルの一つである系列変換モデル（12.4 節で紹介）でも学習しやすい形式であるため，高精度な意味解析を実現しつつある [252, 253]．

(131)　A white dog did not run.

(132)

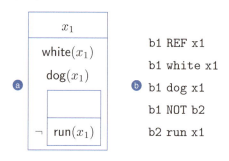

CCG と DRT に基づく多言語の統語情報・意味情報コーパスとしては，Parallel Meaning Bank (PMB) [2] というコーパスがある．元のコーパスは，

Tatoeba (`https://tatoeba.org/`) という外国人学習者向けの例文集や，新聞記事をはじめとした，12 種類のジャンルのコーパスを採用している．PMB は英語，2 種類のゲルマン語（オランダ語・ドイツ語），1 種類のロマンス語（イタリア語），日本語，中国語の計 6 ヶ国語を対象言語としている．

　PMB コーパスは，多言語の深い統語情報・意味情報のアノテーションを効率的でかつ一貫した方法で実現するため，構文解析器・意味解析器を軸とした自動アノテーションと，人手による修正を組み合わせて構築されている．具体的には，PMB コーパスでは次のようなアノテーション手順が採用されている．まず，英語のコーパスに対してすでに付与されている多様な語彙情報を他の言語の形態素解析の結果に割り当てる．PMB に付与されている語彙情報としては，品詞・固有表現情報を拡張した 76 種類の意味現象タグ，動詞の意味役割が付与された辞書である VerbNet [**223**] に基づく意味役割，語彙概念辞書である WordNet [**174**] に基づく語義タグ，DRS に現れる述語がある．その上で，CCG 構文解析器と Boxer [**30**] という DRT に基づく意味解析器を利用して，単語レベルから句・文レベルの統語情報・意味情報を自動付与する．さらに，PMB のアノテーションのために設計された PMB Explorer (`https://pmb.let.rug.nl/explorer/explore.php`) という Web インターフェースを用いて，人手で形態素解析結果・語彙情報・統語情報・意味情報の修正を行い，各種解析器の再学習を行うというブートストラップ的な手法を採用している．

　PMB コーパスはアノテーションの質によって，gold, silver, bronze の 3 種類に分類されている．gold は専門のアノテータによって正しい情報であると判定されたデータ，silver は少なくとも一人のアノテータによる修正を含むデータ，bronze は自動アノテーションのみから構成されるデータである．PMB コーパスは PMB Explorer から閲覧することができる．英語や日本語の CCG 導出木や談話表示構造を PMB Explorer 上で閲覧し編集してみると，DRT の理解が深まるだろう．

第 II 部の文献案内

　ここまで，計算言語学からみたことばの意味を計算するしくみについて紹介してきた．第 II 部のまとめとして，各章に関連する文献を紹介していきたい．3 章では組合せ範疇文法 (CCG) を中心に形式統語論の考え方を紹介した．CCG についてより詳しく勉強したい人は [**232**, **233**]，CCG に基づく日本語の文法理論については [**285**] をぜひ一読してほしい．

　5 章では集合論の基本を紹介し，6 章では，ゲンツェン流シーケント計算を証明体系として，命題論理と述語論理について確認した．[**195**] は形式意味論を学ぶ人に向けて集合論，記号論理学，形式言語理論といった道具立てが網羅的に解説されている書籍である．また，記号論理学のオープンソース化を目指している Open Logic Project では，集合論や記号論理学の基本をまとめたテキストをウェブサイト上で公開している [**204**]．日本語の記号論理学の書籍として，[**282**] では命題論理，述語論理，様相論理，ゲーデルの不完全性定理，ラムダ計算と，論理と計算との関わりが網羅的に解説されている．[**287**] ではゲンツェン流シーケント計算だけでなく，タブロー，ヒルベルト流証明論，自然演繹と異なる証明体系についても詳細に解説されており，証明体系間の等価性について理解を深めることができる．

　4 章では形式意味論の導入を行い，7 章と 8 章では計算機上で自然言語の意味を機械的に計算することを念頭において，証明論に基づいて文の意味表示の導出と文間の含意関係を説明した．この説明方法は，一般的な形式意味論の文献における，モデル理論的意味論に基づいて指示対象から自然言語の意味の分析について説明する方法とは大きく異なる点を補足しておきたい．たとえば，オリジナルのモンタギュー意味論では，言語表現の翻訳に対応するラムダ項に指示対象を与える形でラムダ計算を意味論的に導入しているが，本書では文から論理式に変換するための計算の体系として，ラムダ計算を証明論的に導入している．本書と最も関わりの深い書籍として，[**27**] は証明論的アプローチで自然言語の意味の分析を解説している数少ない書籍である．Prolog の具体的なコード例とともに，ラムダ計算による意味表示の導出や自

然言語の推論についてわかりやすく説明されており，本書もおおいに参考にしている．

　モデル理論的意味論に基づく伝統的な形式意味論の説明については，以下の文献を確認してほしい．[100]は統語論として生成文法を前提にしている形式意味論の研究の基本書であり，現在の形式意味論の研究で議論されている言語現象が詳細に紹介されている．[293]は[100]をおおいに参考にして，日本語で形式意味論の導入が丁寧に解説されている．最近書かれた文献としては[55]があり，[55]は[100]の影響を受けているが，例文と図式がみやすい．[43]も統語論として生成文法を前提にして形式意味論の基本について詳細に書かれた書籍であり，辞書的に参照するとよい．[38, 265]は統語論として抽象的範疇文法 (Abstract Categorial Grammar, ACG) [62]を前提にした形式意味論の教科書的な書籍であり，[265]は集合論やラムダ計算といった形式意味論の基本的な道具立ての説明についても丁寧に書かれている．[81]は Gamut という人物が書いたのではなく，オランダの5人の形式意味論の研究者によって書かれた，形式意味論の教科書的な書籍である．この書籍では，特定の統語理論に依拠しない形で形式意味論の基本が解説されている．また，モンタギューの PTQ [181]の論文など，形式意味論の古典的な論文を集めた [202]は，タイトルどおり形式意味論の研究を志す人の必読書とされている．

　9章と10章では，自然言語処理分野でも比較的なじみのあるイベント意味論と談話表示理論についてそれぞれ紹介した．イベント意味論についてさらに理解を深めたい人はぜひ[194]を一読してほしい．[126]は談話表示理論の教科書的な書籍であり，後半ではテンス・アスペクトに関する理論についても詳細に説明されている．また，証明論的アプローチで自然言語の意味の分析を解説している書籍として紹介した[27]の Volume 2 には，談話表示理論の理論と実装の詳しい解説がある．

第III部

自然言語処理からみた, ことばの意味を 計算するしくみ

第11章

分布意味論

第 II 部では，文を構成する語彙と構造に基づいて，文の意味を記号表現を用いて分析する計算言語学によることばの意味の計算アプローチを概観してきた．第 III 部では，これまでみてきたことばの意味の計算アプローチとは異なり，統計的自然言語処理によることばの意味の計算アプローチについて考えていく．

11.1 ● 分布仮説

自然言語処理においても，まずはことばの意味をどうやって計算可能な形式で表すかが問題となる．自然言語処理分野では**分布意味論** (distributional semantics) に基づいて，ことばの意味を捉えている．分布意味論は「語の意味はそれが出現した周囲の語によって決まる」という**分布仮説** (distributional hypothesis) に基づいた意味の考え方である．分布仮説は 1950 年代の Zellig Harris（ゼリグ・ハリス）を中心としたアメリカの構造主義言語学 (structural linguistics) [99]や，J. R. Firth（ジョン・ルパート・ファース）を中心としたイギリスの語彙論 (lexicology) [76]を端緒とする．分布仮説に基づいて，語の意味をその語と共起しやすい（つまり，その語の周辺に現れやすい）語の出現頻度にしたがって表現する考え方が分布意味論である．

たとえば，次のような文の集合をみてみよう．

- 今日の天気は晴れである．
- 今日の 1 時間ごとの天気，気温，降水量を掲載します．
- 今日の天気予報をお伝えします．
- 今日は天気がよいので布団を干した．
- 今日と明日の天気と風と波をみられます．

この文集合では，「天気」という単語は「今日」という単語と同時に出現しや

すい（「天気」と「今日」の共起頻度が高い）という傾向がみられる．分布意味論ではある語の前後に現れる語の分布のことを**文脈** (context) と呼ぶ．8 章でみてきたように，形式意味論では文の真理条件を中心に考え，語の意味について語彙項目として特徴づけを行っていた．これに対して，分布意味論では語の周辺の文脈に基づいて語の意味について特徴づけを行っており，語の意味の特徴づけのしかたが異なる点は形式意味論と分布意味論の重要な違いであるといえる．

　分布意味論では語の意味を実数値を要素とするベクトルで表現する考え方が標準的であり，**ベクトル意味論** (vector semantics) と呼ばれることもある．単語の意味をベクトルで表すための素朴な手順としては，まず自然言語の文章を集めたコーパスを用意し，コーパス中の単語の前後に現れる単語列を周辺の文脈（文脈単語）としてカウントする．このとき，文脈として扱う前後の単語の数はウインドウサイズと呼ばれており，ニューラルネットワークを用いて言語モデルを学習するときには，パラメータの一つとして指定する必要がある．コーパス中のそれぞれの単語の周辺にどんな単語が現れやすいかをカウントして得られる行列を**共起行列** (co-occurrence matrix) と呼ぶ．たとえば，次に示す**図 11.1** は「今日は晴れている」という 1 文のみからなるコーパスを用いて構築した共起行列であり非常に極端な例であるが，この共起行列において「晴れ」の行は，この単語が 「は」と 1 回，「て」と 1 回共起するということを示している．

$$
\begin{array}{c}
\text{文脈単語（前後 1 語に出現する単語）}\\
\begin{array}{cccccc}
 & \text{今日} & \text{は} & \text{晴れ} & \text{て} & \text{いる}\\
\text{今日} & 0 & 1 & 0 & 0 & 0\\
\text{は} & 1 & 0 & 1 & 0 & 0\\
\text{晴れ} & 0 & 1 & 0 & 1 & 0\\
\text{て} & 0 & 0 & 1 & 0 & 1\\
\text{いる} & 0 & 0 & 0 & 1 & 0
\end{array}
\end{array}
$$

単語

図 11.1　共起行列の例.

11.1 節の共起行列の行は各単語の意味を表すベクトルをなしており、このように単語の意味をベクトルで表したものを**単語ベクトル** (word vector) と呼ぶ。「今日」というベクトルは $(0, 1, 0, 0, 0)$,「晴れ」というベクトルは $(0, 1, 0, 1, 0)$ というように、それぞれ 5 次元のベクトルで表される。

上の共起行列は 1 文から作成した極端な例であるが、もう少し大きな共起行列の例を**図 11.2** に示す。

文脈単語（前後 1 語に出現する単語）

$$
\text{単語}\quad
\begin{array}{c}
\text{今日}\\
\text{の}\\
\text{天気}\\
\cdots\\
\text{布団}\\
\text{気象}
\end{array}
\begin{pmatrix}
0 & 3 & 10 & \cdots & 4 & 10\\
3 & 0 & 5 & \cdots & 7 & 5\\
10 & 5 & 0 & \cdots & 6 & 1\\
\cdots & \cdots & \cdots & \cdots & \cdots & \cdots\\
4 & 7 & 6 & \cdots & 0 & 6\\
10 & 5 & 1 & \cdots & 6 & 0
\end{pmatrix}
$$

今日　の　天気　…　布団　気象

図 11.2　共起行列の例 (2).

この共起行列を見ると、天気という単語のベクトルと気象という単語のベクトルは似たようなベクトルになっている。つまり、意味の近い単語は似たような単語ベクトルに対応していることがわかる。

二つの単語の意味がどれくらい近いか遠いかという**類似度** (similarity) の計算は、情報検索や質問応答といったさまざまな自然言語処理のタスクを解くときに使われるだけでなく、私たちの思考の中でも使われている。たとえば、woman に対して man と king 間と同じ関係が成り立つ語は queen であるというように、私たちは日常的にある単語や単語間の関係から、類似する他の単語や単語間の関係を考えることができる。このような思考の過程は**アナロジー** (**類推**, analogy) と呼ばれる。この例のように man : king = woman : queen という四項の間の関係を用いたアナロジーはとくに四項類推と呼ばれており、自然言語処理のタスクとしても扱われている。

形式言語では単語の意味的な**類似性** (similarity) のような連続的な値を扱うことが難しいのに対して、分布意味論では二つの単語ベクトルを比較する

ことで，単語間の類似度を測ることができる．単語間の類似度を測る単純な方法としては，二つの単語ベクトル v, w の内積 $v \cdot w$ をとる方法がある．二つの単語ベクトルが同じ向きで大きな値をとるほどこの値は大きくなり，単語の意味が類似しているといえる．しかし，頻出する単語はより大きな値の単語ベクトルをもち，そのため，内積も大きくなってしまう．頻度とは関係なく，単語間の類似度を計算するため，内積 $v \cdot w$ をベクトルの大きさ（長さ）で割ることで正規化する．これは**コサイン類似度** (cosine similarity) と呼ばれ，類似度の計算に広く利用されている．

$$cos(v, w) = \frac{v \cdot w}{|v|\,|w|}$$

　先ほどの 1 文のみからなるコーパスに含まれる 5 個の単語を別の方法でベクトル化することを考えよう．コーパスに出てきた順に単語に順番を振り，i 番目の単語に対して i 番目の要素の値が 1 でそれ以外の要素の値が 0 であるベクトルを割り当てると，「今日」という単語のベクトルは $(1, 0, 0, 0, 0)$，「晴れ」という単語のベクトルは $(0, 0, 1, 0, 0)$ というように，それぞれ 5 次元のベクトルで表すことができる．このようなベクトルはある要素の値のみが 1 でそれ以外の要素の値は 0 であるので **one-hot ベクトル**と呼ばれる．one-hot ベクトルは 1 単語につき 1 次元を割り当てて導出されることから，局所表現 (local representation) ベクトルとも呼ばれている．

　共起行列を用いて導出した単語ベクトルも one-hot ベクトルも，ベクトルの次元が 5 であるのはコーパスが 5 単語のみで構成されていたからであり，カウントしている単語の数（語彙数）が V 個あれば，ベクトルは V 次元のベクトルになる．コーパス中の語彙数はコーパスに含まれる単語の数によって変わり，大規模なコーパスではたとえば 100 万語といった規模になる．コーパス中の語彙数に応じて，単語ベクトルも 100 万次元のベクトルのように非常に巨大なものとなる．しかし，多くの単語において実際にその単語と共起する単語はコーパス中のごく一部の単語に限られるので，単語ベクトルの大部分の要素は 0 が並び，ごく一部の要素のみ 0 以外の値をもつことになる．このようなベクトルは**疎なベクトル** (sparse vector) と呼ばれ，単語ベクトルが疎なベクトルになることは，データが少ないことにより統計的に意味のあ

る推定ができないデータスパースネス問題の一つといえる.

11.3 ● 分散表現と言語モデル

11.3.1 ▍分散表現

コーパスに出現する単語はすべてを均一に扱う必要はなく，重みづけを行えばよい．そこで，近年ではニューラルネットワークとコーパス（大規模なテキストデータ）を用いて**単語埋め込み** (word embedding) ベクトル（**分散表現**, distributed representation）を学習することで，one-hot ベクトル化によるベクトル表現よりも数十〜数百といった低次元で密なベクトル (dense vector) を獲得できる．d 次元の単語の分散表現 $h \in \mathbb{R}^d$ を考えると，h は語彙数 $|\mathbb{V}|$ を次元とする one-hot ベクトル $x \in \mathbb{R}^{|\mathbb{V}|}$ と，ベクトルの重みを表す埋め込み行列 $W \in \mathbb{R}^{d \times |\mathbb{V}|}$ の積によって得ることができる．

$$h = Wx$$

11.3.2 ▍言語モデル

語の分散表現を導出するための良質な埋め込み行列を獲得するために，**ニューラル言語モデル** (neural language model) が現在活発に研究されている．**言語モデル** (language model) は，分散表現の登場以前から自然言語処理の基盤技術の一つとして研究されており，コーパスから統計的な学習を行い，単語や句，文といった言語表現の生成確率を予測するモデルの総称を指す．言語表現の生成確率を予測するということは，直観的には与えられた文の尤もらしさを計算するということである．たとえば，「今日の言語モデルは晴れである」という文に対して，「今日の天気は晴れである」という文は前者よりも違和感がなく，尤もらしい文である．この二つの文について，言語モデルは前者に対しては低い生成確率を，後者に対しては高い生成確率を予測する．

言語モデルのしくみを式で確認しよう．文は長さ T の単語の列（トークン列）として表すことができ，文の始まりは文頭であることを表す特殊なトークンとして BOS (beginning of sentence)，文の終わりは文末であることを表す特殊なトークンとして EOS (end of sentence) を導入することが一般的であ

る．したがって，長さ T の文は $y_0, \ldots, y_{T+1}$ という系列長が $T+2$ の単語系列として表すことができ，この文の生成確率は $T+2$ 個の事象 $y_0, \ldots, y_{T+1}$ の同時確率として $P(y_0, \ldots, y_{T+1})$ と表すことができる．まずは $T=0$ の場合の生成確率 $P(y_0, y_1)$ について考えよう．これは y_0, y_1 という 2 個の事象の同時確率であり，条件付き確率の定義

$$P(y_1|y_0) = \frac{P(y_0, y_1)}{P(y_0)}$$

を式変形することで，次のように計算できる．

$$P(y_0, y_1) = P(y_0)P(y_1|y_0)$$

なお，y_0 は文頭であることを表す特殊なトークン BOS であるので，その生成確率 $P(y_0)$ は常に 1 である．

次に，$T=1$ の場合の生成確率 $P(y_0, y_1, y_2)$ について考えよう．これは y_0, y_1, y_2 という 3 個の事象の同時確率であり，次のように計算できる．

$$
\begin{aligned}
P(y_0, y_1, y_2) &= P(y_0, y_1)P(y_2|y_0, y_1) \\
&= P(y_0)P(y_1|y_0)P(y_2|y_0, y_1)
\end{aligned}
$$

この式から，生成確率 $P(y_0, y_1, y_2)$ は，y_0 の生成確率と，y_0 が生成された条件のもとで y_1 が生成される条件確率，y_0, y_1 が生成された条件のもとで y_2 が生成される条件確率の積で表されることがわかる．同様にして，生成確率 $P(y_0, \ldots, y_{T+1})$ を考えていくと，次のように先頭から単語を順に生成する条件付き確率の積として計算することができる．

$$
P(y_0, \ldots, y_{T+1}) = P(y_0)P(y_1|y_0)P(y_2|y_0, y_1) \ldots P(y_T|y_0 \ldots y_{T-1})
$$
$$
P(y_{T+1}|y_0 \ldots y_T)
$$

ニューラルネットワーク以前の言語モデルとしては，n 個の単語の連接を用いて言語表現の生成確率をモデル化する n グラム言語モデル (n-gram language model) がある．n グラム言語モデルは条件付き確率の条件を $n-1$ 個前の単語で打ち切って計算することで，計算を単純化している．つまり，n

グラム言語モデルでは次のように t 番目の単語 y_t の生成確率がその直前の $n-1$ 個の単語列によって決まるという仮定をおいている.

$$P(y_t|y_0,\ldots,y_{t-1}) \approx P(y_t|y_{t-n+1},\ldots,y_{t-1})$$

たとえば,$n=1$ の場合は単語が現れる確率のみを考慮し前後の単語を考慮しない,つまり文脈を考慮しない言語モデルとなる.$n=2$ の場合は直前の1単語のみを文脈として考慮する2グラム (bigram) 言語モデルであるが,コーパス中の単語列 y_{t-1}, y_t,単語 y_{t-1} の出現確率をそれぞれ $C(y_{t-1}, y_t)$,$C(y_{t-1})$ とすると,生成確率 $P(y_t|y_{t-1})$ は次のように求められる.

$$P(y_t|y_{t-1}) = \frac{C(y_{t-1}, y_t)}{C(y_{t-1})}$$

n グラム言語モデルの問題点として,コーパスに出現しない単語列の生成確率がゼロになり,そうした単語列に関する推定を行うことができないという**ゼロ頻度問題** (zero-frequency problem) がある.それに対して,以降で紹介するニューラル言語モデルでは,入力の単語をベクトルに変換してから単語列の生成確率を計算するため,コーパスに出現しない単語列についても生成確率を推定することができるという利点がある.また,ニューラル言語モデルは n グラム言語モデルと比較して実証的にもすぐれた性能を示しており,現在ではニューラルネットワークを用いたニューラル言語モデルの研究が急速に進められている.

第12章

ニューラル言語モデル

本章ではニューラルネットワークの基本を確認した上で，現在の代表的なニューラル言語モデルの概要を紹介する.

12.1 ● ニューラルネットワークの基本

ニューラル言語モデルの概要をみる前に，**ニューラルネットワーク** (neural network) の基本構成を確認しよう．ニューラルネットワークは微分可能な変換をつなげて作られた計算グラフのことを指す．ごく単純なニューラルネットワークの例を**図 12.1** に示す．図 12.1 のように，ニューラルネットワークは値を表すノードとノード間をつなぐエッジから構成されており，ノードの縦方向の集まりを**層** (layer) と呼ぶ．なお，**ディープラーニング** (deep learning) とは，非常に多くの層からなるニューラルネットワークを用いた機械学習の手法や，その周辺の研究領域のことを指す．図 12.1 のニューラルネットワーク

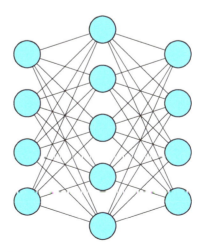

図 12.1 3 層からなるニューラルネットワークの例.

は合計 3 層の構造（アーキテクチャ; architecture）からなり，最初の層を**入力層** (input layer)，最後の層を**出力層** (output layer) といい，その間にある層は**隠れ層** (hidden layer) という．

　ニューラルネットワークは層から層への値の変換がいくつも連なってできた一つの関数（入力を受けとり出力を返すもの）とみなすことができる．入力層から出力層の方向に向かってニューラルネットワークの各層を順番に計算し出力まで行うことを**順伝播** (forward propagation) という．入力層と出力層のノード数はどのようなデータを入力し，どのような出力を作りたいかによって決定される．層と層の間にあるノード間の結合は，一つ一つが重みをもっており，図 12.1 のように層間のノードが互いに密に結合した全結合型ニューラルネットワークの場合，すべてのノード間を結合する層を**全結合層** (fully-connected layer) と呼び，ノード間の結合の重みをまとめたものは一つの行列で表される．

　ニューラルネットワークの学習は**損失関数** (loss function) などの**目的関数** (objective function) の最適化によって行われる．損失関数の値を最小にするようなパラメータの値は，目的関数の接線の傾き（勾配）を用いてパラメータを少しずつ更新させる**勾配降下法** (gradient descent) によって求めることが標準的である．**確率的勾配降下法** (stochastic gradient descent) は代表的な勾配降下法の一つであり，訓練データの中からデータを 1 件取り出し，そのデータから計算した勾配を用いてパラメータを更新する方法である．目的関数の勾配は，順伝播で通った経路を逆向きにたどるようにして中間層の関数の勾配の掛け算によって求める手法が標準的であり，この手法は**誤差逆伝播法** (backpropagation) と呼ばれる．

　ニューラルネットワークの学習には解きたいタスクに応じた正解ラベル付きの訓練データを用いることが一般的であるが，ニューラル言語モデルの学習には，**自己教師あり学習** (self-supervised learning) を用いることが多い．自己教師あり学習の最大のポイントは，人によって正解ラベルを付与されたコーパスを学習に必要としない点である．そのため，大量の正解データを訓練データとして用意することができ，十分な計算機があれば大規模な言語モデルの学習が可能となっている．

12.2 ● Word2Vec

分布仮説に基づきニューラル言語モデルを利用して単語埋め込みを導出する代表的なモデルとして，Word2Vec[173]がある．Word2Vec は，ある位置 t の前後 ω の文脈単語 $x_{t-\omega}, \ldots, x_{t-1}, x_{t+1}, \ldots, x_{t+\omega}$ から位置 t の単語 x_t を予測する言語モデルである CBoW (Continuous Bag of Words) モデル（図 12.2 の左側）と，ある位置 t の単語 x_t が与えられたときにその前後 ω の文脈単語 $x_{t-\omega}, \ldots, x_{t-1}, x_{t+1}, \ldots, x_{t+\omega}$ を予測する言語モデルである skip-gram モデル（図 12.2 の右側）の二つの言語モデルから構成されたモデル，またはツールを指す．

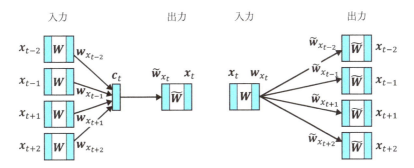

図 12.2 Word2Vec の概要.

まず，CBoW モデルの構成についてみてみよう．T 個の単語からなる語彙数 $|\mathbb{V}|$ のコーパスを $x_1, x_2, \ldots, x_T$ とし，単語 $x_1, x_2, \ldots, x_T$ を one-hot ベクトルで表したものをそれぞれ $\boldsymbol{x}_1, \boldsymbol{x}_2, \ldots, \boldsymbol{x}_T$ と表す．CBoW モデルは単語を埋め込む全結合層 $\boldsymbol{W} \in \mathbb{R}^{d \times |\mathbb{V}|}$ と文脈単語を予測する全結合層 $\tilde{\boldsymbol{W}} \in \mathbb{R}^{d \times |\mathbb{V}|}$ からなるニューラルネットワークで構成され，文脈単語から中心単語を予測するモデルである．

すなわち，x_t の前後 ω 単語から中心の単語 x_t が予測される条件付き確率 $P(x_t|x_{t-\omega}, \ldots, x_{t-1}, x_{t+1}, \ldots, x_{t+\omega})$ を最大化する最適化問題を考えることになる．この条件付き確率は，位置 t の前後 ω 単語の埋め込みベクトルの和 c_t に対して，単語 $v \in \mathbb{V}$ を予測するための線形変換と softmax 関数による

非線形変換を用いて，次のように計算される．

$$P(x_t|x_{t-\omega}, \ldots, x_{t-1}, x_{t+1}, \ldots, x_{t+\omega}) = \frac{\exp(\boldsymbol{c}_t^\top \tilde{\boldsymbol{w}}_{x_t})}{\sum_{v \in \mathbb{V}} \exp(\boldsymbol{c}_t^\top \tilde{\boldsymbol{w}}_v)}$$

$$\boldsymbol{c}_t = \sum_{\delta=1}^{\omega} (\boldsymbol{w}_{x_{t-\delta}} + \boldsymbol{w}_{x_{t+\delta}})$$

ここで，$\boldsymbol{c}_t^\top$ はベクトル $\boldsymbol{c}_t$ の転置を表す．

$\boldsymbol{w}_{x_t}$ は単語 x_t の d 次元の埋め込みベクトル，$\tilde{\boldsymbol{w}}_{x_t}$ は単語 x_t を予測すると
きの全結合層の重みベクトルであり，これらのベクトルは次のようにパラメー
タ行列 $\boldsymbol{W}, \tilde{\boldsymbol{W}} \in \mathbb{R}^{d \times |\mathbb{V}|}$ と $\boldsymbol{x}_t$ の積で計算される．

$$\boldsymbol{w}_{x_t} = \boldsymbol{W} \boldsymbol{x}_t$$

$$\tilde{\boldsymbol{w}}_{x_t} = \tilde{\boldsymbol{W}} \boldsymbol{x}_t$$

つまり，パラメータ行列は指定した単語 x_t の埋め込みベクトルを取り出す変
換行列とみなすことができる．なお，ニューラルネットワークにおいて，複
数の入力の重み付き和に対して非線形変換を行う関数は**活性化関数** (activation function) と呼ばれる．活性化関数には CBoW モデルで用いられている
softmax 関数のほか，sigmoid 関数，ReLU，tanh 関数（双曲線正接関数）な
どさまざまな関数がある．

この最適化問題をより計算しやすい方法で考えると，条件付き確率の対数尤
度関数をとり，負の値をとる対数尤度 (negative log-likelihood) を損失関数と
して最小化することになる．この損失は**交差エントロピー損失** (cross-entropy loss) と呼ばれることもある．前後 ω の単語から中心の単語の予測をコーパ
ス中のすべての位置 $t \in \{1, \ldots, T\}$ に対して行うとき，コーパスにおける負
の対数尤度 J は次のように式変形することで求めることができる．

$$J = -\sum_{t=1}^{T} \log P(x_t|x_{t-\omega}, \ldots, x_{t-1}, x_{t+1}, \ldots, x_{t+\omega})$$

$$= -\sum_{t=1}^{T} \left[\boldsymbol{c}_t^\top \boldsymbol{w}_{x_t} - \log \sum_{v \in \mathbb{V}} \exp(\boldsymbol{c}_t^\top \tilde{\boldsymbol{w}}_v) \right]$$

$$= -\sum_{t=1}^{T} l(x_t, \boldsymbol{c}_t)$$

ここで，$l(x, \boldsymbol{u})$ はある d 次元のベクトル $\boldsymbol{u}$ から単語 x を予測するときの対数尤度を表しており，次のような式となる．

$$l(x, \boldsymbol{u}) = \boldsymbol{u}^\top \tilde{\boldsymbol{w}}_x - \log \sum_{v \in \mathbb{V}} \exp(\boldsymbol{u}^\top \tilde{\boldsymbol{w}}_v)$$

　次に，skip-gram モデルの構成についてもみてみよう．skip-gram モデルは CBoW と同様に，単語を埋め込む全結合層 $\boldsymbol{W} \in \mathbb{R}^{d \times |\mathbb{V}|}$ と文脈単語を予測する全結合層 $\tilde{\boldsymbol{W}} \in \mathbb{R}^{d \times |\mathbb{V}|}$ からなるニューラルネットワークで構成され，中心単語から文脈単語を予測するモデルである．

　T 個の単語からなるコーパスを $x_1, \ldots, x_T$，各位置の単語の one-hot ベクトルを $\boldsymbol{x}_1, \ldots, \boldsymbol{x}_T$ とする．ある位置 t の単語 x_t から前後 ω の単語の予測をコーパス中のすべての位置 $t \in \{1, \ldots, T\}$ に対して行うことを考える．ここで，$P(x_{t+\delta}|x_t)$ は中心の単語 x_t から周辺の単語 $x_{t+\delta}$ が予測されるときの条件付き確率である．この条件付き確率は単語 x_t の d 次元の埋め込みベクトル $\boldsymbol{w}_{x_t}$ に対して，単語 $v \in \mathbb{V}$ を予測するための線形変換と softmax 関数による非線形変換を用いて計算される．

$$P(x_{t+\delta}|x_t) = \frac{\exp(\boldsymbol{w}_{x_t}^\top \tilde{\boldsymbol{w}}_{x_{t+\delta}})}{\sum_{v \in \mathbb{V}} \exp(\boldsymbol{w}_{x_t}^\top \tilde{\boldsymbol{w}}_v)} \tag{12.1}$$

$\boldsymbol{w}_{x_t}$ は単語 x_t の埋め込みベクトル，$\tilde{\boldsymbol{w}}_{x_t}$ は単語 x_t を予測するときの全結合層の重みベクトルである．これらのベクトルは CBoW モデルのときと同様に，パラメータ行列 $\boldsymbol{W}, \tilde{\boldsymbol{W}} \in \mathbb{R}^{d \times |\mathbb{V}|}$ と $\boldsymbol{x}_t$ の積からそれぞれ求めることができる．

　そして，コーパスにおける負の対数尤度 J を考えると，式 (12.1) を代入して式変形することで次のように求めることができる．

$$\begin{aligned}
J &= -\sum_{t=1}^{T} \sum_{\delta \in \mathbb{D}} \log P(x_{t+\delta}|x_t) \\
&= -\sum_{t=1}^{T} \sum_{\delta \in \mathbb{D}} \left[\boldsymbol{w}_{x_t}^\top \tilde{\boldsymbol{w}}_{x_{t+\delta}} - \log \sum_{v \in \mathbb{V}} \exp(\boldsymbol{w}_{x_t}^\top \tilde{\boldsymbol{w}}_v) \right] \\
&= -\sum_{t=1}^{T} \sum_{\delta \in \mathbb{D}} l(x_{t+\delta}, \boldsymbol{w}_{x_t})
\end{aligned}$$

ここで，$\mathbb{D} = \{-\omega, \ldots, -1, 1, \ldots, \omega\}$ である．

まとめると，Word2Vec は文脈全体から中心の単語を予測する CBoW モデルと中心の単語から周辺の単語を独立に予測する skip-gram モデルという，互いに対となるモデルから構成されていることがわかる．Word2Vec が提案された当時は，11.2 節で紹介した四項類推タスクを高精度で予測するモデルとして注目を浴びた．また，現在でも Word2Vec の学習済みモデルは，単語埋め込みベクトルを簡便に得る手法の一つとして活用されている．しかし，Word2Vec で学習された単語埋め込みベクトルは，個別の文脈からは切り離されて一つの単語に一つのベクトルが割り当てられるため，前後の文脈によって変わる語の意味を捉えることが難しいという問題点がある．この語の多義性の問題は分布意味論の研究において伝統的に取り組まれており，伝統的な取り組みは 14.1 節で紹介するが，現在では 12.3 節で紹介する RNN や LSTM を用いて言語モデルを学習し，テキストを入力として，そのテキストに現れる単語に対して前後の文脈を考慮した単語埋め込みベクトル（**文脈化単語埋め込み**, contextualized word embedding）[*1] を動的に獲得する手法が一般的である．**ELMo** (Embeddings from Language Models) [**198**] は Transformer（12.5 節で紹介）以前の文脈化単語埋め込みを学習する代表的なニューラル言語モデルであり，2 層の LSTM から構成されている．

12.3 ● リカレントニューラルネットワーク

12.2 節の Word2Vec は単語をベクトル化するモデルであるが，フレーズや文といった複合的な表現はどのようにしてベクトル化できるのだろうか．**リカレントニューラルネットワーク** (Recurrent Neural Network, RNN) に基づく言語モデル (RNNLM) [**172**] は，フレーズや文といった単語列を系列データの一種とみなし，系列情報を逐次的にベクトルに変換するモデルであり，Transformer 以前の代表的なニューラル言語モデルの一つである．

図 12.3 に RNN の構造の概略を示す．RNN は位置 t において直前の位置

---

*1 文脈化単語埋め込みと対比して，Word2Vec などの個別の文脈から切り離された単語埋め込みベクトルは静的単語埋め込み (static word embedding) と呼ばれることがある．

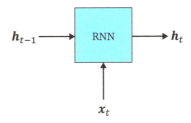

図 12.3　RNN の構造の概要.

$t-1$ の d_h 次元の隠れ状態ベクトル $\boldsymbol{h}_{t-1} \in \mathbb{R}^{d_h}$ と, 現在の位置の d_x 次元の入力ベクトル $\boldsymbol{x}_t \in \mathbb{R}^{d_x}$ を合成して, 現在の位置の隠れ状態ベクトル $\boldsymbol{h}_t \in \mathbb{R}^{d_h}$ を逐次的に更新するニューラルネットワークであり, 次のような関数で表すことができる.

$$
\boldsymbol{h}_t = \begin{cases} \mathrm{RNN}(\boldsymbol{x}_t, \boldsymbol{h}_{t-1}) & (1 \le t \le T) \\ 0 & (t = 0) \end{cases} \tag{12.2}
$$

この RNN 関数は活性化関数 f を用いて次のように表すことができる.

$$
\boldsymbol{h}_t = \mathrm{RNN}(\boldsymbol{x}_t, \boldsymbol{h}_{t-1}) = f(\boldsymbol{W}_{hx}\boldsymbol{x}_t + \boldsymbol{W}_{hh}\boldsymbol{h}_{t-1} + \boldsymbol{b}_h)
$$

ここで, $\boldsymbol{W}_{hx} \in \mathbb{R}^{d_h \times d_x}$ は入力を隠れ状態ベクトルに変換する変換行列, $\boldsymbol{W}_{hh} \in \mathbb{R}^{d_h \times d_h}$ は隠れ状態ベクトル間の変換行列, $\boldsymbol{b}_h \in \mathbb{R}^{d_h}$ は隠れ状態ベクトルに対するバイアス項を表す. このように, RNN は任意の長さの入力履歴（前の文脈）を考慮した隠れ状態ベクトルを得ることができるという点で, 可変長であるテキストデータに適したモデルである. そして, RNNLM は RNN で計算された位置 t の隠れ状態ベクトル $\boldsymbol{h}_t \in \mathbb{R}^{d_h}$ と全結合層のパラメータ行列 $\boldsymbol{W}_{xh} \in \mathbb{R}^{d_x \times d_h}$ から条件付き確率を推定するモデルである.

$$
P(x_t | x_0, \ldots, x_{t-1}) = \mathrm{softmax}(\boldsymbol{W}_{xh}\boldsymbol{h}_t)
$$

　RNN の問題点として, 長いテキストデータを用いて RNN を学習すると, 勾配消失[*2]や勾配爆発[*3]の影響によって, 離れた位置で発生した誤差を伝播する

---

*2　出力層から遠いほど勾配の大きさが小さくなり, パラメータが更新しにくくなる問題.
*3　損失関数から遠いほど勾配の大きさが大きくなり, パラメータの急激な増加やオーバーフローが起こる問題.

ことが困難となることが知られている．この問題を解決したモデルが，**長期短**
期記憶 (Long Short-Term Memory, LSTM) [**105**]やゲート付き再帰ユニット
(Gated Recurrent Unit, GRU) [**44**]といった**ゲート機構** (gating mechanism)
を導入した RNN である．

　本書ではゲート機構を導入した RNN の代表例として，**LSTM** を紹介する．
LSTM は神経科学の短期記憶・長期記憶をヒントに作られたモデルであり，
必要な情報を記憶するとともに，不要な情報は忘却することで，単語間の長
距離依存性を捉えるように工夫されている．具体的な特徴として，長期的な
記憶，つまり離れた位置の単語情報を保持する役割をもつベクトルである記
憶セル (memory cell) と，記憶セルのうち不要な情報を除く役割をもつベク
トルである忘却ゲート (forget gate) を導入している点がある．

　図 12.4 に LSTM の構造の概略を示す．LSTM は直前の位置の隠れ状態ベ
クトル $\boldsymbol{h}_{t-1} \in \mathbb{R}^{d_h}$ と直前の位置の記憶セル $\boldsymbol{c}_{t-1} \in \mathbb{R}^{d_h}$（ここでは記憶セル
の次元数と隠れ状態ベクトルの次元数は同じとしている）と現在の位置の入
力ベクトル $\boldsymbol{x}_t \in \mathbb{R}^{d_x}$ を合成して，現在の位置の隠れ状態ベクトル $\boldsymbol{h}_t \in \mathbb{R}^{d_h}$
と現在の位置の記憶セル $\boldsymbol{c}_t \in \mathbb{R}^{d_h}$ を逐次的に更新するニューラルネットワー
クから構成され，次のような関数で表すことができる．

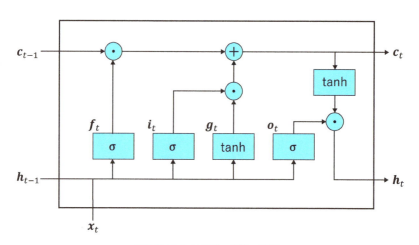

図 12.4　　LSTM の構造の概要.

$$h_t, c_t = \begin{cases} \text{LSTM}(\boldsymbol{x}_t, \boldsymbol{h}_{t-1}, \boldsymbol{c}_{t-1}) & (1 \leq t \leq T) \\ 0 & (t = 0) \end{cases}$$

$\boldsymbol{h}_t, \boldsymbol{c}_t$ は次の式によって計算される.

$$\boldsymbol{h}_t = \boldsymbol{o}_t \odot \tanh(\boldsymbol{c}_t) \tag{12.3}$$

$$\boldsymbol{c}_t = \boldsymbol{f}_t \odot \boldsymbol{c}_{t-1} + \boldsymbol{i}_t \odot \boldsymbol{g}_t \tag{12.4}$$

$$\boldsymbol{g}_t = \tanh(\boldsymbol{W}_{gx}\boldsymbol{x}_t + \boldsymbol{W}_{gh}\boldsymbol{h}_{t-1} + \boldsymbol{b}_g) \tag{12.5}$$

$$\boldsymbol{i}_t = \sigma(\boldsymbol{W}_{ix}\boldsymbol{x}_t + \boldsymbol{W}_{ih}\boldsymbol{h}_{t-1} + \boldsymbol{b}_i) \tag{12.6}$$

$$\boldsymbol{o}_t = \sigma(\boldsymbol{W}_{ox}\boldsymbol{x}_t + \boldsymbol{W}_{oh}\boldsymbol{h}_{t-1} + \boldsymbol{b}_o) \tag{12.7}$$

$$\boldsymbol{f}_t = \sigma(\boldsymbol{W}_{fx}\boldsymbol{x}_t + \boldsymbol{W}_{fh}\boldsymbol{h}_{t-1} + \boldsymbol{b}_f) \tag{12.8}$$

$\boldsymbol{g}_t \in \mathbb{R}^{d_h}, \boldsymbol{i}_t \in \mathbb{R}^{d_h}, \boldsymbol{o}_t \in \mathbb{R}^{d_h}, \boldsymbol{f}_t \in \mathbb{R}^{d_h}$ はそれぞれセルゲート,入力ゲート,出力ゲート,忘却ゲートを表すベクトル,$\boldsymbol{W}_{gx}, \boldsymbol{W}_{ix}, \boldsymbol{W}_{ox}, \boldsymbol{W}_{fx} \in \mathbb{R}^{d_h \times d_x}$ はそれぞれ入力ベクトル $\boldsymbol{x}_t$ を各ゲートベクトルに変換する変換行列,$\boldsymbol{W}_{gh}, \boldsymbol{W}_{ih}, \boldsymbol{W}_{oh}, \boldsymbol{W}_{fh} \in \mathbb{R}^{d_h \times d_h}$ はそれぞれ隠れ状態ベクトルを各ゲートベクトルに変換する変換行列,$\boldsymbol{b}_g, \boldsymbol{b}_i, \boldsymbol{b}_o, \boldsymbol{b}_f \in \mathbb{R}^{d_h}$ はそれぞれ各ゲートのバイアス項,σ は sigmoid 関数を表す.まず,$\boldsymbol{c}_t$ の計算式 (12.4) をみると,忘却ゲートと直前の記憶セルのアダマール積 $\boldsymbol{f}_t \odot \boldsymbol{c}_{t-1}$ が含まれている.このアダマール積の値は忘却ゲートのある要素の値が小さい場合は小さくなることから,忘却ゲートの要素の値が小さい場合に直前の記憶セルの内容を忘却し,現在の位置の記憶セルには引き継がないようにする役割を果たしていることがわかる.また,セルゲートのベクトル $\boldsymbol{g}_t$ は式 (12.5) から現在の位置の入力ベクトル $\boldsymbol{x}_t$ と直前の位置の隠れベクトル $\boldsymbol{h}_{t-1}$ の合成を tanh 関数で正規化したものである.入力ゲートのベクトル $\boldsymbol{i}_t$ は,式 (12.6) から現在の位置の入力ベクトル $\boldsymbol{x}_t$ と直前の位置の隠れベクトル $\boldsymbol{h}_{t-1}$ を現在の位置の記憶セル $\boldsymbol{c}_t$ にどの程度読み込むのかを調整する役割,出力ゲートのベクトル $\boldsymbol{o}_t$ は,式 (12.3) から現在の位置の記憶セル $\boldsymbol{c}_t$ に tanh 関数を通したベクトルを現在の位置の隠れベクトル $\boldsymbol{h}_t$ にどの程度読み込むのかを調整する役割を果たしていることがわかる.文頭から文末にかけて単語ベクトルを読み込む LSTM

は順方向 LSTM (forward LSTM)，逆に文末から文頭にかけて単語ベクトルを読み込む LSTM は逆方向 LSTM と呼ばれる．また，順方向 LSTM と逆方向 LSTM を併用する双方向 LSTM (bidirectional LSTM, Bi-LSTM) も前後の文脈を考慮しやすいという点で多く用いられている．

12.4 ● 系列変換モデル

自然言語処理の多くのタスクは，テキストなどの系列データを入力として別の系列データを生成する**生成タスク** (generation task) と捉えることができる．たとえば，自然言語処理のタスクの一つである**機械翻訳** (machine translation) であれば，翻訳元の言語の単語列を入力として翻訳先の言語の単語系列に変換するタスクと捉えることができ，**質問応答** (question answering) であれば，質問文を入力として応答文に変換するタスクと捉えることができる．このように，ある系列データを入力として別の系列データを生成する生成タスクには**系列変換モデル** (sequence-to-sequence model, seq2seq model) が用いられる．系列変換モデルは**エンコーダ・デコーダモデル** (encoder-decoder model) や**生成モデル** (generation model) とも呼ばれ，系列データを別の系列データに変換する確率をモデル化したものである．

図 12.5 は系列変換モデルを用いた機械翻訳モデル [**45**, **234**] の例である．系列変換モデルは入力系列を固定長のベクトルに変換する**エンコーダ**（符号化器, encoder）と固定長のベクトルから出力系列に変換する**デコーダ**（復号化器, decoder）から構成される．

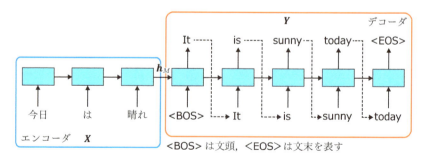

<BOS> は文頭，<EOS> は文末を表す

図 12.5　系列変換モデルを用いた機械翻訳．

190

　ここでは系列長が M の文 $\boldsymbol{X} = (\boldsymbol{x}_1, \ldots, \boldsymbol{x}_m, \ldots, \boldsymbol{x}_M)$ を入力として系列長が N の文 $\boldsymbol{Y} = (\boldsymbol{y}_0, \boldsymbol{y}_1, \ldots, \boldsymbol{y}_n, \ldots, \boldsymbol{y}_N, \boldsymbol{y}_{N+1})$ を出力するような系列変換モデルを考える．ここで $\boldsymbol{y}_0$ と $\boldsymbol{y}_{N+1}$ はそれぞれ文頭，文末であることを表す特殊記号 BOS, EOS を指す．まず，エンコーダでは 12.3 節で紹介した RNN や LSTM と同様に，入力文を構成する各単語の単語埋め込みベクトルを合成して隠れ状態ベクトルを得る．たとえばエンコーダに RNN を用いる場合，m 番目の単語埋め込みベクトルを $\tilde{\boldsymbol{x}}_m \in \mathbb{R}^{d_x}$ とすると[*4]，式 (12.2) を用いることで m 番目の単語に対応する隠れ状態ベクトル $\boldsymbol{h}_m \in \mathbb{R}^{d_h}$ を獲得することができる．

$$\boldsymbol{h}_m = \begin{cases} \mathrm{RNN}(\tilde{\boldsymbol{x}}_m, \boldsymbol{h}_{m-1}) & (1 \leq m \leq M) \\ 0 & (m = 0) \end{cases}$$

　よって，系列変換モデル全体においては，エンコーダによって系列長が M の文 $\boldsymbol{X}$ の入力に対して各単語の単語埋め込みベクトルに対応する隠れ状態ベクトルの列 $\boldsymbol{H} = (\boldsymbol{h}_1, \ldots, \boldsymbol{h}_m, \ldots, \boldsymbol{h}_M)$ を得ることになる．

　デコーダは，エンコーダから受けとった系列 $\boldsymbol{X}$ の隠れ状態ベクトルの列 $\boldsymbol{H}$ に基づいて，出力の系列 $\boldsymbol{Y}$ を正しく予測できるように学習を行う．つまり求めたい生成確率は $P(\boldsymbol{Y}|\boldsymbol{X})$ となる．デコーダは言語モデルと同様に，文の先頭からデコーダの位置 n ごとに，単語埋め込みベクトル $\boldsymbol{y}_n$ が生成される条件付き確率 $P(\boldsymbol{y}_n|\boldsymbol{Y}_{0:n-1}, \boldsymbol{X})$ に基づいて単語を 1 語ずつサンプリングして文を生成する．つまり，次の生成確率を求める．

$$P(\boldsymbol{Y}|\boldsymbol{X}) = \prod_{n=1}^{N+1} P(\boldsymbol{y}_n|\boldsymbol{Y}_{0:n-1}, \boldsymbol{X})$$

　$P(\boldsymbol{y}_n|\boldsymbol{Y}_{0:n-1}, \boldsymbol{X})$ は n 番目の単語埋め込みベクトル $\boldsymbol{y}_n \in \mathbb{R}^{d_y}$ を予測するために必要な隠れ状態ベクトル $\boldsymbol{z}_n \in \mathbb{R}^{d_z}$ と，全結合層のパラメータ行列 $\boldsymbol{W}_{yz} \in \mathbb{R}^{d_y \times d_z}$ から推定される．

$$P(\boldsymbol{y}_n|\boldsymbol{Y}_{0:n-1}, \boldsymbol{X}) = \mathrm{softmax}(\boldsymbol{W}_{yz}\boldsymbol{z}_n)$$

[*4] ここでは系列長 M の文を構成している one-hot ベクトル $\boldsymbol{x}_1, \ldots, \boldsymbol{x}_m, \ldots, \boldsymbol{x}_M$ と，密ベクトル（単語埋め込みベクトル）$\tilde{\boldsymbol{x}}_m$ とで表記を区別していることに注意する．

z_n はエンコーダから受けとった X の隠れ状態ベクトルの列 H と $n-1$ 番目までに生成された系列 $Y_{0:n-1}$ の情報を用いて獲得する．たとえばデコーダに RNN を用いる場合，n 番目に出力された単語埋め込みベクトル y_n と，y_{n-1} を予測するために必要な隠れ状態ベクトル z_{n-1} と，式 (12.2) を用いることで次のように求めることができる．

$$z_n = \begin{cases} \mathrm{RNN}(y_n, z_{n-1}) & (1 \leq n \leq N+1) \\ h_M & (n = 0) \end{cases}$$

12.5 ● Transformer

　現在の代表的な系列変換モデルとして **Transformer** [**254**]がある．Transformer 以前の主流のニューラル言語モデルであった RNN は，系列の情報を逐次的にベクトルに変換するというアーキテクチャの性質上，並列学習が困難であった．これに対して，Transformer では **attention**（アテンション，注意機構）のみを用いた系列変換モデルを構成することで並列学習を可能とし，13 章で紹介する大規模言語モデルでも多く採用されているモデルである．attention はある系列中の重要な情報（文中のある単語の意味を理解するために，文中の単語のどれに注目すればよいか）を直接的に用いるしくみであり，Transformer 以前から系列変換モデルの改良手法の一つとして扱われていた．Transformer では後述するように **self-attention**（自己注意機構）という特徴的な注意機構を扱っている．self-attention 以前の attention は，系列変換モデルのデコーダがエンコーダの隠れ層から注目すべき情報を参照してデコードするための機構であったのに対して，self-attention はある単語を隠れ状態ベクトルに変換するときに，他の単語の情報を参照する機構であり，エンコーダ内とデコーダ内に閉じて導入できるという特徴をもつ．

　図 12.6 に Transformer の構造の概略を示す．Transformer はそれぞれ 6 層のエンコーダとデコーダから構成されている．Transformer に基づく大規模言語モデルを分析する研究では，多層のエンコーダは自然言語のさまざまな情報を捉えるのに効果的であり，低い層では表層的な情報を，中間の層では統語的な情報を，高い層では意味的な情報を捉えているという主張があ

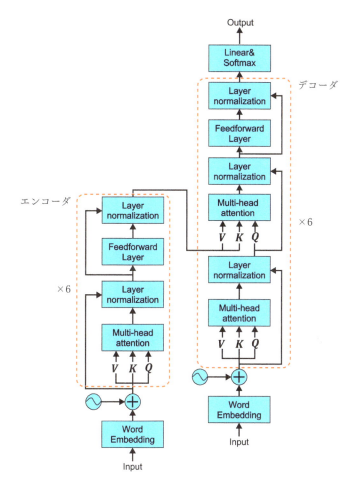

図 12.6　Transformer の構造の概要．左側がエンコーダ，右側がデコーダを表す．また，🌀は位置符号 (positional encoding) を表す．

る [**115, 239**]．一方で，この主張に疑問を投げかける研究もあり [**187**]，現在も分析が続いている．

　エンコーダもデコーダもそれぞれ単語系列を入力として単語埋め込みベクトルの系列に変換されるが，この単語埋め込みベクトルの系列は，単語の順序や位置に関する情報が含まれていない．そこではじめに**位置符号** (positional encoding) という機構があり，単語埋め込みベクトルに位置符号を付加するこ

とで単語の順序や位置に関する情報を付与している．エンコーダは1層あた
り，**マルチヘッド注意機構** (multi-head attention)，**層正規化** (layer normal-
ization)，**フィードフォワード層** (feedforward layer)，層正規化という4つの
処理から構成されている．また，デコーダは1層あたり，マルチヘッド注意
機構，層正規化，マルチヘッド注意機構，層正規化，フィードフォワード層，
層正規化という6つの処理から構成されている．これらの処理のうち，マル
チヘッド注意機構の中で自己注意機構が用いられている．

　ここからはエンコーダ内の自己注意機構の計算のしくみについて詳しくみ
てみよう．まず，自己注意機構では，エンコーダの各単語の埋め込みベクトル
から，Query ベクトル，Key ベクトル，Value ベクトルという3種類のベク
トルを導出する．Query ベクトル，Key ベクトル，Value ベクトルを用いて
計算される注意機構は QKV (Query-Key-Value) 注意機構と呼ばれる．自己
注意機構はある単語を隠れ状態ベクトルに変換するときに，他の単語の情報
を参照する機構とみることができた．このことを Query ベクトル，Key ベク
トル，Value ベクトルを用いて考えると，自己注意機構はある単語の Query
ベクトルを用いてメモリ（Key ベクトルと Value ベクトルのペア）から重要
な情報を取り出し，隠れ状態ベクトルを合成する機構とみることができる．

　RNN や LSTM では，ある位置の単語の隠れ状態ベクトルの合成に直接的
に関与できるのはその直前の位置の単語の隠れ状態ベクトルであった．これ
に対して，自己注意機構である位置の単語の隠れ状態ベクトルを合成する場
合は，関連度に応じて離れた位置の単語の隠れ状態ベクトルでも合成に直接
関与することができる．このように，自己注意機構はある位置の単語の隠れ
状態ベクトルを合成するときに，自分自身 (self) を含むすべての位置の単語
の隠れ状態ベクトルを参照して重みを計算することができる点が大きな特徴
である．

　系列長が M の入力文について自己注意機構で計算することを考える．この
とき m 番目の単語埋め込みベクトル $\boldsymbol{h}_m \in \mathbb{R}^d$ の Query ベクトル $\boldsymbol{q}_m \in \mathbb{R}^d$,
Key ベクトル $\boldsymbol{k}_m \in \mathbb{R}^d$, Value ベクトル $\boldsymbol{v}_m \in \mathbb{R}^d$ は，$\boldsymbol{h}_m$ に学習で得られ
る三つの変換行列 $\boldsymbol{W}_q, \boldsymbol{W}_k, \boldsymbol{W}_v \in \mathbb{R}^{d \times d}$ をそれぞれかけ合わせることで導出
される．

$$q_m = W_q h_m$$

$$k_m = W_k h_m$$

$$v_m = W_v h_m$$

自己注意機構における計算の次のステップは，入力文のある単語とすべての単語との関連度を計算することである．この関連度の大きさによって，ある単語をエンコードするときに，入力文中の他の単語にどれだけ注目するかが決定する．関連度は m 番目の単語の Query ベクトルとすべての単語の Key ベクトルとの内積で計算される．

次のステップでは，この関連度を Key ベクトルの次元 d の平方根 $\sqrt{d}$ で割る．このステップが必要な理由は，次元 d が大きくなるにつれて，内積の絶対値が大きくなることで学習が不安定になるからであり，$\sqrt{d}$ で割ることで学習を安定させている．さらに，割った結果を softmax 関数に通すことで関連度を正規化し，合計が 1 になるようにする．最後に，softmax 関数に通したスコアと，n 番目の単語の Value ベクトルの値をかけることで，m 番目の単語の隠れ状態ベクトルを合成することができる．このステップの役割は，いま着目している m 番目の単語の情報に重みをつけ，無関係な単語の情報を取り除くことにある．

Query ベクトルの転置ベクトルの系列は行列として表されるので，この行列を $Q \in \mathbb{R}^{d \times M}$ とし，同様に Key ベクトルの系列，Value ベクトルの系列も $K, V \in \mathbb{R}^{d \times M}$ として表すと，ここまでで紹介した自己注意機構によって隠れ状態ベクトルの行列 $H \in \mathbb{R}^{d \times M}$ を導出する一連の計算は，次のように一つの行列演算の式にまとめることができる．

$$H = \text{Attention}(Q, K, V) = V \text{softmax} \left(\frac{K^\top Q}{\sqrt{d}} \right)$$

図 12.6 に示すように，デコーダの注意機構では，デコーダ内の自己注意機構（上記のエンコーダ内の自己注意機構と同様の構成）と，デコーダの Query ベクトルを用いてエンコーダの Key ベクトルと Value ベクトルを参照する**交差注意機構** (cross-attention) の 2 種類が使われている．

最後に，Transformer のエンコーダ・デコーダの他の構成要素であるマル

チヘッド注意機構，層正規化，フィードフォワード層について簡潔に確認する．これまでみてきたように，自然言語は表層的な特性，語彙的な特性，統語的な特性，意味的な特性と，複数の特性をもっている．マルチヘッド注意機構は，この自然言語のさまざまな特性を考慮して自己注意機構の計算を行うしくみである．マルチヘッドという名前のとおり，マルチヘッド注意機構では各単語に対して 1 組の Query ベクトル，Key ベクトル，Value ベクトルで自己注意機構の計算を行うのではなく，複数のヘッドという単位で Query ベクトル，Key ベクトル，Value ベクトルを分割してから自己注意機構の計算を行っている．これは複数のヘッドを用いて自己注意機構の計算を行うことで，さまざまな側面からみた重要な情報を計算する役割を果たしているといわれている．

　層正規化は，学習中にベクトルの要素の値が大きくなり学習が不安定にならないようにパラメータを調整してベクトルの要素を正規化するしくみである．フィードフォワード層は 2 層の順伝播型ニューラルネットワーク (feed-forward neural network) である．エンコーダの m 番目の隠れ状態ベクトル $\boldsymbol{h}_m$ をフィードフォワード層の入力としたとき，その出力 $\hat{\boldsymbol{h}}_m$ は活性化関数 f とパラメータ行列 $\boldsymbol{W}_1, \boldsymbol{W}_2$，バイアス項 $\boldsymbol{b}_1, \boldsymbol{b}_2$ を用いて，次のように計算できる．

$$\hat{\boldsymbol{h}}_m = \boldsymbol{W}_2 f(\boldsymbol{W}_1 \boldsymbol{h}_m + \boldsymbol{b}_1) + \boldsymbol{b}_2$$

自己注意機構が単語埋め込みベクトル系列全体を用いて計算されるのに対して，フィードフォワード層は各位置の単語埋め込みベクトルに対して独立して計算が行われる．

第13章

大規模言語モデル

Transformer によって大規模なテキストデータの並列処理による**事前学習** (pre-training) が可能となり，**BERT** (Bidirectional Encoder Representations from Transformers) [63]や **GPT-3** (Generative Pre-trained Transformers) [36]といった，いろいろなタスクに汎用的に利用できる**事前学習済み言語モデル** (pre-trained language model) の進展につながった．事前学習済み言語モデルは汎用言語モデルや基盤モデルと呼ばれることもあるが，最近では**大規模言語モデル**と呼ばれることが多く，以降では大規模言語モデルと総称する[*1]．本章では，近年活発に利用されている大規模言語モデルについて概観する．

13.1 ● BERT

BERT は Google が構築した 24 層の双方向 Transformer をアーキテクチャとする言語モデルであり，(1) 大規模コーパスによる事前学習と，(2) 特定の言語処理タスクに応じた**ファインチューニング** (fine-tuning) という 2 段階の学習によってさまざまなタスクに応用できる，代表的な大規模言語モデルの一つである．英語など単一の言語のコーパスで事前学習した単言語モデルのほか，多言語のコーパスで事前学習した多言語モデルも多く提供されている．BERT は (1) 入力データの一部を [MASK] という特殊記号でマスキングし，前後の単語ではなくマスキングされた単語を予測するタスクで双方向の情報を考慮する Masked Language Modeling (MLM) と，(2) 文のペア (A,B) が入力として与えられたとき，文 B が文 A の次に続くか否かを予測する Next Sentence Prediction (NSP) という，二つの事前学習タスク（**図 13.1**）によって，双方向 Transformer の学習を実現している．BERT などの大規模言語

[*1] とくに GPT-3 以降のモデルについて大規模言語モデルと呼ばれることが多いが，呼び方が統一されていないため，本書では Transformer をベースとした複合的なアーキテクチャからなり，大量のテキストデータで事前学習を行ったモデルを総称して大規模言語モデルと呼ぶことにする．

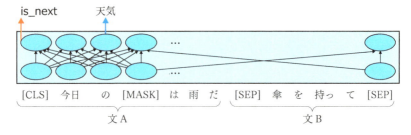

図 13.1 BERT の事前学習の概念図.

モデルは，Hugging Face が提供する PyTorch フレームワーク transformers (`https://github.com/huggingface/transformers`) を用いることで，比較的容易に動かすことができる．

BERT の公開後，さまざまな BERT の改良モデルが提案された．たとえば，BERT でマスキングに用いられる特殊記号 [MASK] はファインチューニング時には出現しない記号であり，思わぬバイアスとなりうる．この問題に対して，XLNet [**273**]では事前学習にマスキングではなく単語の並び替え (permutation language modeling) を採用している．また，RoBERTa [**160**] はマスキングの位置を動的に変えることで効率的な事前学習を実現している．ALBERT [**146**]は行列分解や各層のパラメータを共有する工夫によって BERT よりもパラメータ数を減らして軽量化している．T5 [**211**]は Text-to-Text Transfer Transformer の略称であり，翻訳タスクや質問応答タスクだけでなく分類タスクも含めた全タスクについて入力と出力をテキスト形式に統一し転移学習することで性能向上を図ったモデルである．

13.2 ● GPT

OpenAI が開発を進めている **GPT** (Generative Pre-trained Transformer) もまた，Transformer による事前学習に基づく代表的な大規模言語モデルの一つである．数年の間に GPT は活発にバージョン更新が行われているが，本節ではこれまでに発表された主要な GPT のモデルについて概要を紹介する．

GPT-1 [**208**]は 2018 年にリリースされた最初の GPT モデルであり，1.2 億のパラメータをもち，4.5GB のデータセットを学習して構築されている．

GPT-1 は 12 層の Transformer のデコーダ部分[*2] をアーキテクチャとして採用し，前の単語までの確率から次にくる単語の確率を計算する自己回帰言語モデルである．しかし，GPT-1 では片方向 Transformer をアーキテクチャとして採用しているため，逆方向の情報を利用できていないという問題があり，この問題に対して双方向の Transformer エンコーダ部分をアーキテクチャとして採用したのが BERT である．

　GPT-2 [209] は 2019 年にリリースされた GPT-1 の後継モデルである．GPT-2 は GPT-1 よりもはるかに大きなモデルであり 15 億のパラメータをもち，40GB のデータセットを学習して構築されている．さらに，GPT-3 [36] は 2020 年にリリースされた GPT-2 の後続モデルであり，1750 億のパラメータをもち，Common Crawl データセットを学習して構築されている．Common Crawl とは，インターネット上のありとあらゆる文章を集めてきたコーパスであり，2016 年から 2019 年に集められた 45TB のテキストが GPT-3 の訓練データとなっている．

　GPT-3 以前の大規模言語モデルと GPT-3 以降の大規模言語モデルとの大きな違いを表すキーワードとして，**文脈内学習** (in-context learning) がある．BERT などの GPT-3 以前の大規模言語モデルでは，特定のタスクに適応させるためにはそのタスクのデータでファインチューニングを行う必要があったのに対して，GPT-3 以降の大規模言語モデルでは，特定のタスクにおいてパラメータを更新することなく，タスクの説明や数例の正解を入力（**プロンプト**，prompt）として与えることでタスクを学習する文脈内学習が採用されている．文脈内学習に基づく大規模言語モデルは，プロンプトの与え方によってタスクの性能が変わることが知られている．有名な研究として，プロンプトの回答部分に思考過程も記述することで，数学の文章題などのタスクに対する性能向上がみられたという **Chain-of-Thought** (CoT) prompting の研究 [262] がある．さらには，Let's think step by step という文言をプロンプトに追加するだけでタスクの性能が改善されたという報告 [135] もある．このようなプ

ロンプトの工夫は**プロンプトエンジニアリング** (prompt engineering) と呼ばれ，自然言語処理の研究トピックの一つとなっている．文脈内学習が主流になったとともに，まったく正解の事例を教えずにタスクの説明だけを与える設定で多様なタスクを解く zero-shot learning や 2, 3 例の正解事例だけを与える設定である few-shot learning という設定が注目を浴びている．

また，大規模言語モデルではパラメータのサイズと訓練データのサイズ，そして学習に使用される計算量のサイズとモデルの性能の指標である検証データの交差エントロピー損失との間に**べき乗則** (Scaling Law) が成り立つ，つまり，これらのサイズに比例してモデルの性能がよくなる，という報告がある [**127**]．そして，ある一定のサイズを超えるとそれまで解けなかった問題が非連続的に急に解けるようになり，このことをもって大規模言語モデルが創発的能力 (emergent abilities) を有すると主張する研究がある [**261**]．

大規模言語モデルが創発的能力を有するかについては議論が続いているものの，実際に，GPT-3 は GPT-2 よりも文生成，文章の要約，文書の翻訳などのさまざまなタスクではるかに高精度を実現している．加えて，GPT-3 は，人の文章と区別がつかないほど自然な文章を生成できるようになった．しかし，GPT-3 の問題点として，不正確なことや非道徳的な文を出力してしまうという問題がある．GPT-3 が人が好む文を生成しないことがあるという問題は，GPT-3 による生成文が人が好む文と align して（一致して）いないということから，**アライメント** (alignment) 問題と呼ばれている．言語モデルが非道徳的なことを出力してしまうことは，AI の倫理的な問題としても重大である．Askell *et al.*, 2021 [**8**]では，このアライメント問題をさらに具体的に，「助けになり，正直で，無害な (helpful, honest, harmless; HHH)」というコンセプトによって定義している．そこで，このアライメント問題に対処しようという取り組みで生まれたモデルの一つが InstructGPT であり，13.3 節で紹介する ChatGPT の誕生につながった．

13.3 ● ChatGPT

ChatGPT は，GPT-3 よりも自然な文を生成することを目指した対話型の言語モデルである．入力にテキストを受けとると，それに対応するテキスト

を出力してくれる．文書要約や翻訳や質問応答といった自然言語処理のタスクだけでなく，使い方によっては，コードを出力させたり，数学の文章題の解答を出力させたりすることもできるため，その活用範囲の広さに大きな注目を集めている．

　ChatGPT の中身の全貌については依然として発表されていないので，OpenAI のリリース情報などから推測することしかできないのが現状である．しかし，ChatGPT は InstructGPT [191] と同様の学習アルゴリズムで学習されているといわれているので，本節では InstructGPT の学習アルゴリズムの概要を紹介したい．

　InstructGPT の最大の特徴は人のフィードバックをもとにモデルを強化学習させることにある．これは RLHF (Reinforcement Learning from Human Feedback) という手法を用いることで実現している．RLHF の一般的なステップは，(1) 言語モデルの事前学習，(2) 報酬モデルの訓練，(3) 強化学習によるチューニングという三つのステップから成り立つ．ステップ 1 は通常の言語モデルの訓練と同様であり，巨大なテキストコーパスを用いて言語モデルを事前学習する．モデルの事前学習は，トークン列を与えて次のトークンを予測し，その交差エントロピー損失を使ってモデルを最適化することで行われる．

　ステップ 2 ではまず複数の出力に対して，「出力が入力に対してどの程度望ましいか」という評価をアノテーションしたデータをアノテータによって作成する．アラインメントの度合いを正確に数値でアノテーションしてもらうのは難しいため，この評価にはアノテータに複数の回答を提示し，どの回答がより好ましいかというランキング問題としてアノテーションしてもらうことが一般的である．

　次に，言語モデルの出力が好まれる度合いを，いかなる入力と出力に対してもなるべく正確に予測する「報酬モデル (reward model, RM)」を訓練する．具体的には，プロンプトと出力のペアからなるデータに対して，それが人間に好ましいと判断される確率が高いほど，高いスコアを出力するようなモデルをランキング学習で訓練する．このモデルはステップ 3 の強化学習の報酬として使われているため，報酬モデルと呼ばれている．

ステップ3ではステップ2で構築した報酬モデルから得られる報酬に基づいて，ステップ1で事前学習した言語モデルのチューニングを行う．強化学習とは，一言で述べるとエージェント，状態，観察，行動，エピソード，報酬を設定して行う学習アルゴリズムである．ステップ3の強化学習では，言語モデルがエージェントであり，状態は一つとし，観察はプロンプトとして与えられたトークン列，行動は継続トークンの生成，エピソードはプロンプトを与えられてから出力を生成し終えるまでのエピソード，報酬は報酬モデルからのスコアとしてそれぞれ設定している．プロンプト（トークン列）が観察として与えられ，エージェントである言語モデルがプロンプトに続くトークンを生成する行動の結果，その応答を出力として生成する，という流れが一つのエピソードとなり，その後プロンプトと出力のペアに対して報酬モデルから報酬を得る．ステップ3の強化学習の学習アルゴリズムとしては，PPO (Proximal Policy Optimization) [224] という方策勾配法が使われている．

　InstructGPT では，上述の RLHF の一般的なステップをもとに，ユーザが実際に GPT-3 で使用したプロンプトなどのデータを用いてさまざまなタスクにアラインメントさせている．具体的にはまず，アノテータによって書かれたプロンプト，および，GPT-3 のプロンプトに対して，モデルが出力すべきふるまいをアノテータが記述したデータセットを構築し，このデータセットを使って事前学習した GPT-3 のチューニングを行っている．そして，複数のモデル出力をアノテータに提示してランキングしてもらい，このランキングに沿ったスコアを出力する報酬モデルを訓練する．報酬モデルはチューニングした GPT-3 の埋め込み層を，報酬を予測する線形層で置き換えたものが使用されている．最後に，この報酬モデルに基づいて PPO による強化学習を使い，チューニングした GPT-3 に対してさらなるチューニングを行う．最近では報酬モデルの訓練を行わずに直接的に言語モデルのチューニングを行う手法として，言語モデルの出力の好まれる度合いがアノテーションされたデータセットによる教師あり学習を用いて PPO と同等の最適化を行う DPO (Direct Preference Optimization) [210] という手法が提案されている．DPO は PPO と同等以上の性能を示しながらも，学習の安定性・計算効率の面ですぐれているといわれている．

　ChatGPT の後続のモデルとして，**GPT-4** は 2023 年 3 月に OpenAI が発表した大規模言語モデルである．GPT-4 では ChatGPT と同様，事前学習の後に RLHF を行っており，多言語・マルチモーダルの性能が向上したと報告されている．また，RLHF による性能寄与よりも事前学習の性能寄与が大きいと報告されている [190]．しかし，GPT-4 もまた，訓練データや計算量などの技術的な情報は十分に公開されていないのが現状である．GPT-4 に入力したデータは訓練データに使われるリスクがあり，機密情報は GPT-4 に入力しないなどの注意が必要である．大規模言語モデルは GPT-4 にとどまらず，現在も国内外のさまざまな研究チームによって開発と改良が進められている．

第14章

分布意味論の特性と問題点

　11 章から 13 章では，分布意味論の基本的な考え方を紹介した上で，近年目覚ましい進歩を遂げているニューラル言語モデルや大規模言語モデルの概要をみてきた．本章では，これらの言語モデルがことばの意味の特性をどの程度捉えることができているのか，また，現在までの言語モデルにはどのような問題点が残されているのかについて紹介する．

14.1 ● 分布意味論の特性

　復習になるが，ニューラル言語モデルや大規模言語モデルも含めて，言語モデルは基本的には分布意味論，すなわち，周囲の単語（文脈）によって単語の意味が定まるという考え方に基づいてモデリングされているのであった．分布意味論では，ことばの意味を線形空間上で表し，意味の近さや遠さをベクトルの類似度で表すことで，次に挙げるようなさまざまなことばの意味の特性を柔軟に捉えられるという利点がある [**28**]．

14.1.1 ┃ 語の経時的な意味変化

　「やばい」という語はもともと否定的な意味で使われていたが，最近では肯定的な意味で使われることも多くなった．このように語のもつ意味や用法が時間の経過とともに変わることは**意味変化** (semantic change) と呼ばれており，分布意味論に基づく語の意味ベクトルを用いて，語の意味変化を分析するさまざまな手法が提案されてきた [**140**]．

　具体的には，コーパスを時期によって分けて各時期のデータを学習して単語埋め込みベクトルを獲得し，線形変換で各時期の単語埋め込みベクトル空間の対応づけを行い，ベクトルを比較することで語の意味変化を定量的に分析する研究 [**95, 274**] がある．また，時期ごとにモデルを学習するのではなく，BERT などの事前学習済みモデルに対象の語を含む文を入力して前後の文脈

を考慮した単語埋め込みベクトル（12.2 節の最後で少し紹介した文脈化単語埋め込み）を獲得し，ベクトルのクラスタリングによって語の意味変化を分析する研究 [87] がある．日本語の意味変化についても BERT を用いて分析した研究がある [284]．

14.1.2 ▌ 語の多義性

2 章で紹介したように，語の意味には**多義性**がある．たとえば，cut という語は paper を項にとると「紙を切る」という具体的な動作を表すが，cost を項にとると「費用を削減する」とより抽象的な意味になるというように，項にとる語によって語義が変わりうる．語彙に関する情報を網羅的に記述する研究として，生成語彙論 (Generative Lexicon) [205] やフレーム意味論 (frame semantics) [75] があるが，これらの研究では文脈に応じて適切な語義を選択し，フレーズの意味を合成することの難しさが議論されてきた [205]．

分布意味論では，11.2 節で紹介した四項類推の例について king の単語ベクトルから man の単語ベクトルを引き，woman の単語ベクトルを足すと queen の単語ベクトルが得られるというように，単語ベクトルの足し算（と引き算）で単語の意味の足し算（と引き算）ができるという性質（**加法構成性**，additive composition）があることが理論的に示されている [241]．この加法構成性に基づいて cut ベクトルと cost ベクトルを足すと cut cost というフレーズのベクトルを構成することができるが，この cut cost ベクトルは pay ベクトルと近くなり，cut ベクトル単独では pay ベクトルよりも chop ベクトルと近くなることが望ましい．

そこで，語の多義性を考慮して線形空間上で語の意味ベクトルからフレーズの意味ベクトルを合成するさまざまな研究が，ニューラル言語モデルの発展以前から進められてきた [15,50,179]．たとえば，単語ベクトルの単純な足し算では，8 章で紹介してきたような単語の意味表示の型の違いが表現できていない可能性がある．そこで単純なベクトルの足し算ではなく，名詞の意味をベクトル，形容詞の意味を行列で表して線形空間上で形容詞と名詞の意味の合成を行う研究がある [15]．また，[50] では項をとる語の意味を項と同じベクトル空間の元ではなく，ベクトル空間のテンソル積の元として表し，テ

ンソルの縮約でフレーズの意味を合成することで，項関係を考慮してフレーズの意味ベクトルを計算する方法を提案している．

さらに，ニューラル言語モデルの発展以降，ELMo や BERT などの前後の文脈を考慮した単語埋め込みベクトルでは，追加学習なしで語の多義性を捉えられていると報告されている [51, 198]．一方で，BERT の単語埋め込みベクトルをクラスタリングして分析を行うと，必ずしも一貫して文脈に応じて似た意味の単語埋め込みベクトル同士がクラスタリングされるわけではないという報告 [171, 275] もある．また，加法構成性は長いフレーズに対しては成り立たないことが指摘されており [241]，後述するように機能語の扱いが課題としてある．

14.1.3 ▌ 述語の選択制限

たとえば，「食べる」という述語の行為者 (agent) に対応する名詞は「猫」や「犬」といった生き物であるといった制限がかかる．このような述語の項にとる名詞に関する制限は 1 章で紹介したが，**選択制限** (selectional restriction) と呼ばれている．述語の選択制限のあり方は多様であるため，形式的に捉えるには限界がある．

そこで [69] は分布意味論に基づいて述語と項の選択制限を予測する手法を提案している．この手法では述語と項の組合せの尤もらしさを，対象の項の意味ベクトルと，コーパス上で観察された述語の項の意味ベクトルの重み付き平均との類似度で計算する．たとえば，「猫」が述語「食べる」の動作主 (agent) に対応する尤もらしさを考えると，「猫」の意味ベクトルは「犬」や「うさぎ」といった同じ生き物の意味ベクトルとの類似度が高くなり，「りんご」や「草」といった無生物の意味ベクトルとの類似度は低くなることが予想される．この研究をはじめとして，分布意味論に基づいて述語の選択制限を予測するさまざまな手法が研究されている [14, 90, 221]．

最近では BERT などの大規模言語モデルが述語の選択制限を獲得しているかについて分析が進められている．[240] は BERT を述語と目的語の選択制限を予測するタスクでファインチューニングすると，類似の述語と目的語の選択制限についても汎化して正しく予測する傾向を報告している．一方で，[170] は

依存構造の主要部を含む文のマスキング箇所に対して対応する修飾句を予測する確率と，人が判断した依存構造の主要部と修飾句のペアの尤もらしさ [278] との相関から，BERT が述語の選択制限を学習しているか分析を行う手法を提案しており，この手法では相関がみられなかったと報告している．しかし，[170] の研究でも BERT は主要部に対応する正しい修飾句を予測する傾向は示していたと報告しており，BERT が述語の選択制限を言語能力として獲得しているかについては議論が続いているものの，言語運用としては実現できている可能性が示唆される．

14.2 ● 分布意味論の問題点

　一方で，分布意味論は分布仮説にしたがわない意味，すなわち，周囲の単語によっては必ずしも定まらない意味については扱うことが難しいともいえる．分布意味論や分散表現が自然言語の意味をどの程度捉えられているのかについて議論している論文としては [23, 68, 196] などがある．以降ではこれらの論文でも紹介されている分布意味論のいくつかの問題点を紹介する．

14.2.1 ▎ 語彙関係の問題

　まずわかりやすい問題点として，**反義語** (antonym) の扱いがある．たとえば，large と small，good と bad といった反義語は，どちらも同じような文脈に登場するため，似たような単語ベクトルとして表され，類似度が高いと判定されてしまう．反義語だけでなく，dog と animal といった上位語・下位語の関係など，WordNet [174] などの知識ベースに蓄積されているような語彙間の関係知識を分散表現に正確に反映させることは難しく，現在も分散表現に語彙関係を埋め込む研究 [199] が進められている．

14.2.2 ▎ 類似性と同一性の問題

　自然言語処理で扱う分散表現が意味の**類似性** (similarity) に基づいて言語の意味を表すアプローチであるのに対して，計算言語学で扱う記号表現は意味の同一性 (identity) に基づいて言語の意味を表すアプローチであると考えることができる．たとえば，「トムは猫である (Tom is a cat)」という文と

「ボブは猫である (Bob is a cat)」という文の意味をそれぞれ，cat(tom) と cat(bob) という論理式で表したとき，ここに共通する cat という述語は「猫」という同じ概念を表すと考えられる．このように記号表現を用いることで，異なる文でもそれらの文に含まれる同一の概念を表現したり伝達したりできるという言語の特性を容易に捉えることができる．

それに対して分散表現では，たとえば，cat という語のベクトルは，「猫に類似したもの」を表しているため，記号表現が捉えている「猫」という概念とは異なるものになる．哲学者 Jerry Fodor（ジェリー・フォーダー）は，分散表現は文間の類似性や関連性を計算するには有用かもしれないが，文の真理条件を捉えるには不適切であるとして，分散表現に基づくアプローチを批判している [**78**]．たとえば，分散表現によるアプローチでは，Nixon is dead という文の意味は，Nixon とよく似た人が「死んでいる」という状態とよく似た状態（たとえば，悪い健康状態など）にあるといったものになってしまう．

14.2.3 ┃ 内容語と機能語の問題

2 章で紹介したように，単語は**内容語** (content word) と**機能語** (function word) に区別することができるのであった．機能語はどんな文書でも出現頻度が高い語であるため，単語の周辺文脈から単語ベクトルを抽出するときには考慮されないことが多く，コーパスでの分布に基づいてその特徴を捉えることが難しい．一方で，記号表現は，第 II 部でみてきたように，論理的な関係を表す and や or, all や some などの機能語をうまく捉えることができる．

これまでに紹介したとおり，分布意味論に基づくアプローチでは，複数の単語からなる複合的な表現の意味は単語ベクトルの演算によって表される．たとえば，「丸いテーブル」という句（フレーズ）の意味は「丸い」の単語ベクトルと「テーブル」の単語ベクトルから合成される．では，「丸くないテーブル」というフレーズの場合は，機能語の「ない」が現れているが，このフレーズの意味は「丸い」の単語ベクトルと「ない」の単語ベクトル，「テーブル」の単語ベクトルから合成されると考えることができるだろうか．分布意味論においてこれらのフレーズの意味を合成的に表す手法は，発展途上の段階にある．とくに，機能語を含む意味合成を線形空間上の演算として表現するこ

とは，分布意味論の大きな課題の一つである．多義的な意味のところでも少し紹介したが，意味合成を扱う分布意味論は**合成分布意味論** (Compositional Distributional Semantics, CDS) と呼ばれる．近年では量子計算を使って合成分布意味論を実現する手法 [**50**, **277**] もある．

また，内容語と機能語の意味の違いをうまく扱う別のアプローチとして，文の意味を分散表現ではなく形式意味論に基づいて論理式で表し，論理式に含まれる述語間の関係を述語に対応する分散表現の類似度で計算するアプローチも研究されている [**21**, **151**]．

14.2.4 ▌ 訓練データの問題

言語モデルの学習に用いられるコーパスは年々，巨大なものになっている．たとえば，13 章で紹介した BERT [**63**] は，約 33 億の単語数からなるコーパスを訓練データとして使用したという報告がある．言語モデルの訓練データに用いられるコーパスのサイズはさらに増え続けており，GPT-3 の学習に使われている Common Crawl というコーパスの単語数は 1 兆個とされている．しかし，9 ヶ月から 24 ヶ月までの幼児が耳にする平均的な英語の単語数はおよそ 800 万語であり，現在の言語モデルの訓練データのサイズは，人間の言語獲得のプロセスを考えるとあまりにも巨大であるという指摘がある [**154**]．より少ない訓練データで効率的に単語の意味を獲得することは可能か (zero-shot, few-shot learning)，より人間に近い学習能力や汎化能力をどのように実現するかが課題となっている．

第III部の文献案内

　ここまでは言語モデル，ニューラル言語モデル，大規模言語モデルを中心に近年の自然言語処理技術の基本的かつ重要なトピックについて簡潔に紹介してきたが，本書の内容はごくごく初歩的な内容にとどまっている．ぜひさまざまな自然言語処理の関連書籍や論文を読んでみてほしい．日本語の関連書籍として，[292]は自然言語処理のこれまでの歴史と主なタスクが整理されており，自然言語処理を学ぶ上で最初に読むとよい書籍である．[289]は深層学習以前の統計的言語処理の理解に必要な数学的知識や機械学習の理論が詳細に書かれている．[296]は Transformer 以前の深層学習による言語モデル，分散表現，系列変換モデルなどの理論的な説明と応用が丁寧に解説されている．[291]は自然言語処理の伝統的な基礎・応用技術の紹介から Transformer や BERT などの事前学習済みモデルの詳細な説明まで，最近の自然言語処理に必要な知識が網羅的に書かれた書籍である．

　自然言語処理技術の実装の説明に重きをおいた書籍として，[280]は本書で紹介した Word2Vec，RNN，LSTM，系列変換モデル，attention の Python コードによる実装が詳細に解説されている．[279]は代表的な自然言語処理タスクにおける大規模言語モデルの実装に特化した書籍であり，Hugging Face の PyTorch フレームワーク transformers を用いた実装の紹介が充実している．[247]は Hugging Face の開発者らが transformers を用いた実装について解説した書籍である．

　英語の関連文献として，[121]は広く読まれている自然言語処理の教科書である．[67]は[121]よりも詳細に統計的言語処理の理論が解説された書籍である．[88]は深層学習による自然言語処理について簡潔に整理されたチュートリアルである．

第IV部

学際的視点からみた，
ことばの意味を
計算するしくみ

第 15 章

古典的計算主義とコネクショニズム

　本章では，これまでにみてきた，計算言語学における論理を用いたことばの計算アプローチと，自然言語処理における深層学習を用いたことばの意味の計算のアプローチの違いを，認知科学や哲学で議論されてきた，人間の認知のモデルに関する二つの理論：古典的計算主義とコネクショニズムに関連づけて考える．

15.1 ● 言語から認知へ

　ここでは，これまでに考えてきたことばの意味の計算アプローチを認知科学の問題として捉える．私たちは日々，言語に限らずさまざまな対象に対して知覚したり，思考したり，記憶したりといった高次の認識を行っている．これらの認識機能を計算するモデルは**心のモデル** (mental model) と呼ばれており，心とは何か，心と脳はどのような関係にあるか，といった問題は認知科学の研究対象の一つである．本章では，心のモデルはどのような機構からなるのかという問題を考えていく．心のモデルに関する考え方の一つとして，人の心の働きを脳の働きと同一視し，一つの情報処理システムとみなす考え方を**計算主義** (computationalism) という．

　計算主義では，心は何を計算していると考えているのだろうか．たとえば，「冷蔵庫にコーラがある」という状況に対する私たちの心の状態を考えると，次のようにさまざまな状態が考えられる．

1. 知覚（冷蔵庫にコーラがあるのをみる）
2. 信念（冷蔵庫にコーラがあると思っている）
3. 欲求（冷蔵庫のコーラを飲みたい）
4. 記憶・想起（冷蔵庫にコーラがあったことを覚えている・思い出す）

上記の例では，「冷蔵庫にコーラがある」という状況に対して，人は「みる（知

覚)」「信じる（信念）」「欲する（欲求）」「記憶・想起する」といった心の状態をもつ．このとき，心の中では心の外で起こった「冷蔵庫にコーラがある」という状況を何らかの形式で表現しており，その表現に対してさまざまな状態を計算していると考えることができる．この何らかの形式からなる表現のことを表象 (representation) といい，とくに心の中の表象のことを**心的表象** (mental representation) という．そして，人の心の状態は表象によって記述することができるという考え方を**表象主義** (representationalism) といい，計算主義は表象主義の一つである．なお，心的表象は必ずしも実際に存在するものに限らないことに注意したい．たとえば，「水色のゾウ」ということばに対して，私たちはたとえ実際にはそのようなゾウをみたことがなくても，心の中でイメージすることができるというように，私たちは実際に存在するものでなくても心的表象を記述することができる．

計算主義の立場として，大きく**古典的計算主義** (classical computationalism) と**コネクショニズム** (connectionism) という二つの立場がある．コネクショニズムは，現在の深層ニューラルネットワークのもととなった考え方である．第 III 部までに紹介したことばの意味の計算アプローチとおおざっぱに関連づけてみると，古典的計算主義は論理を用いたアプローチ，コネクショニズムは深層学習を用いたアプローチとそれぞれ関連づけることができる．15.2 節以降で紹介していくように，古典的計算主義とコネクショニズムは心的表象がどのような形式で表されるかという点で立場が分かれる．

15.2 ● 古典的計算主義

古典的計算主義の立場では，心的表象は形式言語と同じように**統語論的構造** (syntactic structure) をもつとされている．ここで，「表象が統語論的構造をもつ」とは，次のような条件を満たす構造をもつ，つまり**構成性** (compositionality) を満たす，ということである．

1. 表象は要素に分解することができる．
2. 分解した要素は一定の規則にしたがって結合することができる．

たとえば，先ほどの「水色のゾウ」という心的表象は，「水色」と「ゾウ」という要素に分解することができ，それぞれの要素がどのようなものを指すのかを実際の事物における経験から想像することができる[*1]．そして，これら二つの要素を結合することで，これまでに実際には水色のゾウをみたことがなくても，「水色のゾウ」ということばがどのようなものを指すのかを心の中でイメージすることができる．このように古典的計算主義では，統語論的構造をもつ入力（心的表象）を操作・処理し，何らかの出力（心の状態）を返すプログラムとして，人の心をモデル化する．なお，心的表象のための特別な言語のことは**思考の言語**（language of thought）と呼ばれており，日本語や英語といった自然言語とは独立に扱われていることに注意する．たしかに，私たちは何かについて頭の中で思考するとき，その思考を言語化することできめ細かなものにすることを日常的に経験しているはずである．

　古典的計算主義という名前は，コネクショニズム以前に考えられていた記号処理システムとして人の心を扱うという考え方に由来する．古典的計算主義では，何かをみたり（知覚），考えたり（思考），覚えていたり（記憶）といった心的な処理過程を，それぞれの心的状態に含まれる心的表象をその統語論的構造に基づいて処理する過程として考える．そして，「心の働きと脳の働きを同一視する」という想定に立ち，統語論的構造に基づく心的表象の分解・結合・合成といった操作を脳の働きと同一視する．

　古典的計算主義の立場，とくに，「心的表象が統語論的構造をもつ」という考え方を支持する議論として，Jerry Fodor（ジェリー・フォーダー）は心のモデルの条件として，複雑な文を際限なく再帰的に生成し理解できるという**生産性**（productivity）を要求することは強すぎるとし，より穏健で適確な条件として，構成性を満たす心のモデルであれば，**体系性**（systematicity）を満たすはずであるということを提案した[**77**][*2]．

[*1] ただし，言語哲学者の Charles Travis は「水色の」のような色に関する述語は対象のどの部分に適用されるのかという文脈依存性があると指摘しており[**245**]，これについては言語学，言語哲学で多くの議論がある．構成性を擁護する立場として，Zoltan Gendler Szabó は，この文脈依存性は形容詞の語彙的な性質によって決まり，形容詞の意味と名詞の意味の合成においては構成性が維持されると主張している[**237**]．また，この議論に関連して，自然言語処理分野では形容詞と名詞の構成性を扱った研究[**29**]がある．

[*2] 構成性が成り立つ言語に対して体系性は成り立つが，生産性は必ずしも成り立たない．とくに，再帰的な文法規則がない言語では無限個の文を生成するという意味での生産性は成り立たないが，構成的では

体系性には，大きく分けて**思考の体系性** (systematicity of thought) と**推論の体系性** (systematicity of inference) が考えられている．思考の体系性とは，ある思考をもつことができれば，必ずそれと関連する他の思考をもつこともできるという性質を表す[*3]．たとえば，「太郎は花子のことが好きだ」ということを考える能力をもっている人は，「花子は太郎のことを好きだ」と考える能力ももっているはずだ，という考えである．ただし，「考える能力をもつ」ということは，「それが正しい（真である）と思っている」ということとは異なることに注意する．

同様の体系性は，推論にも当てはまる．推論の体系性は，心的表象間の関係についてある推論を行うことができれば，必ずそれと構造的に関連する他の推論を行うこともできるという性質である．たとえば，「水色かつ小さいゾウがいる」という前提から「ゾウがいる」ということを推論できる人は，「水色かつ小さくかつ耳の大きいゾウがいる」という前提からも「ゾウがいる」ということを推論できるはずである．ここで，思考の体系性では，心的表象の形成が体系的に行われているかどうかを問題にしているのに対して，推論の体系性では，心的表象の形成を前提にした上で，その関係を判定するための変形や処理が体系的に行われているかどうかを問題にしている．[9], [298]の用語を使えば，前者は「形成における規則性」，後者は「変形における規則性」に等しい．この点で，推論の体系性は，思考の体系性よりも複雑な体系性であることに注意したい．

ただし，人の言語運用や思考にどれくらいの体系性があるのかは，経験的に探究されるべき問題が残る．Kent Johnson は，体系性が成り立たない英語の反例をいくつか紹介し，言語の体系性が全面的には成り立たないことを支持する議論を提示している [117]．次の例は，同じ「説明する」という意味

ありうる．構成性と生産性の区別や，再帰的な文法規則がないが構成的であるような言語の存在については Gareth Evans[72]などが指摘している．構成性，生産性，体系性の関係については The Stanford Encyclopedia of Philosophy の Compositionality の解説[235]を参照してほしい．

[*3] Fodor は，思考の体系性を思考の言語 (Language of Thought) の要素である心的シンボルに基づいて定式化している[77]．一方，Gareth Evans はここでいう思考の体系性を一般性制約 (generality constraint) と呼び[71]，心的シンボルの存在にはコミットせず，思考を構成する概念を行使する能力の体系性とみなしている．

の動詞でも，二重目的語構文を作れる動詞と作れない動詞があるという体系性の反例を示している．

(133)　Alice showed Martha the book.

(134)　*Alice described Martha the book.

また，1章や14章で出てきた述語の選択制限に基づいて，思考の体系性に限定を加えることを提案している研究もある [**37**]．

　古典的計算主義には主に次のような批判がある．一つに，古典的計算主義は心（認知）のしくみを逐次的で直列のプログラムのようなものとして考えており，計算に時間がかかりすぎるのではないか，人の認知は並列処理を行っているのではないか，という批判である．もう一つに，古典的計算主義が考える記号処理的な認知のしくみはノイズに弱く，局所的なエラーによって全体の認知的な処理が失敗してしまうのではないか，という批判がある．さらに，14.2節に関連した批判として，古典的計算主義が考える認知のしくみは厳格な規則に基づくものであり，類似性や関連性，あるいは確率といったいわゆる「柔らかい」概念を表現することが困難ではないかという批判がある．古典的計算主義に対して，認知的な処理は並列処理ではないか，人の心が操作する表象は，局所的なものではなく分散的なものではないか，より脳の神経回路に近い心のモデル化ができるのではないか，という考えに基づく立場がコネクショニズムである．

15.3 ● コネクショニズム

　コネクショニズムは脳の神経回路を模したニューラルネットワークをベースとして心的表象や心の働きを捉え，人の心（認知）をモデル化する．ニューラルネットワークは脳科学や認知科学の研究対象であると同時にいろいろな工学的応用が考えられることから，自然言語処理に限らず，人工知能の分野で現在急速に研究が進んでいる．コネクショニズムが古典的計算主義と大きく異なる点は，心的表象が統語論的構造をもつとは考えず，心の働きを統語論的構造に基づく計算過程とは捉えない点である．

　コネクショニズムでは，心的表象を生物の脳を構成する神経細胞の集まりであるニューロン群の活性化パターンの重ね合わせ（**分散表象**，distributed representation）として捉える．そして，心の働きは，あるニューロン群の活性化パターンを変形し，別のニューロンに伝えるという脳の計算過程であるとする．脳の情報伝達のしくみは，まず，ニューロン群が活性化することで電気信号が生成される．この活性化のパターンによって，伝達される情報の違いが表される．シナプスは入力の電気信号に重み付けを与え，学習を行う．たとえば，視覚の場合，網膜のニューロンの活性化パターンは，多数のシナプスを通過するときに少しずつ変化し，脳に伝達される．また，コネクショニズムでは，心的処理は多数のシナプス結合の配置の中で活性化パターンが変容していく並列分散処理を行っていると考えている．並列分散処理は古典的計算主義で考えていた直列処理と比べて，計算速度が速い．また，シナプス結合の一部が機能不全を起こしても，能力にほとんど影響を与えないといった特性がある．

　ニューロンの活性化パターンは，ベクトルとしてコード化（計算処理できる形式に記号化）することができる．たとえば，11 章で紹介した分布意味論は，単語の意味をベクトルで表し，単語間の類似性をベクトルの類似度で捉えるという考え方であり，コネクショニズムの考え方の一つであるといえる．同様に，コネクショニズムでは，味，色，人の顔や表情など，さまざまな心的表象をベクトルによってコード化することができると考える．しかし，この活性化パターンは要素に分解することが難しいことから，コネクショニズムの考える心的表象は統語論的構造をもたないことになる．体系性を説明するには心的表象が明示的な統語論的構造をもつ必要があるという理由に基づいて，統語論的構造をもたないコネクショニズムは適切な心のモデルではないという主張が，古典的計算主義によるコネクショニズム批判の核にある．他方で，コネクショニズムを擁護する立場としては，van Gelder[251]が分散表象は明示的に構成要素に分解することはできなくても，潜在的な統語論的構造に基づいて処理することができると主張している．また，Paul Smolensky[228]は，心的表象にテンソル積を用いることでコネクショニズムも構成的な構造を保持できることを示している．これらは後述する深層ニューラルネットワー

クが潜在的な統語論的構造を獲得しているという最近の研究のさきがけの一つともみなせるものであるが，いずれの主張も，現在よりもずっと小規模な計算機を用いた検証によるものか，理論的な主張にとどまっている．

コネクショニズムに基づいてはじめに考案されたニューラルネットワークである単純パーセプトロン[214]は，データを入力する入力層と予測が出力される出力層の2層のみからなり，線形非分離な問題を解けないことが指摘されていた[177]．しかし，その後入力層，出力層に入力と出力の対応づけを行う隠れ層を加えた多層パーセプトロン[217]，さらに複数の隠れ層と活性化関数からなる深層ニューラルネットワークの興隆[*4] により，現在では深層ニューラルネットワークがニューラルネットワークの主要なアルゴリズムとなっている．深層ニューラルネットワークも入力や出力がベクトルとしてコード化されており，基本的な考え方はコネクショニズムの考え方と同じである．しかし，深層ニューラルネットワークに基づく言語モデルは潜在的に構成的な構造を獲得しているという指摘もある[102, 115, 162]．このように，コネクショニズムから発展した昨今の深層ニューラルネットワークが統語論的構造や体系性を獲得しているのか，また体系的な汎化能力をもつのかについては現在も決着がついていない．

---

*4 一般的には 2006 年に多層にネットワークを積み重ねたオートエンコーダが Hinton ら[104]によって提案されたことが，深層ニューラルネットワークのブレークスルーの一つであるとされている．

第16章

深層ニューラルネットワークの体系性の分析

　大規模言語モデルを含め，深層ニューラルネットワークの内部処理はブラックボックス化されている．そして，入力から出力に至るまでの判断根拠がわからない，未知のデータに対してどの程度汎化性能を有するのかわからないといった深層ニューラルネットワークの問題は，依然として残されている．そこで，さまざまな観点からテストデータをコントロールして入出力や内部表現をみることで深層ニューラルネットワークの性能を分析する研究が活発に行われており，この研究トピックは一般に**プロービング** (probing) と呼ばれている．15 章で紹介した古典的計算主義対コネクショニズム論争における体系性の議論は，深層ニューラルネットワークに基づく大規模言語モデルがどの程度言語理解を実現できているのかという問題においても重要な論点である．以降では，構成性や体系性，汎化能力といった観点に基づく近年の深層ニューラルネットワークのプロービングの関連研究を中心に紹介する．

16.1 ● 思考の体系性に関する分析

　深層ニューラルネットワークの思考の体系性を分析する研究として，入力文に対応する意味表現を予測する意味解析のタスクを用いて，深層ニューラルネットワークが構成的に文の意味を計算できる（文から意味表現へのマッピングを行うことができる）か否かを分析した研究が進められている．代表的な研究の一つとして，人工言語の命令文をアクション列に構成的に対応づける SCAN データセット [13, 141, 142]を用いた研究がある．SCAN データセットでは，jump twice のような命令文を JUMP JUMP のようなアクション列に体系的に翻訳できるかどうかをテストしている．SCAN データセットには，さまざまなテストケースが含まれている．たとえば，訓練データよりも長い命令文に対しても正しいアクション列に翻訳できるかといったテストが含まれている．また，jump や run といった基本の命令文（primitive）について学習したモデルが，jump and run といった primitive の組み合わせから

なる命令文に対しても正しいアクション列 jump run に翻訳できるかといったテストも含まれている.

人工言語ではなく，自然言語の文から一階述語論理式による意味表現への構成的なマッピングをテストするデータセットとしては，COGS [132] がある．COGS では，(135) のように目的語に前置詞句 (prepositional phrase, PP) が含まれる文と意味表現のペアで意味解析のタスクを学習したモデルが，(136) のように主語に前置詞句が含まれる文に対しても正しく意味解析できるかといった，21 種類の語彙的，統語的な汎化能力を問うテストが含まれている.

(135) 学習: Noah ate the cake on the plate

(136) テスト: The cake on the table burned

COGS の統語的な汎化能力を問うテストを拡張して大規模言語モデルを分析した最近の研究 [152] では，大規模言語モデルは依然として統語的な汎化能力に課題があることを指摘している.

また，同じ自然言語の文 (137 ⓐ) に対しても，第 II 部でみてきたように，一階述語論理式による意味表現 (137 ⓑ) だけでなく，変数を除去した SCAN データセットの出力に近い形式 (137 ⓒ) や，10 章で紹介した談話表示構造 (DRS) といったさまざまな意味表現 (137 ⓓ) を考えることができる．SyGNS [271] は，複数の意味表現の形式に対してモデルが構成的にマッピングできるかをテストすることで汎化能力を分析できるデータセットである．SyGNS を用いた実験では，意味表示の形式が単純であるほど，モデルが構成的なマッピングを実現できる可能性が示唆されている.

(137)
ⓐ All white dogs ran
ⓑ FOL 論理式: $\forall x_1.(\mathsf{white}(x_1) \wedge \mathsf{dog}(x_1) \supset \mathsf{run}(x_1))$
ⓒ 変数除去: ALL AND WHITE DOG RUN

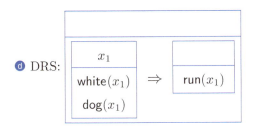

　意味解析以外のタスクで，未知の自然言語の入力に対しても体系的にエンコードし，デコードできるかという思考の体系性に注目して深層ニューラルネットワークを分析した研究として，[161]は複数の入力と出力との関係において，複数の入力に余計な文を加えるといった同じノイズを加えても入力と出力との関係が保持されるかでモデルが体系性を獲得しているかについて分析している．また，文脈内学習に基づく大規模言語モデルの体系性を評価する研究としては，掛け算，論理パズル，動的計画法を計算するアルゴリズムをグラフ構造に変換するタスクで GPT-3，GPT-4，ChatGPT などの大規模言語モデルを評価している研究 [66]があり，事前学習だけでは基本的な操作を組み合わせて構成的な問題を解く方法を十分にモデルに教えることができないことを示唆している．そのほかにも，質問文を入力として適切なデータベースクエリを出力できるかという質問応答のタスク [131, 227]，英文を日本語の文に翻訳する機械翻訳のタスク [138]，画像に対して体系的にキャプションを生成できるかというキャプション生成タスク [193]と，実にさまざまなタスクで深層ニューラルネットワークの思考の体系性が分析されている．

16.2 ● 推論の体系性に関する分析

16.2.1 ▎ 自然言語推論

　推論の体系性と関連の深い自然言語処理のタスクとして，**自然言語推論** (Natural Language Inference, NLI) というタスクがある．本節ではまず自然言語推論のタスクに関するこれまでの研究の流れを紹介したい．NLI は含意関係認識 (Recognizing Textual Entailment, RTE) [58]とも呼ばれ，2015 年に後述する SNLI データセット [32]が公開され NLI というタスク名が広まってか

らは，NLI と呼ばれることが多くなった．NLI は 4.1 節で紹介した文間の含意関係を自動判定するタスクであり，計算機による自然言語理解の実現に向けた自然言語処理・計算言語学のタスクの一つである．1990 年代の FraCaS プロジェクトで構築された FraCaS テストセット [54] は，計算機の推論能力を評価する目的で構築された最初の英語の推論テストセットであり，FraCaS の日本語版としては JSeM [130] がある．その後 2005 年から 2011 年にかけて PASCAL RTE Challenge [57] という評価型のワークショップが行われ，その後も SemEval という評価型のワークショップで RTE のタスクが扱われていた．RTE と文間類似度 (Semantic Textual Similarity, STS) のベンチマークとして現在も使われている SICK (Sentences Involving Compositional Knowledge) データセット [163] は，SemEval-2014 で用いられたデータセットである．

現在の自然言語処理においては，NLI は意味論的含意，前提，推意といったさまざまなタイプの推論を包括したタスクとして想定されているのが標準的である．なお，4.2 節で紹介した前提と推意にフォーカスした NLI データセット [116] や，数量に関する意味論的含意と推意の区別にフォーカスした NLI データセット [136]，態度述語 (attitude predicate) に関する推論のタイプに関するデータセット [192] など，推論のタイプを詳細に区別したデータセットもいくつか提案されている．

2015 年以降は大規模言語モデルを含め深層ニューラルネットワークを用いた手法の研究が活発になるとともに，キャプションデータセットを用いた 57 万件からなる SNLI データセット [32] や，フィクションの小説，手紙や電話での会話などの多様なドメインのテキストを用いた 43 万件からなる MultiNLI データセット [264] といった大規模な NLI データセットが構築された．これらはクラウドソーシングを用いて含意関係のラベリングを行うことで大規模なデータセットの構築を実現している．しかし，SNLI や MultiNLI には否定表現が含まれていれば矛盾が正解になりやすいといった，仮説文だけで正解を予測できるバイアスが含まれるという問題が指摘されている [94, 200, 246]．

また，深層ニューラルネットワークを用いた NLI のモデルは前提文と仮説文の語彙が一致していると含意と予測しやすい [168]，訓練データに含まれて

いるパターンと似たパターンは予測しやすい [159] といったさまざまなヒューリスティクスの問題が指摘されている．一方で，モデルの単純なヒューリスティクスは訓練データに起因するものであり，訓練データの条件を制御すれば，人のように未知の単語を含む推論に対して正しく予測できるという報告もあり [59]，深層ニューラルネットワークによって人間の推論のパフォーマンスを実現できるのかについては意見が分かれている．

16.2.2 ▎ 形式意味論に基づく分析

深層ニューラルネットワークの推論における汎化性能を形式言語の推論のタスクで分析する研究としては，命題論理 [74]，一階述語論理 [166]，自然論理 (natural logic) [33]を用いて分析した研究がある．これらの研究では，深層ニューラルネットワークが未知の述語や未知の論理式の長さに対して汎化して推論できる可能性を示している．一方で，自然論理における深層ニューラルネットワークの汎化性能は限定的であり，パターンを丸暗記しているにすぎないという結果も報告されている [83]．これらの研究では未知の述語や未知の論理式の長さに対してモデルが汎化するかを分析しているが，いずれも自然言語ではなく形式言語を用いて評価しているため，大量の自然言語データで事前学習を行って構築された大規模言語モデルの場合は，形式言語を用いてモデルの構成的な汎化能力を分析することが難しい．

そこで，近年では理論言語学の豊富な知見に基づいて挑戦的な NLI データセットを構築し，深層ニューラルネットワークを用いた NLI のモデルがどの程度個々の言語現象や推論現象を理解しているかを分析する研究 [41, 120, 186, 213, 215, 216, 219, 225, 270]が進められている．クラウドソーシングによるデータ構築は，事前にデータ上の言語のふるまいを制御することが難しいという問題点がある．これに対して，理論言語学では言語現象や推論現象の分析が蓄積されており，これらの知見を用いることで，データに含まれる言語のふるまいを理論的に制御することができ，モデルの汎化性能や言語理解能力をコントロールした設定で検証することができる．

ここでは，形式意味論において重要な推論現象の一つである**単調性推論** (monotonicity) [25, 114]を用いて深層ニューラルネットワークのプロービン

グを行った研究をいくつか詳細に紹介したい.

　単調性推論は5章で少し紹介したが,改めて整理すると,文の構成素の極性に合わせて構成素を意味的に上位の表現(より一般的な概念を表す表現)もしくは下位の表現(より特定的な概念を表す表現)に置き換える推論のことである.文の構成素の極性は上方含意 (upward-entailing) と下方含意 (downward-entailing) がある.たとえば,(138) では,量化子 some の第一項 dog は上方含意 ([...↑] で表す) の性質をもち,上位概念である animal に置き換えることが可能である.他方で,(139) では,量化子 no の第一項 animal は下方含意 ([...↓] で表す) の性質をもち,上位概念 animal から下位概念である dog への置き換えが成立する.

(138)　Some [dogs↑] ran yesterday
　　　　⇒ Some <u>animals</u> ran yesterday

(139)　No [animal↓] ran yesterday
　　　　⇒ No <u>dog</u> ran yesterday

構成素の極性は否定や量化などの論理表現の性質によって定まることが知られており,例として表 16.1 に各限定詞とその項の極性を示す.

　このように単調性推論において,モデルが含意関係を正しく予測するためには,機能語の性質(たとえば,some が上方含意の量化子であり,no が下方含意の量化子であること),および,内容語の意味関係(たとえば,dog ⊑ animal,

表 16.1　限定詞と極性の関係. − は極性がないことを表す.

限定詞	第一項	第二項
every, each, all	下方含意	上方含意
some, a, a few, many, several	上方含意	上方含意
any, no, few, at most X, fewer than X, less than X	下方含意	下方含意
the, both, most, this, that	−	上方含意
exactly	−	−

つまり，dog が animal の下位概念であること）の二つを捉えている必要があ
る．ただし，内容語の意味関係とは，単語間の上位語・下位語の関係に限ら
ず，white dog ⊑ dog のように複合的な句を含むものであってもよい．単調
性推論は構成素の置き換えというシンプルな形式でありながら，機能語と内
容語の構成的な理解を必要とする．このことから，単調性推論は深層ニュー
ラルネットの論理推論能力を測るためのベンチマークとして広く用いられて
いる．

　深層ニューラルネットワークが単調性推論を理解しているかを分析した研
究として，[213]はテンプレートから単調性推論のデータを大量に自動構築して
ランダムに訓練データとテストデータに分割し，BERT などのニューラル言語
モデルを用いた NLI のモデルの評価を行っている．この研究では，MultiNLI
で学習した BERT を単調性推論のデータで追加学習すると，MultiNLI にお
ける性能を維持しつつ単調性推論も解けるようになると報告している．[270]
はクラウドソーシングと形式意味論の文献から収集した単調性推論のデータ
セット MED (Monotonicity Entailment Dataset) を導入し，BERT を含む
モデルの評価を行っている．とくに，SNLI や MultiNLI など標準的な自然
言語推論データセットで学習したモデルは，否定を伴う下方含意の推論を頑
健に解くことができないことを示している．最近では，ChatGPT や GPT-4
といった文脈内学習に基づくモデルは MED の単調性推論をある程度の精度
で解くことができるという報告がある [158]．

　これらの研究は，テンプレートからの自動生成，あるいは，一定のガイド
ラインに基づくクラウドソーシングによって推論データセットを構築し，そ
れを訓練データとテストデータにランダムに分割して，含意・非含意の分類
問題としてモデルの推論能力を評価するというパラダイムに基づいている．
こうした評価手法は機械学習の分野で一般的なものであるが，未知の推論パ
ターンの組合せに対してモデルがどの程度の汎化能力をもつのかといった深
層ニューラルネットワークの汎化性能を調べるためには，より制御されたデー
タセットの構築方法が必要となる [154]．

　そこで，単調性推論という具体的な推論現象から [77]の提唱した推論の体
系性を捉え直し深層ニューラルネットワークの汎化性能を調べた研究がいく

つか進められている [**84**, **89**, **269**]．単調性推論で構成素の置き換えが成立する
かどうかは，上で述べたように，(1) 機能語の性質と (2) 内容語の意味関係
という主に二つの要因によって決定される．この二つの要因に着目してモデ
ルがどれくらい体系的な汎化能力をもつかを調べることができる．

[**84**] は，(140) のように否定語を含む単調性推論に着目している．前提文 P
は既存の SNLI データセットから抽出された否定語を含む文であり，仮説文
H は否定のスコープ内にある一語を WordNet [**174**] にある上位語もしくは下
位語に置き換えて得られた文である．

(140) P: The three children are not holding plants.
       H: The three children are not holding flowers.

この例の場合 flower $\sqsubseteq$ plant であるから，P は H を含意する．SNLI で学
習したモデルは，否定語を含まない推論については訓練データである SNLI
と同程度の精度を達成し，高い汎化性能を示すのに対して，否定語を含む推
論はほとんど解けなかったという結果が報告されている．これは [**270**] の結果
と整合的であり，既存のモデルは上位語を下位語に置換する下方含意の推論
にほとんど汎化しないことを示している．[**84**] は体系性の分析として，否定語
を含む推論を一部訓練データに追加した場合についても分析している．もし
モデルが否定語の体系性を学習しているなら，否定語と上位・下位関係の未
知の組合せに対しても汎化するはずである．実際，BERT を含む深層学習モ
デルはいずれも，否定語の推論の例でファインチューニングを行った場合，
90% を超える正答率を実現したと報告されている．ただし，以上の評価方法
は，モデルの入出力の観察にのみ基づくものであり，モデルが否定語に関す
る何らかの潜在的な構造に基づいて推論を体系的に計算していることを直接
示すものではない．

[**89**] は，内容語に関する事前知識をできるだけ排除するため，実際には存
在しない語彙を用いた文[*1] からなる推論データを構築し，推論の体系性を分
析する手法を提案している．たとえば，(141 **ⓐ**) と (141 **ⓑ**) が矛盾関係にあ

---

*1 このような文は神経言語学の分野などで "Jabberwocky" 文と呼ばれている．

ることを機能語 all, some, not に基づいて体系的に把握しているなら，(142
🅐) と (142 🅑) が矛盾関係にあることも同定できるはずである．

(141)
🅐 All pigs sleep.
🅑 Some pigs don't sleep.

(142)
🅐 All Jabberworks flug.
🅑 Some Jabberworks don't flug.

同様に，(143 🅐) の含意関係が成立することを正しく判定できるモデルがも
し十分に体系的であり，blocket ⊑ blicket という関係を獲得しているなら，
all と some の理解に基づいて，(143 🅑) の含意関係も正しく判定できるはず
である．

(143)
🅐 All blickets wug ⇒ All blockets wug
🅑 All blickets wug ⇒ Some blickets wug

このようなテストデータの設計に基づいて，標準的な自然言語推論データセッ
トで高い精度を達成している LSTM や GRU などの深層学習モデルを評価し
た結果，いずれのテストにおいてもモデルの精度は通常の holdout evaluation
（訓練データとテストデータをランダムに分割して評価する方法）に基づく
ベースラインを大きく下回ったという結果が報告されている．[89]は，深層学
習モデルは量化子のような機能語の特徴，すなわち，内容語が文脈に応じて
意味が変わりうるのに対して，機能語は異なる文脈でもより一貫した意味を
保持するという点でより体系的なふるまいをみせるという特徴を捉えきれて
いないと結論づけている．

　[269]は文脈自由文法の生成規則から前提文を生成し，前提文の一部の構成
素の表現を置き換えることで単調性推論のデータを自動構築して，深層ニュー

ラルネットワークが推論の体系性をどの程度獲得しているかを分析している.
このようなデータ構築手法をとることで,学習時にモデルに教えるパターン
とモデルに教えないパターンを制御することができる.

　もしモデルが学習時に量化子と内容語の多様な組合せから,量化子の性質
(たとえば,some が上方含意であること)と内容語の意味関係(たとえば,
puppy ⊑ dog)に基づいて体系的に単調性推論を捉えているなら,量化子と
内容語の未知の組合せ(訓練データにない組合せ)に対しても,一貫して正
しい含意関係を予測するはずである.

　たとえば,簡単な例で考えると,まず学習時にはモデルに量化子 some の性質
(上方含意)と内容語の意味関係(dog ⊑ animal,および,small dog ⊑ dog)
を示す (144 ⓐ) と (144 ⓑ) の推論データを与え,さらに,同じ内容語の意味
関係を使って量化子 several の性質(上方含意)と no の性質(下方含意)を
示す (144 ⓒ) と (144 ⓓ) の推論データを与える(これらの例で下線部は置換
される内容語を示す).もしモデルが体系的に推論を学習しているなら,量化
子と内容語の未知の組合せからなる (145 ⓐ) と (145 ⓑ) の推論データに対し
ても正解の含意関係を予測できるはずである.一方,モデルがテストデータ
の推論に失敗するなら,それはモデルが体系的ではなく,機能語の一貫した
意味の学習に失敗していることを示唆するだろう.

(144)　訓練データ

ⓐ Some dogs ran ⇒ Some animals ran

ⓑ Some small dogs ran ⇒ Some dogs ran

ⓒ Several dogs ran ⇒ Several animals ran

ⓓ No animals ran ⇒ No dogs ran

(145)　テストデータ

ⓐ No dogs ran ⇒ No small dogs ran

ⓑ Several small dogs ran ⇒ Several dogs ran

　LSTM,文ペアと各文の構文木を明示的に入力として与え学習するモデル
である TreeLSTM [243] と,BERT [63] の 3 種類の深層ニューラルネットワー

クに基づく NLI モデルを評価した結果，BERT のみが量化子と内容語の未知
の組合せについてもある程度体系的に捉えていることが示唆されている．

　さらに，モデルの汎化性能が文の構成素の位置に対してどの程度頑健かに
ついて評価するため，例 (146 ⓐ) のように訓練データと同じ統語構造，すな
わち語彙の置き換えが量化子を含む主語の位置で行われた場合，(146 ⓑ) の
ように (146 ⓐ) の文頭に副詞 1 語を追加した場合，(146 ⓒ) のように (146
ⓐ) の文頭に 3 語からなる前置詞句を追加した場合，(146 ⓓ) のように語彙の
置き換えが量化子を含む目的語の位置で行われた場合，の 4 種類の推論デー
タを用いてモデルを評価している．量化子と内容語の未知の組合せが出現す
る統語環境を訓練データからわずかに変えただけで BERT を含めすべてのモ
デルの正答率が下がることから，どのモデルも，統語環境に関して頑健な汎
化能力を欠いていることが示唆されている．

(146)

ⓐ 文頭の主語位置

    Several small dogs ran

    ⇒ Several dogs ran

ⓑ 副詞の追加

    Today several small dogs ran

    ⇒ Today several dogs ran

ⓒ 前置詞句の追加

    Near the shore, several small dogs ran

    ⇒ Near the shore, several dogs ran

ⓓ 目的語の位置

    Some tiger touched several small dogs

    ⇒ Some tiger touched several dogs

　単調性推論に基づいて深層ニューラルネットワークの推論の体系性を分析
した研究では，いずれも深層ニューラルネットワークの推論の体系性が限定
的なものであることを示唆している．ただし，15.2 節では Fodor の体系性の

議論 [77] について，人間の推論もそこまで厳格な体系性が成り立っているのか
という批判があることを紹介したが，単調性推論についても同様の批判があ
ることを紹介し，本章のまとめとしたい．たとえば，人は上方含意の推論よ
りも下方含意の推論を正しく予測することが困難であることが指摘されてい
る [86]．実際に，標準的な大規模 NLI ベンチマークの一つである MultiNLI
データセットの否定を含むケース 1700 件のうち，下方含意の推論はわずか
77 件しかないことが報告されている [270]．また，論理表現と内容語の意味
関係との組合せからなる単調性推論は，その構成要素となる推論パターンを
分解することが難しく，[77] が提唱した推論の体系性とは性質が異なるのでは
ないかという批判も考えられる．単調性推論だけでなく，今後もさまざまな
推論現象でモデルが推論の体系性を獲得しているか分析を進める必要がある．

第 17 章

計算言語学と自然言語処理の融合の展望

第 I 部から第 III 部でみてきたように，ことばの意味を計算する二つのアプローチ（計算言語学に基づくアプローチと自然言語処理に基づくアプローチ）は，現在に至るまでさまざまな進歩があったものの，いずれも決着のついていない問題が数多く残されている．さらに，第 IV 部では，ことばの意味の計算に対する演繹的アプローチと帰納的アプローチとの対比は，論理のアプローチと深層学習のアプローチとの対比のアナロジーとして考えることができ，哲学や認知科学の文脈では「古典的計算主義」と「コネクショニズム」の対立として論争が続いていることを紹介した．なお，この二つのことばの意味の計算アプローチについて，計算言語学のアプローチを合理主義的なアプローチ，自然言語処理のアプローチを経験主義的なアプローチとして捉え論じている論文もある [**281**].

自然科学の研究対象としてことばの意味を計算するしくみを捉え明らかにすることを研究目的とする計算言語学と，計算機上でのことばの効率的な処理を研究目的とする自然言語処理は，目的は違えど言語を対象としている点は共通している．また，深層ニューラルネットワークの研究の進展に伴い，言語モデルの利用がより身近になった現在においては，計算機上で人のような言語理解がどの程度実現できるのかという問題は，計算言語学と自然言語処理分野に共通する関心事である．その中で，計算言語学と自然言語処理の両分野間の相補的な研究は，今後ますます重要になるはずである．本書で紹介した内容は計算言語学と自然言語処理のごく一部の内容にすぎない．本書や，本書で参照している参考文献をきっかけとして，両分野の連綿と続く研究をぜひ深掘りしてことばの意味の計算に対する視野を広げてもらえたら幸いである．最後に，ここまでに紹介してきた計算言語学と自然言語処理の相補的な研究について振り返りながら，自然言語処理と計算言語学の融合の展望に触れることで本書のまとめとしたい．

17.1 ● 計算言語学の知見に基づく言語モデルの分析

16 章で紹介したように，大規模言語モデルを含めニューラル言語モデルはさまざまな自然言語処理のタスクで高い性能を達成しつつある一方で，その

内部処理についてはブラックボックスのままである．その中で，計算言語学の理論的な知見を活用してニューラル言語モデルのしくみを明らかにすること，また，分散表現が構成性をはじめとした自然言語のさまざまな性質をどの程度捉えているのかを明らかにすることは，今後さらに重要になるはずである．16 章では主に意味解析や推論のタスクを用いて言語モデルの構成的な汎化能力を分析した研究を中心に紹介したが，**容認性判断** (acceptability judgement) のタスクを用いて，ニューラル言語モデルが人のような自然言語の文法能力を獲得しているかを分析する研究も進められている．ここでは代表的な研究として，主語と述語の一致 (subject-verb agreement) を用いてモデルを分析する研究 [**156**, **157**] を紹介する．この研究では，次のようなデータを用いて文法的でない文よりも文法的な文に対して高い尤度を算出できるかを評価し，モデルが文の容認性を正しく判断できるかについて分析を行っている．

(147)
ⓐ The keys are on the table.
ⓑ *The keys is on the table.

(148)
ⓐ The keys to the cabinet are on the table.
ⓑ *The keys to the cabinet is on the table.

(147 ⓐ) と (148 ⓐ) は文法的であるが，(147 ⓑ) と (148 ⓑ) は主語と述語が一致しておらず，文法的でない．とくに，(148 ⓑ) は is の直前の単語は cabinet と単数形であるので，直前の単語との単複の一致で判断してしまうと正しい尤度を算出できない．[**156**, **157**] では多様な構文のデータを用いて分析を行い，ニューラル言語モデルは主述の一致をある程度正しく判断できると報告している．

　主語と述語の一致を含めた容認性判断タスクの大規模なデータセットとしては，理論言語学の論文や教科書から 1 万件程度の用例を抽出して構築された CoLA (Corpus of Linguistic Acceptability) データセット [**260**] や，島の

制約 (island constraint) や動詞の項構造といった 12 の統語現象を扱うミニマルペア（文法的に正しい文と誤っている文の組）を自動生成してまとめた BLiMP (The Benchmark of Linguistic Minimal Pairs for English) データセット [259] がある．しかし，ニューラル言語モデルが人と同様の構成的な文法能力を獲得できるのかについてはいまだ議論が続いている [155]．

　また，自然言語処理のデータセットは英語を中心に構築されてきたが，大規模言語モデルの多言語対応に伴い，多言語に対応したデータセットや分析の重要性が増している [154]．その中で最近では BLiMP の日本語版である JBLiMP [230] や，16.2 節で紹介した含意関係認識と文間類似度のベンチマーク SICK の日本語版である JSICK [268] といったように，日本語のデータセットの拡充が進んでおり，今後ますます多言語におけるデータセットや分析の充実が期待される．

　大規模言語モデルを分析する別の観点として，さまざまな自然言語処理のタスクで性能を測るという考え方もある．マルチタスクで大規模言語モデルを評価するベンチマークとしてはじめに構築されたものとしては，General Language Understanding Evaluation Benchmark (GLUE) [257] がある．GLUE は文単位の理解（文法性評価，感情分析）と文間の理解（質問応答，類似度，言い換え，自然言語推論，照応）を問う 9 種類のデータセットを組み合わせて構築されている．GLUE の後続のベンチマークとしては，SuperGLUE [256] というベンチマークがあり，SuperGLUE では共参照解析など GLUE よりも挑戦的な言語理解タスクが追加されている．最近では，Measuring Massive Multitask Language Understanding (MMLU) [101] という 57 のタスクからなるベンチマークがよく使われている．このベンチマークは自然科学，社会科学，人文科学など，高校・大学レベルから専門家レベルまでの言語理解タスクを網羅している．米国医師資格試験などの練習問題もタスクに含まれており，とくに GPT-3 以降の言語モデルの評価によく用いられている．さらに，2023 年には Google が中心となって 200 以上のタスクを公募で集めた Beyond the Imitation Game Benchmark (BigBench) [22] を公開し，現在も大規模言語モデルの性能を分析するための挑戦的なベンチマークとして拡張が進められている．今後も多様なタスクにおいて多角的に

大規模言語モデルの分析を進める必要があり，その中で計算言語学で蓄積された自然言語に関する知見が活用されることが期待される．

17.2 ● 自然言語処理と計算言語学の融合に基づく言語解析・コーパス

現状のニューラル言語モデルを用いた自然言語処理技術はブラックボックスであり，構成的な汎化能力に課題が残されている．それではどのようなアプローチであれば構成的な自然言語処理技術を実現できるのだろうか．3章で紹介したCCGに基づく構文解析，9章で紹介したイベント意味論に基づく意味解析，10章で紹介した談話表示構造解析といった，計算言語学の理論に基づく自然言語の基礎解析はホワイトボックスで構成的なアプローチであり，ニューラル言語モデルの分析と並行して進める必要がある．

基礎解析器の改良において，言語解析器の学習や評価に用いられるコーパスの構築は必要不可欠である．たとえば，CCG構文解析については，英語ではCCGBank [106]というツリーバンクが標準的に用いられている．日本語のCCGツリーバンクとしては，複数の係り受けツリーバンクを用いて構築した日本語CCGBank [248]のほか，日本語の大規模なCFGツリーバンクが収録されているNINJAL parsed corpus of modern Japanese[*1]を用いてAB文法とCCGのツリーバンクを構築したABCTreeBank [137]がある．また，多言語のCCGツリーバンクを作る試みも行われており，Universal Dependencies [188]という多言語の係り受けツリーバンクから多言語のCCGツリーバンクを生成する研究 [244]がある．しかし，3章で紹介したように，CCGの統語構造を導出するためには項構造や統語素性といった係り受け構造よりも詳細な情報が必要であり，係り受けツリーバンクを用いたCCGツリーバンクの構築には課題がある．たとえば，これまでの日本語のCCGツリーバンクにおいては受身・使役の扱いに課題があることが指摘されている [20]．コーパスは解析器の学習や評価に用いられるため，理論的に妥当な解析技術の実現には，理論的に妥当なコーパスの構築が必要である．加えて，理論的に妥当なコーパスは，17.1節の言語モデルの学習や評価にも応用が期待される．

[*1] https://npcmj.ninjal.ac.jp/

コーパスを構築する過程では経験的なデータに基づいて理論をアップデートする必要も生じるはずであり，理論言語学に基づくコーパスや言語解析器の構築は，理論と実装の好循環をもたらすだろう．

　意味解析と推論については，9 章で紹介した CCG 導出木と意味テンプレートにしたがってラムダ計算を行い，イベント意味論に基づく意味表示を導出する意味解析・推論システム ccg2lambda [164, 175, 176] のほかにも，CCGに基づき談話表示構造 (DRS) を導出する意味解析システム [30, 31]，自然論理のためのタブロー法 [185] に基づく意味解析・推論システム [1]，前提文のCCG 導出木に単調性推論の極性を付与し [113]，その極性に基づいて構成素の語彙を入れ替えて仮説文との含意関係を判定する自然論理に基づく推論システム [112] と，さまざまな計算言語学の理論に基づくシステムが提案されている．これらのシステムでは，理論に基づく解釈性のある処理によって，否定や量化をはじめとした多様な言語現象を正確に扱うことができる．一方で，形態素解析器，構文解析器，意味解析器，定理証明器と複数の解析器を組み合わせているため，それぞれの解析器のエラーが積み重なり，任意の入力に対してスケールさせることが難しいという課題がある．

　これに対して，近年では 10 章で紹介した DRS 解析の研究 [252, 253] を含め，意味表示をアノテーションしたコーパスと系列変換モデルなどの深層ニューラルネットワークを用いて end-to-end で計算言語学に基づく意味表示を導出するアプローチ [149] も検討されている．このアプローチは任意の入力に対して予測を返すことができるものの，本節のはじめに述べたとおりブラックボックス性と汎化能力の問題があり，深層ニューラルネットワークに基づく DRS解析は文字情報を無視して意味表示を予測しているという指摘もある [139]．

　最近では自然言語処理の技術的な研究として，16.1 節で紹介した SCAN やCOGS といった意味解析のベンチマークデータセットを用いて，深層ニューラルネットワークに基づくモデルの構成的な汎化能力を改善させる研究も活発に進められている．たとえば，[7] や [206] は構成的なタスクを学習しやすいようなデータを自動構築して，訓練データに追加するデータ拡張 (data augmentation) を用いたアプローチを提案している．また，訓練タスクの分布から新しいタスクへの汎化を助ける帰納的バイアス (inductive bias) を学習す

るメタ学習 (meta-learning) を用いた研究も進められている．[**52, 258**] は構成的な汎化能力を改善させるために，訓練データを小さなチャンクに分割することでモデルが生産性（再帰）といった自然言語の特定の側面を学習するのを支援する反復メタ学習を提案している．[**207**] はメタ学習のタスクの後にモデルの損失を調整することで，深層ニューラルネットワークによる異なる言語の習得を促進させる手法を提案している．一方で，メタ学習の問題点として，メタ学習を適用したモデルの性能は選択したメタ学習のタスクの種類とテストデータの両方に左右されやすいことが指摘されている [**178**]．また，[**52**] はメタ学習の設定の違いによって，モデルが獲得できる帰納的バイアスには大きなばらつきがあることを示している．これらのデータ拡張やメタ学習といった技術的な改良によって，深層ニューラルネットワークが多様な言語現象を頑健に解析できるようになるのかは興味深い問いである．

17.3 ● Neuro-Symbolic AI

深層ニューラルネットワークと記号論理，もしくはコネクショニズムと古典的計算主義の考え方を組み合わせて，両方の考え方の利点を活かしたアプローチは，近年では Neuro-Symbolic AI として画像処理やロボティクスだけでなく，質問応答や感情分析といった自然言語処理のタスクでも検討されている．Neuro-Symbolic AI の代表的なアプローチとしては，まず記号処理システムの一部として深層ニューラルネットワークの処理を用いるアプローチがある．典型例としてはゲーム木探索に深層ニューラルネットワークによるヒューリスティックな評価関数を用いる AlphaGo [**226**] がある．一方で，記号表現を分散表現によって模倣し，記号処理を深層ニューラルネットワークの中で表現するアプローチもある．具体的には，積分などの数式処理を Transformer に基づく系列変換によって高精度で実現した研究 [**145**] や，テンソルなどの代数的な構造を用いて記号表現を深層ニューラルネットワークの中に埋め込むアプローチ [**64, 229**] などが挙げられる．

しかし，Neuro-Symbolic AI と一言でいっても，深層ニューラルネットワークと記号論理の組合せ方は前述のような代表的な組合せ方に限定されず，実にさまざまな組合せ方が考えられる [**82, 129**]．たとえば，深層ニューラルネッ

トワークによる推論の判定結果と記号論理による推論の判定結果を照合して
最終的な推論の判定結果を定める手法 [124] や，深層ニューラルネットワーク
と記号論理の組合せからなるモジュールを複数用いて文中の論理関係をグラ
フ表現で表し論理的な推論能力を必要とする文書読解を行う手法 [153]，深層
ニューラルネットワークで質問文から回答を算出するためのプログラムを生
成し，生成したプログラムを用いて記号的な処理を行い，数値演算を伴う文
書読解を実現する手法 [40, 93] などがある．

　古典的計算主義対コネクショニズム，ないしは，記号論理対深層ニューラ
ルネットワークの区別は，認知科学における二重過程理論，すなわち，直観
的・反射的な思考を行うシステム 1 と，論理的・熟考的な思考を行うシステ
ム 2 の区別と関係づけられることが多い [123]．深層ニューラルネットワーク
がシステム 1 の処理を得意とし，システム 2 の処理との融合が必要だと主張
した Yoshua Bengio の 2019 年の NeurIPS（人工知能分野の代表的な国際会
議の一つ）での講演 [24] はよく知られている．しかし，そもそも，システム
1 対システム 2 という区別自体が粗く，二つのタイプのシステムの区別とい
うよりも，さまざまなシステム（モジュール）の相互作用によって生じる二
つのタイプの処理過程として理解するのが妥当であるという見方 [73, 169] も
有力である．今後，自然言語処理と計算言語学の融合的研究の一つとしても，
深層ニューラルネットワークと記号論理のさまざまな組合せ方の試行錯誤が
行われると予想される．

参考文献

[1] L. Abzianidze. A tableau prover for natural logic and language. In *Proceedings of EMNLP*, pp. 2492–2502, 2015.

[2] L. Abzianidze, J. Bjerva, K. Evang, H. Haagsma, R. van Noord, and J. Bos *et al.* The Parallel Meaning Bank: Towards a multilingual corpus of translations annotated with compositional meaning representations. In *Proceedings of EACL*, pp. 242–247, 2017.

[3] L. Abzianidze, R. van Noord, H. Haagsma, and J. Bos. The first shared task on discourse representation structure parsing. In *Proceedings of the IWCS Shared Task on Semantic Parsing*, 2019.

[4] A. E. Ades and M. J. Steedman. On the order of words. *Linguistics and Philosophy*, 4(4):517–558, 1982.

[5] K. Ajdukiewicz. Die syntaktische Konnexität. *Studia Philosophica*, 1:1–27, 1935. English translation "Syntactic Connexion" by H. Weber in S. McCall (Ed.) *Polish Logic*, pp. 207–231, Oxford University Press, Oxford, 1967.

[6] M. Aloni. Disjunction. In *The Stanford Encyclopedia of Philosophy*. Metaphysics Research Lab, Stanford University, Spring 2023 edition, 2023.

[7] J. Andreas. Good-enough compositional data augmentation. In *Proceedings of ACL*, pp. 7556–7566, 2020.

[8] A. Askell, Y. Bai, A. Chen, D. Drain, and J. Kaplan *et al.* A general language assistant as a laboratory for alignment. *arXiv:2112.00861*, 2021.

[9] M. Aydede. Language of thought: The connectionist contribution. *Minds and Machines*, 7(1):57–101, 1997.

[10] Y. Bar-Hillel. A quasi-arithmetical notation for syntactic description. *Language*, 29(1):47–58, 1953.

[11] Y. Bar-Hillel, E. Shamir, and C. Caifman. *On Categorial and Phrase-structure Grammars*. Weizmann Science Press, 1960.

[12] C. Barker. Continuations and the nature of quantification. *Natural Language Semantics*, 10(3):211–242, 2002.

[13] M. Baroni. Linguistic generalization and compositionality in modern artificial neural networks. *Philosophical Transactions of the Royal Society B*, 375(1791):20190307, 2020.

[14] M. Baroni and A. Lenci. Distributional memory: A general framework for corpus-based semantics. *Computational Linguistics*, 36(4):673–721, 2010.

[15] M. Baroni and R. Zamparelli. Nouns are vectors, adjectives are matrices: Representing adjective-noun constructions in semantic space. In *Proceedings of EMNLP*, pp. 1183–1193, 2010.

[16] J. Barwise and R. Cooper. Generalized quantifiers and natural language. *Linguistics and Philosophy*, 4(2):159–219, 1981.

[17] D. Beaver. *Presupposition and Assertion in Dynamic Semantics*. CSLI Publications, 2001.

[18] D. Bekki. A proof-theoretic analysis of weak crossover. In *New Frontiers in Artificial Intelligence*, pp. 228–241. Springer Nature Switzerland, 2021.

[19] D. Bekki and K. Mineshima. Context-passing and underspecification in dependent type semantics. In *Modern Perspectives in Type-Theoretical Semantics*, pp. 11–41. Springer, 2017.

[20] D. Bekki and H. Yanaka. Is Japanese CCGBank empirically correct? A case study of passive and causative constructions. In *Proceedings of TLT*, pp. 32–36, 2023.

[21] I. Beltagy, C. Chau, G. Boleda, D. Garrette, K. Erk, and R. Mooney. Montague meets Markov: Deep semantics with probabilistic logical form. In *Proceedings of *SEM*, pp. 11–21, 2013.

[22] A. Srivastava, A. Rastogi, A. Rao, A. A. M. Shoeb, and D. Ippolito *et al.* Beyond the imitation game: Quantifying and extrapolating the capabilities of language models. *Transactions on Machine Learning Research*, 2023.

[23] E. M. Bender and A. Koller. Climbing towards NLU: On meaning, form, and understanding in the age of data. In *Proceedings of ACL*, pp. 5185–5198, 2020.

[24] Y. Bengio. From system 1 deep learning to system 2 deep learning. In *2019 Conference on Neural Information Processing Systems*, 2019.

[25] J. V. Benthem. Determiners and logic. *Linguistics and Philosophy*, 6(4):447–478, 1983.

[26] S. Bird, E. Klein, E. Loper（著）萩原正人，中山敬広，水野豊明（訳）．入門自然言語処理. オライリー・ジャパン, 2010.

[27] P. Blackburn and J. Bos. *Representation and Inference for Natural Language: A First Course in Computational Semantics.* Center for the Study of Language and Information, 2005.

[28] G. Boleda. Distributional semantics and linguistic theory. *Annual Review of Linguistics*, 6(1):213–234, 2020.

[29] G. Boleda, M. Baroni, T. N. Pham, and L. McNally. Intensionality was only alleged: On adjective-noun composition in distributional semantics. In *Proceedings of IWCS*, pp. 35–46, 2013.

[30] J. Bos. Wide-coverage semantic analysis with Boxer. In *Semantics in Text Processing. STEP 2008 Conference Proceedings*, pp. 277–286, 2008.

[31] J. Bos. Open-domain semantic parsing with Boxer. In *Proceedings of NODALIDA*, pp. 301–304, 2015.

[32] S. R. Bowman, G. Angeli, C. Potts, and C. D. Manning. A large annotated corpus for learning natural language inference. In *Proceedings of EMNLP*, pp. 632–642, 2015.

[33] S. R. Bowman, C. Potts, and C. D. Manning. Recursive neural networks can learn logical semantics. In *Proceedings of the 3rd Workshop on Continuous Vector Space Models and their Compositionality*, pp. 12–21, 2015.

[34] R. Brandom. *Articulating Reasons: An Introduction to Inferentialism.* Harvard University Press, 2000.

[35] J. Bresnan and J. Grimshaw. The syntax of free relatives in English. *Linguistic Inquiry*, 9(3):331–391, 1978.

[36] T. Brown, B. Mann, N. Ryder, M. Subbiah, J. D. Kaplan, and D. Amodei *et al.* Language models are few-shot learners. In *Proceedings of NeurIPS*, pp. 1877–1901, 2020.

[37] E. Camp. The generality constraint and categorial restrictions. *Philosophical Quarterly*, 54(215):209–231, 2004.

[38] B. Carpenter. *Type-Logical Semantics*. MIT Press, 1998.

[39] L. Champollion. The interaction of compositional semantics and event semantics. *Linguistics and Philosophy*, 38(1):31–66, 2015.

[40] J. Chen, X. Guo, Y. Li, and G. Haffari. Teaching neural module networks to do arithmetic. In *Proceedings of COLING*, pp. 1502–1510, 2022.

[41] Z. Chen and Q. Gao. Curriculum: A broad-coverage benchmark for linguistic phenomena in natural language understanding. In *Proceedings of NAACL-HLT*, pp. 3204–3219, 2022.

[42] G. Chierchia. *Dynamics of Meaning: Anaphora, Presupposition, and the Theory of Grammar*. University of Chicago Press, 1995.

[43] G. Chierchia and S. Mcconnell-Ginet. *Meaning and Grammar, second edition: An Introduction to Semantics*. MIT Press, 2000.

[44] K. Cho, B. van Merriënboer, D. Bahdanau, and Y. Bengio. On the properties of neural machine translation: Encoder–decoder approaches. In *Proceedings of SSST-8, Eighth Workshop on Syntax, Semantics and Structure in Statistical Translation*, pp. 103–111, 2014.

[45] K. Cho, B. van Merriënboer, C. Gulcehre, D. Bahdanau, and Y. Bengio *et al.* Learning phrase representations using RNN encoder–decoder for statistical machine translation. In *Proceedings of EMNLP*, pp. 1724–1734, 2014.

[46] N. Chomsky. *Syntactic Structures*. Mouton and Co., 1957.

[47] A. Church. A formulation of the simple theory of types. *The Journal of Symbolic Logic*, 5(2):56–68, 1940.

[48] I. Ciardelli, J. Groenendijk, and F. Roelofsen. *Inquisitive Semantics*. Oxford University Press, 2018.

[49] S. Clark. Something old, something new: Grammar-based CCG parsing with Transformer models. *arXiv:2109.10044*, 2021.

[50] B. Coecke, M. Sadrzadeh, and S. Clark. Mathematical foundations for a compositional distributional model of meaning. *arXiv:1003.4394*, 2010.

[51] A. Coenen, E. Reif, A. Yuan, B. Kim, and M. Wattenberg *et al.* Visualizing and measuring the geometry of BERT. In *Proceedings of NeurIPS*, 2019.

[52] H. Conklin, B. Wang, K. Smith, and I. Titov. Meta-learning to compositionally generalize. In *Proceedings of ACL-IJCNLP*, pp. 3322–3335, 2021.

[53] R. Cooper. *Quantification and Syntactic Theory.* D. Reidel Publishing Company, Dordrecht, 1983.

[54] R. Cooper, R. Crouch, J. van Eijck, C. Fox, and J. van Genabith *et al.* FraCaS–a framework for computational semantics. *Deliverable*, D6, 1994.

[55] E. Coppock and L. Champollion. Invitation to formal semantics. 2022.

[56] M. Cresswell. The semantics of degree. In *Montague Grammar*, pp. 261–292. Academic Press, 1976.

[57] I. Dagan, O. Glickman, and B. Magnini. The PASCAL recognising textual entailment challenge. In *Machine Learning Challenges. Evaluating Predictive Uncertainty, Visual Object Classification, and Recognising Textual Entailment*, pp. 177–190. Springer Berlin Heidelberg, 2005.

[58] I. Dagan, D. Roth, M. Sammons, and F. M. Zanzotto. *Recognizing Textual Entailment: Models and Applications.* Morgan & Claypool Publishers, 2013.

[59] I. Dasgupta, D. Guo, S. J. Gershman, and N. D. Goodman. Analyzing machine-learned representations: A natural language case study. *Cognitive Science*, 44(12):e12925, 2020.

[60] D. Davidson. The logical form of action sentences. In *The Logic of Decision and Action*, pp. 81–95. University of Pittsburgh Press, 1967.

[61] D. Davidson. Truth and meaning. *Synthese*, 17(3):304–323, 1967.

[62] P. de Groote. Towards abstract categorial grammars. In *Proceedings of ACL*, pp. 252–259, 2001.

[63] J. Devlin, C. Ming-Wei, L. Kenton, and T. Kristina. BERT: Pre-training of deep bidirectional transformers for language understanding. In *Proceedings of NAACL-HLT*, pp. 4171–4186, 2019.

[64] I. Donadello, L. Serafini, and A. d'Avila Garcez. Logic tensor networks for semantic image interpretation. In *Proceedings of IJCAI*, pp. 1596–1602, 2017.

[65] M. A. E. Dummett. What is a theory of meaning? In *Mind and Language*. Oxford University Press, 1975.

[66] N. Dziri, X. Lu, M. Sclar, X. L. Li, and Y. Choi *et al.* Faith and fate: Limits of transformers on compositionality. *arXiv:2305.18654*, 2023.

[67] J. Eisenstein. *Introduction to Natural Language Processing*. Adaptive Computation and Machine Learning series. MIT Press.

[68] G. Emerson. What are the goals of distributional semantics? In *Proceedings of ACL*, pp. 7436–7453, 2020.

[69] K. Erk, S. Padó, and U. Padó. A flexible, corpus-driven model of regular and inverse selectional preferences. *Computational Linguistics*, 36(4):723–763, 2010.

[70] G. Evans. Pronouns. *Linguistic Inquiry*, 11(2):337–362, 1980.

[71] G. Evans. *The Varieties of Reference*. Oxford: Oxford University Press, 1982.

[72] G. Evans. Semantic theory and tacit knowledge. In *Arguing About Language*. Routledge, 2009.

[73] J. S. B. Evans. Dual-processing accounts of reasoning, judgment, and social cognition. *Annu. Rev. Psychol.*, 59:255–278, 2008.

[74] R. Evans, D. Saxton, D. Amos, P. Kohli, and E. Grefenstette. Can neural networks understand logical entailment? In *Proceedings of ICLR*, 2018.

[75] C. J. Fillmore. *Frame Semantics*, pp. 373–400. De Gruyter Mouton, 2006.

[76] J. R. Firth. A synopsis of linguistic theory 1930-55. 1952-59:1–32, 1957.

[77] J. A. Fodor and Z. W. Pylyshyn. Connectionism and cognitive architecture: A critical analysis. *Cognition*, 28(1-2):3–71, 1988.

[78] J. Fodor and E. Lepore. All at sea in semantic space: Churchland on meaning similarity. *Journal of Philosophy*, 96(8):381–403, 1999.

[79] G. Frege. Über sinn und bedeutung. In *Funktion - Begriff - Bedeutung*,

Vol. 4 of *Sammlung Philosophie*. Vandenhoeck & Ruprecht, 1892.

[80] G. Frege. *The Foundations of Arithmetic: A Logico-Mathematical Enquiry Into the Concept of Number*. New York, NY, USA: Northwestern University Press, 1960.

[81] L.T.F. Gamut. *Logic, Language, and Meaning*. University of Chicago Press, 1990.

[82] A. d. Garcez and L. C. Lamb. Neurosymbolic AI: the 3rd wave. *Artificial Intelligence Review*, 2023.

[83] A. Geiger, I. Cases, L. Karttunen, and C. Potts. Posing fair generalization tasks for natural language inference. In *Proceedings of EMNLP-IJCNLP*, pp. 4485–4495, 2019.

[84] A. Geiger, K. Richardson, and C. Potts. Neural natural language inference models partially embed theories of lexical entailment and negation. In *Proceedings of BlackboxNLP*, pp. 163–173, 2020.

[85] G. Gentzen. Untersuchungen Über das logische Schließen I. *Mathematische Zeitschrift*, 35:176–210, 1935.

[86] B. Geurts and F. van der Slik. Monotonicity and processing load. *Journal of Semantics*, 22(1):97–117, 2005.

[87] M. Giulianelli, M. Del Tredici, and R. Fernández. Analysing lexical semantic change with contextualised word representations. In *Proceedings of ACL*, pp. 3960–3973, 2020.

[88] Y. Goldberg. A primer on neural network models for natural language processing. *arXiv:1510.00726*, 2015.

[89] E. Goodwin, K. Sinha, and T. J. O'Donnell. Probing linguistic systematicity. In *Proceedings of ACL*, pp. 1958–1969, 2020.

[90] C. Greenberg, A. Sayeed, and V. Demberg. Improving unsupervised vector-space thematic fit evaluation via role-filler prototype clustering. In *Proceedings of NAACL-HLT*, pp. 21–31, 2015.

[91] P. Grice. *Studies in the Way of Words*. Harvard University Press, 1991.

[92] J. Groenendijk and M. Stokhof. Two theories of dynamic semantics. In *JELIA*, 1990.

[93] N. Gupta, K. Lin, D. Roth, S. Singh, and M. Gardner. Neural module

networks for reasoning over text. In *Proceedings of ICLR*, 2020.

[94] S. Gururangan, S. Swayamdipta, O. Levy, R. Schwartz, S. Bowman, and N. A. Smith. Annotation artifacts in natural language inference data. In *Proceedings of NAACL-HLT*, pp. 107–112, 2018.

[95] W. L. Hamilton, J. Leskovec, and D. Jurafsky. Diachronic word embeddings reveal statistical laws of semantic change. In *Proceedings of ACL*, pp. 1489–1501, 2016.

[96] G. Harman. Notes on practical reasoning.

[97] G. Harman. (nonsolipsistic) conceptual role semantics. In *New Directions in Semantics*, pp. 55–81. Academic Press, 1987.

[98] G. Harman. Practical reasoning. In *Review of Metaphysics*, pp. 431–463. Oxford University Press, 1997.

[99] Z. S. Harris. Distributional structure. *WORD*, 10(2-3):146–162, 1954.

[100] I. Heim and A. Kratzer. *Semantics in Generative Grammar*. Blackwell, 1998.

[101] D. Hendrycks, C. Burns, S. Basart, A. Zou, and J. Steinhardt *et al.* Measuring massive multitask language understanding. In *Proceedings of ICLR*, 2021.

[102] J. Hewitt and C. D. Manning. A structural probe for finding syntax in word representations. In *Proceedings of NAACL-HLT*, pp. 4129–4138, 2019.

[103] J. Higginbotham. *Tense, Aspect, and Indexicality*. Oxford University Press, 2010.

[104] G. E. Hinton, S. Osindero, and Y. Teh. A fast learning algorithm for deep belief nets. *Neural Computation.*, 18(7):1527–1554, 2006.

[105] S. Hochreiter and J. Schmidhuber. Long short-term memory. *Neural Computation*, 9(8):1735–1780, 1997.

[106] J. Hockenmaier and M. Steedman. CCGbank: A corpus of CCG derivations and dependency structures extracted from the Penn Treebank. *Computational Linguistics*, 33(3):355–396, 2007.

[107] H. Hoji. Logical Form Constraints and Configurational Structures in Japanese. PhD thesis, University of Washington, 1985.

[108] L. Horn. *On the Semantic Properties of Logical Operators in English.* PhD thesis, University of California, 1972.

[109] L. R. Horn. Metalinguistic negation and pragmatic ambiguity. *Language*, 61(1):121–174, 1985.

[110] L. R. Horn. *A Natural History of Negation.* The David Hume series, philosophy and cognitive science reissues. CSLI Publications, 2001.

[111] W. A. Howard. The formulae-as-types notion of construction. In *To H. B. Curry: Essays on Combinatory Logic, Lambda Calculus, and Formalism.* Academic Press, 1980.

[112] H. Hu, Q. Chen, K. Richardson, A. Mukherjee, L. S. Moss, and S. Kuebler. MonaLog: a lightweight system for natural language inference based on monotonicity. In *Proceedings of SCiL*, pp. 334–344, 2020.

[113] H. Hu and L. Moss. Polarity computations in flexible categorial grammar. In *Proceedings of *SEM*, pp. 124–129, 2018.

[114] T. Icard and L. Moss. Recent progress on monotonicity. *Linguistic Issues in Language Technology*, 9(7):167–194, 2014.

[115] G. Jawahar, B. Sagot, and D. Seddah. What does BERT learn about the structure of language? In *Proceedings of ACL*, pp. 3651–3657, 2019.

[116] P. Jeretic, A. Warstadt, S. Bhooshan, and A. Williams. Are natural language inference models IMPPRESsive? Learning IMPlicature and PRESupposition. In *Proceedings of ACL*, pp. 8690–8705, 2020.

[117] K. Johnson. On the systematicity of language and thought. *Journal of Philosophy*, 101(3):111–139, 2004.

[118] A. K. Joshi. *Tree adjoining grammars: How much context-sensitivity is required to provide reasonable structural descriptions?*, pp. 206–250. Studies in Natural Language Processing. Cambridge University Press, 1985.

[119] A. K. Joshi and Y. Schabes. Tree-adjoining grammars. In *Handbook of Formal Languages*, pp. 69–123. Springer, 1997.

[120] P. Joshi, S. Aditya, A. Sathe, and M. Choudhury. TaxiNLI: Taking a ride up the NLU hill. In *Proceedings of CoNLL*, pp. 41–55, 2020.

[121] D. Jurafsky and J. H. Martin. *Speech and Language Processing : An In-*

troduction to Natural Language Processing, Computational Linguistics, and Speech Recognition. Pearson Prentice Hall, 2000.

[122] N. Kadmon. *Formal Pragmatics: Semantics, Pragmatics, Preposition, and Focus.* Wiley, 2001.

[123] D. Kahneman. *Thinking, Fast and Slow.* Farrar, Straus and Giroux, 2011.

[124] A. Kalouli, R. Crouch, and V. de Paiva. Hy-NLI: A hybrid system for natural language inference. In *Proceedings of COLING*, pp. 5235–5249, 2020.

[125] H. Kamp. A theory of truth and semantic representation. In *Formal Semantics - the Essential Readings*, pp. 189–222. Blackwell, 1981.

[126] H. Kamp and U. Reyle. *From Discourse to Logic: Introduction to Modeltheoretic Semantics of Natural Language, Formal Logic and Discourse Representation Theory.* Dordrecht: Kluwer Academic Publishers, 1993.

[127] J. Kaplan, S. McCandlish, T. Henighan, T. B. Brown, and D. Amodei *et al.* Scaling laws for neural language models. 2020.

[128] L. Karttunen and S. Peters. Conventional implicatures. In *Syntax and Semantics 11: Presupposition*, pp. 1–56. Academic Press, 1979.

[129] H. A. Kautz. The third AI summer: AAAI robert s. engelmore memorial lecture. *AI Magazine*, 43:105–125, 2022.

[130] A. Kawazoe, R. Tanaka, K. Mineshima, and D. Bekki. An inference problem set for evaluating semantic theories and semantic processing systems for Japanese. In *New Frontiers in Artificial Intelligence*, pp. 58–65. Springer International Publishing, 2017.

[131] D. Keysers, N. Schärli, N. Scales, H. Buisman, and O. Bousquet *et al.* Measuring compositional generalization: A comprehensive method on realistic data. In *Proceedings of ICLR*, 2020.

[132] N. Kim and T. Linzen. COGS: A compositional generalization challenge based on semantic interpretation. In *Proceedings of EMNLP*, pp. 9087–9105, 2020.

[133] P. Kingsbury and M. Palmer. PropBank: The next level of treebank. In *Proceedings of Treebanks and Lexical Theories*, 2003.

[134] N. Kitaev, S. Cao, and D. Klein. Multilingual constituency parsing with self-attention and pre-training. In *Proceedings of ACL*, pp. 3499–3505, 2019.

[135] T. Kojima, S. S. Gu, M. Reid, Y. Matsuo, and Y. Iwasawa. Large language models are zero-shot reasoners. In *Proceedings of NeurIPS*, pp. 22199–22213, 2022.

[136] K. Koyano, H. Yanaka, K. Mineshima, and D. Bekki. Annotating Japanese numeral expressions for a logical and pragmatic inference dataset. In *Proceedings of the 18th Joint ACL - ISO Workshop on Interoperable Semantic Annotation within LREC2022*, pp. 127–132, 2022.

[137] Y. Kubota, K. Mineshima, N. Hayashi, and S. Okano. Development of a general-purpose categorial grammar treebank. In *Proceedings of LREC*, pp. 5195–5201, 2020.

[138] R. Kumon, D. Matsuoka, and H. Yanaka. Evaluating structural generalization in neural machine translation. In *Findings of ACL*, pp. 13220–13239, 2024.

[139] T. Kurosawa and H. Yanaka. Does character-level information always improve DRS-based semantic parsing? In *Proceedings of *SEM*, pp. 249–258, 2023.

[140] A. Kutuzov, L. Øvrelid, T. Szymanski, and E. Velldal. Diachronic word embeddings and semantic shifts: a survey. In *Proceedings of COLING*, pp. 1384–1397, 2018.

[141] B. M. Lake and M. Baroni. Generalization without systematicity: On the compositional skills of sequence-to-sequence recurrent networks. In *Proceedings of ICML*, 2017.

[142] B. M. Lake and M. Baroni. Human-like systematic generalization through a meta-learning neural network. *Nature*, 623:115–121, 2023.

[143] G. Lakoff. Global rules. *Language*, 46(3):627–639, 1970.

[144] J. Lambek. The mathematics of sentence structure. *The American Mathematical Monthly*, 65(3):154–170, 1958.

[145] G. Lample and F. Charton. Deep learning for symbolic mathematics. In *Proceedings of ICLR*, 2020.

[146] Z. Lan, M. Chen, S. Goodman, K. Gimpel, and R. Soricut *et al.* AL-

BERT: A lite BERT for self-supervised learning of language representations. In *ICLR*, 2020.

[147] J. H. Lau, A. Clark, and S. Lappin. Grammaticality, acceptability, and probability: A probabilistic view of linguistic knowledge. *Cognitive Science*, 41(5):1202–1241, 2017.

[148] S. C. Levinson. *Pragmatics*. Cambridge Textbooks in Linguistics. Cambridge University Press, 1983.

[149] O. Levkovskyi and W. Li. Generating predicate logic expressions from natural language. In *SoutheastCon 2021*, pp. 1–8, 2021.

[150] M. Lewis, K. Lee, and L. Zettlemoyer. LSTM CCG parsing. In *Proceedings of NAACL-HLT*, pp. 221–231, 2016.

[151] M. Lewis and M. Steedman. Combined distributional and logical semantics. *TACL*, 1:179–192, 2013.

[152] B. Li, L. Donatelli, A. Koller, T. Linzen, and N. Kim *et al*. SLOG: A structural generalization benchmark for semantic parsing. In *Proceedings of EMNLP*, pp. 3213–3232, 2023.

[153] X. Li, G. Cheng, Z. Chen, Y. Sun, and Y. Qu. AdaLoGN: Adaptive logic graph network for reasoning-based machine reading comprehension. In *Proceedings of ACL*, pp. 7147–7161, 2022.

[154] T. Linzen. How can we accelerate progress towards human-like linguistic generalization? In *Proceedings of ACL*, pp. 5210–5217, 2020.

[155] T. Linzen and M. Baroni. Syntactic structure from deep learning. *Annual Review of Linguistics*, 7(1):195–212, 2021.

[156] T. Linzen, E. Dupoux, and Y. Goldberg. Assessing the ability of LSTMs to learn syntax-sensitive dependencies. *TACL*, 4:521–535, 2016.

[157] T. Linzen and B. Leonard. Distinct patterns of syntactic agreement errors in recurrent networks and humans. In *Proceedings of CogSci*, 2018.

[158] H. Liu, R. Ning, Z. Teng, J. Liu, and Y. Zhang *et al*. Evaluating the logical reasoning ability of ChatGPT and GPT-4. *arXiv:2304.03439*, 2023.

[159] N. F. Liu, R. Schwartz, and N. A. Smith. Inoculation by fine-tuning:

A method for analyzing challenge datasets. In *Proceedings of NAACL-HLT*, pp. 2171–2179, 2019.

[160] Y. Liu, M. Ott, N. Goyal, J. Du, and V. Stoyanov *et al.* RoBERTa: A robustly optimized BERT pretraining approach, 2019.

[161] E. Manino, J. Rozanova, D. Carvalho, A. Freitas, and L. Cordeiro. Systematicity, compositionality and transitivity of deep NLP models: A metamorphic testing perspective. In *Findings of ACL*, pp. 2355–2366, 2022.

[162] C. D. Manning, K. Clark, J. Hewitt, U. Khandelwal, and O. Levy. Emergent linguistic structure in artificial neural networks trained by self-supervision. *Proceedings of the National Academy of Sciences*, 2020.

[163] M. Marelli, S. Menini, M. Baroni, L. Bentivogli, and R. Zamparelli *et al.* A SICK cure for the evaluation of compositional distributional semantic models. In *Proceedings of LREC*, pp. 216–223, 2014.

[164] P. Martínez-Gómez, K. Mineshima, Y. Miyao, and D. Bekki. ccg2lambda: A compositional semantics system. In *Proceedings of ACL System Demonstrations*, pp. 85–90, 2016.

[165] P. Martínez-Gómez, K. Mineshima, Y. Miyao, and D. Bekki. On-demand injection of lexical knowledge for recognising textual entailment. In *Proceedings of EACL*, pp. 710–720, 2017.

[166] M. Mathijs and Z. Willem. Siamese recurrent networks learn first-order logic reasoning and exhibit zero-shot compositional generalization. *arXiv:1906.00180*, 2019.

[167] Y. Matsumoto. The conversational condition on horn scales. *Linguistics and Philosophy*, 18:21–60, 1995.

[168] T. McCoy, E. Pavlick, and T. Linzen. Right for the wrong reasons: Diagnosing syntactic heuristics in natural language inference. In *Proceedings of ACL*, pp. 3428–3448, 2019.

[169] H. Mercier and D. Sperber. Why do humans reason? Arguments for an argumentative theory. *Behavioral and Brain Sciences*, 34(2), 2011.

[170] E. Metheniti, T. Van de Cruys, and N. Hathout. How relevant are selectional preferences for transformer-based language models? In *Proceedings of COLING*, pp. 1266–1278, 2020.

[171] T. Mickus, D. Paperno, M. Constant, and K. van Deemter. What do you mean, BERT? In *Proceedings of SCiL*, pp. 279–290, 2020.

[172] T. Mikolov, M. Karafit, L. Burget, J. Cernock, and S. Khudanpur. Recurrent neural network based language model. In *Proceedings of IN-TERSPEECH*, pp. 1045–1048, 2010.

[173] T. Mikolov, I. Sutskever, K. Chen, G. S. Corrado, and J. Dean. Distributed representations of words and phrases and their compositionality. In *Proceedings of NeurIPS*, pp. 3111–3119, 2013.

[174] G. A. Miller. WordNet: A lexical database for English. In *Proceedings of HLT*, 1992.

[175] K. Mineshima, P. Martínez-Gómez, Y. Miyao, and D. Bekki. Higher-order logical inference with compositional semantics. In *Proceedings of EMNLP*, 2015.

[176] K. Mineshima, R. Tanaka, P. Martínez-Gómez, Y. Miyao, and D. Bekki. Building compositional semantics and higher-order inference system for a wide-coverage Japanese CCG parser. In *Proceedings of EMNLP*, pp. 2236–2242, 2016.

[177] M. Minsky and S. Papert. *Perceptrons: An Introduction to Computational Geometry*. MIT Press, 1969.

[178] E. Mitchell, C. Finn, and C. Manning. Challenges of acquiring compositional inductive biases via meta-learning. In *AAAI Workshop on Meta-Learning and MetaDL Challenge*, Vol. 140 of *Proceedings of Machine Learning Research*, pp. 138–148, 2021.

[179] J. Mitchell and M. Lapata. Composition in distributional models of semantics. *Cognitive Science*, 34(8):1388–1429, 2010.

[180] R. Montague. Universal grammar. *Theoria*, 36(3):373–398, 1970.

[181] R. Montague. The proper treatment of quantification in ordinary English. In *Approaches to Natural Lanquaqe*, pp. 221–242. Reidel, 1973.

[182] R. Montague. *Formal Philosophy: Selected Papers of Richard Montague*. Yale University Press, 1974.

[183] N. Murakami, M. Ishida, Y. Takahashi, H. Yanaka, and D. Bekki. Knowledge injection for disease names in logical inference between Japanese clinical texts. In *Proceedings of the 5th Clinical Natural Lan-*

guage Processing Workshop, pp. 108–117, 2023.

[184] R. Muskens. Combining Montague semantics and discourse representation. *Linguistics and Philosophy*, 19(2):143–186, 1996.

[185] R. Muskens. An analytic tableau system for natural logic. In *Logic, Language and Meaning*, pp. 104–113. Springer Berlin Heidelberg, 2010.

[186] Y. Nie, Y. Wang, and M. Bansal. Analyzing compositionality-sensitivity of NLI models. In *Proceedings of AAAI*, pp. 6867–6874, 2019.

[187] J. Niu, W. Lu, and G. Penn. Does BERT rediscover a classical NLP pipeline? In *Proceedings of COLING*, pp. 3143–3153, 2022.

[188] J. Nivre, D. Zeman, F. Ginter, and F. Tyers. Universal Dependencies. In *Proceedings of EACL: Tutorial Abstracts*, 2017.

[189] H. Ono. *Structural Rules and a Logical Hierarchy*, pp. 95–104. Springer US, 1990.

[190] OpenAI. GPT-4 technical report. *arXiv:2303.08774*, 2023.

[191] L. Ouyang, J. Wu, X. Jiang, D. Almeida, and R. Lowe *et al.* Training language models to follow instructions with human feedback. In *Proceedings of NeurIPS*, 2022.

[192] D. Özyıldız, C. Qing, F. Roelofsen, M. Romero, and W. Uegaki. A crosslinguistic database for combinatorial and semantic properties of attitude predicates. In *Proceedings of the 5th Workshop on Research in Computational Linguistic Typology and Multilingual NLP*, pp. 65–75, 2023.

[193] G. Pantazopoulos, A. Suglia, and A. Eshghi. Combine to describe: Evaluating compositional generalization in image captioning. In *Proceedings of ACL Student Research Workshop*, pp. 115–131, 2022.

[194] T. Parsons. *Events in the Semantics of English: A Study in Subatomic Semantics*. MIT Press, 1990.

[195] B. H. Partee, A. ter Meulen, and R. E. Wall. *Mathematical Methods in Linguistics. Corrected first edition.* Kluwer Academic Publishers, 1990.

[196] E. Pavlick. Semantic structure in deep learning. *Annual Review of Linguistics*, 8(1):447–471, 2022.

[197] M. Pentus. Lambek grammars are context free. In *[1993] Proceedings*

Eighth Annual IEEE Symposium on Logic in Computer Science, pp. 429–433, 1993.

[198] M. E. Peters, M. Neumann, M. Iyyer, M. Gardner, and L. Zettlemoyer *et al.* Deep contextualized word representations. In *Proceedings of NAACL-HLT*, pp. 2227–2237, 2018.

[199] F. Petroni, T. Rocktäschel, S. Riedel, P. Lewis, and A. Miller *et al.* Language models as knowledge bases? In *Proceedings of EMNLP-IJCNLP*, pp. 2463–2473, 2019.

[200] A. Poliak, A. Haldar, R. Rudinger, J. E. Hu, and B. Van Durme *et al.* Collecting diverse natural language inference problems for sentence representation evaluation. In *Proceedings of EMNLP*, pp. 67–81, 2018.

[201] C. Pollard and I. A. Sag. *Head-Driven Phrase Structure Grammar*. The University of Chicago Press, 1994.

[202] P. H. Portner and B. H. Partee (Ed.) *Formal Semantics - the Essential Readings*. Blackwell, 2002.

[203] A. Prior, P. Hasle, P. Øhrstrøm, J. Copeland, and T. Braüner. *Papers on Time and Tense*. Oxford University Press, 2003.

[204] Open Logic Project. The open logic text, 2024. `https://builds.openlogicproject.org/open-logic-complete.pdf`.

[205] J. Pustejovsky. *The Generative Lexicon*. MIT Press, 1998.

[206] L. Qiu, P. Shaw, P. Pasupat, P. Nowak, and K. Toutanova *et al.* Improving compositional generalization with latent structure and data augmentation. In *Proceedings of NAACL-HLT*, pp. 4341–4362, 2022.

[207] R. T. McCoy, E. Grant, P. Smolensky, T. L. Griffiths and T. Linzen. Universal linguistic inductive biases via meta-learning. In *Proceedings of CogSci*, 2020.

[208] A. Radford and K. Narasimhan. Improving language understanding by generative pre-training. 2018.

[209] A. Radford, J. Wu, R. Child, D. Luan, and I. Sutskever *et al.* Language models are unsupervised multitask learners. 2019.

[210] R. Rafailov, A. Sharma, E. Mitchell, C. D. Manning, and C. Finn *et al.* Direct preference optimization: Your language model is secretly

a reward model. In *Thirty-seventh Conference on Neural Information Processing Systems*, 2023.

[211] C. Raffel, N. Shazeer, A. Roberts, K. Lee, and P. J. Liu *et al.* Exploring the limits of transfer learning with a unified text-to-text transformer. *J. Mach. Learn. Res.*, 21:1–67, 2020.

[212] G. Restall. *An Introduction to Substructural Logics*. Routledge, 2000.

[213] K. Richardson, H. Hu, L. S. Moss, and A. Sabharwal. Probing natural language inference models through semantic fragments. In *Proceedings of AAAI*, 2020.

[214] F. Rosenblatt. The perceptron: A probabilistic model for information storage and organization in the brain. *Psychological Review*, 65(6):386–408, 1958.

[215] A. Ross and E. Pavlick. How well do NLI models capture verb veridicality? In *Proceedings of EMNLP-IJCNLP*, pp. 2230–2240, 2019.

[216] O. Rozen, V. Shwartz, R. Aharoni, and I. Dagan. Diversify your datasets: Analyzing generalization via controlled variance in adversarial datasets. In *Proceedings of CoNLL*, pp. 196–205, 2019.

[217] D. E. Rumelhart, G. E. Hinton, and R. J. Williams. Learning representations by back-propagating errors. *Nature*, 323(6088):533–536, 1986.

[218] J. Ruppenhofer, M. Ellsworth, M. Schwarzer-Petruck, C. R. Johnson, and J. Scheffczyk. FrameNet II: Extended theory and practice. Working paper, International Computer Science Institute, 2016.

[219] S. Saha, Y. Nie, and M. Bansal. ConjNLI: Natural language inference over conjunctive sentences. In *Proceedings of EMNLP*, pp. 8240–8252, 2020.

[220] M. Saito. *Some Asymmetries in Japanese and Their Theoretical Implications*. PhD thesis, Massachusetts Institute of Technology, 1985.

[221] E. Santus, E. Chersoni, A. Lenci, and P. Blache. Measuring thematic fit with distributional feature overlap. In *Proceedings of EMNLP*, pp. 648–658, 2017.

[222] P. Schroeder-Heister. Proof-theoretic semantics. In *The Stanford Encyclopedia of Philosophy*. Metaphysics Research Lab, Stanford University, Spring 2024 edition, 2024.

[223] K. K. Schuler and M. S. Palmer. *VerbNet: A Broad-Coverage, Comprehensive Verb Lexicon*. PhD thesis, University of Pennsylvania, 2006.

[224] J. Schulman, F. Wolski, P. Dhariwal, A. Radford, and O. Klimov. Proximal policy optimization algorithms. *arXiv:1707.06347*, 2017.

[225] J. S. She, C. Potts, S. R. Bowman, and A. Geiger. ScoNe: Benchmarking negation reasoning in language models with fine-tuning and in-context learning. In *Proceedings of ACL*, pp. 1803–1821, 2023.

[226] D. Silver, A. Huang, C. J. Maddison, A. Guez, and D. Hassabis *et al.* Mastering the game of Go with deep neural networks and tree search. *Nature*, 529:484–489, 2016.

[227] K. Sinha, S. Sodhani, J. Dong, J. Pineau, and W. L. Hamilton. CLUTRR: A diagnostic benchmark for inductive reasoning from text. In *Proceedings of EMNLP-IJCNLP*, pp. 4506–4515, 2019.

[228] P. Smolensky. Tensor product variable binding and the representation of symbolic structures in connectionist systems. *Artificial Intelligence*, 46(1):159–216, 1990.

[229] P. Smolensky, M. Lee, X. He, W. tau Yih, and L. Deng *et al.* Basic reasoning with tensor product representations, 2016.

[230] T. Someya and Y. Oseki. JBLiMP: Japanese benchmark of linguistic minimal pairs. In *Findings of the Association for Computational Linguistics: EACL 2023*, pp. 1581–1594, 2023.

[231] A. V. Stechow. Comparing semantic theories of comparison. *Journal of Semantics*, 3(1-2):1–77, 1984.

[232] M. Steedman. *Surface Structure and Interpretation*. Linguistic inquiry monographs. MIT Press, 1996.

[233] M. Steedman. *The Syntactic Process*. MIT Press, 2001.

[234] I. Sutskever, O. Vinyals, and Q. V. Le. Sequence to sequence learning with neural networks. In *Proceedings of NeurIPS*, pp. 3104–3112, 2014.

[235] Z. G. Szabó. Compositionality. In *The Stanford Encyclopedia of Philosophy*. Metaphysics Research Lab, Stanford University, Fall 2022 edition, 2022.

[236] S. Szabó (Ed.) *The Collected Papers of Gerhard Gentzen*. North Hol-

land, 1969.

[237] Z. G. Szabó. Adjectives in context. In *Arguing About Language*. Routledge, 2009.

[238] G. Takeuti. *Proof Theory: Second Edition*. North-Holland, 2013.

[239] I. Tenney, D. Das, and E. Pavlick. BERT rediscovers the classical NLP pipeline. In *Proceedings of ACL*, pp. 4593–4601, 2019.

[240] T. Thrush, E. Wilcox, and R. Levy. Investigating novel verb learning in BERT: Selectional preference classes and alternation-based syntactic generalization. In *Proceedings of BlackboxNLP*, pp. 265–275, 2020.

[241] R. Tian, N. Okazaki, and K. Inui. The mechanism of additive composition. *Machine Learning*, 106:1083–1130, 2017.

[242] A. Tomihari and H. Yanaka. Logic-based inference with phrase abduction using vision-and-language models. *IEEE Access*, 11:45645–45656, 2023.

[243] N. K. Tran and W. Cheng. Multiplicative tree-structured long short-term memory networks for semantic representations. In *Proceedings of *SEM*, pp. 276–286, 2018.

[244] T. Tran and Y. Miyao. Development of a multilingual CCG treebank via Universal Dependencies conversion. In *Proceedings of LREC*, pp. 5220–5233, 2022.

[245] C. Travis. On constraints of generality. *Proceedings of the Aristotelian Society*, 94:165–188, 1994.

[246] M. Tsuchiya. Performance impact caused by hidden bias of training data for recognizing textual entailment. In *Proceedings of LREC*, 2018.

[247] L. Tunstall, L. von Werra, and T. Wolf. *Natural Language Processing with Transformers*. O'Reilly Media, 2022.

[248] S. Uematsu, T. Matsuzaki, H. Hanaoka, Y. Miyao, and H. Mima. Integrating multiple dependency corpora for inducing wide-coverage Japanese CCG resources. In *Proceedings of ACL*, pp. 1042–1051, 2013.

[249] A. Ueyama. *Two Types of Dependency*. PhD thesis, University of Southern California, 1998.

[250] R. A. Van Der Sandt. Presupposition projection as anaphora resolution.

Journal of Semantics, 9(4):333–377, 1992.

[251] T. van Gelder. Compositionality: A connectionist variation on a classical theme. *Cognitive Science*, 14(3):355–384, 1990.

[252] R. van Noord, L. Abzianidze, A. Toral, and J. Bos. Exploring neural methods for parsing discourse representation structures. *TACL*, 6:619–633, 2018.

[253] R. van Noord, A. Toral, and J. Bos. Character-level representations improve DRS-based semantic parsing even in the age of BERT. In *Proceedings of EMNLP*, pp. 4587–4603, 2020.

[254] A. Vaswani, N. Shazeer, N. Parmar, J. Uszkoreit, and I. Polosukhin *et al.* Attention is all you need. In *Proceedings of NeurIPS*, 2017.

[255] K. von Fintel and I. Heim. Intensional semantics, 1997-2021. `https://github.com/fintelkai/fintel-heim-intensional-notes`

[256] A. Wang, Y. Pruksachatkun, N. Nangia, A. Singh, and S. Bowman *et al.* SuperGLUE: A stickier benchmark for general-purpose language understanding systems. In *Proceedings of NeurIPS*, pp. 3266–3280, 2019.

[257] A. Wang, A. Singh, J. Michael, F. Hill, and S. Bowman *et al.* GLUE: A multi-task benchmark and analysis platform for natural language understanding. In *Proceedings of ICLR*, 2019.

[258] B. Wang, M. Lapata, and I. Titov. Meta-learning for domain generalization in semantic parsing. In *Proceedings of NAACL-HLT*, pp. 366–379, 2021.

[259] A. Warstadt, A. Parrish, H. Liu, A. Mohananey, and S. R. Bowman *et al.* BLiMP: The benchmark of linguistic minimal pairs for English. *TACL*, 8:377–392, 2020.

[260] A. Warstadt, A. Singh, and S. R. Bowman. Neural network acceptability judgments. *TACL*, 7:625–641, 2019.

[261] J. Wei, Y. Tay, R. Bommasani, C. Raffel, and W. Fedus *et al.* Emergent abilities of large language models. *Transactions on Machine Learning Research*, 2022.

[262] J. Wei, X. Wang, D. Schuurmans, M. Bosma, and D. Zhou *et al.* Chain-of-thought prompting elicits reasoning in large language models. *arXiv:2201.11903*, 2023.

[263] D. J. Weir and A. K. Joshi. Combinatory Categorial Grammars: Generative power and relationship to linear context-free rewriting systems. In *Proceedings of ACL*, pp. 278–285, 1988.

[264] A. Williams, N. Nangia, and S. Bowman. A broad-coverage challenge corpus for sentence understanding through inference. In *Proceedings of NAACL-HLT*, pp. 1112–1122, 2018.

[265] Y. Winter. *Elements of Formal Semantics: An Introduction to the Mathematical Theory of Meaning in Natural Language*. Edinburgh University Press, 2016.

[266] R. Yamaki, T. Taniguchi, and D. Mochihashi. Holographic CCG parsing. In *Proceedings of ACL*, pp. 262–276, 2023.

[267] Y. Yana, K. Mineshima, and D. Bekki. Variable handling and compositionality: Comparing drt and dts. *Journal of Logic, Language and Information*, 28(2):261–285, 2019.

[268] H. Yanaka and K. Mineshima. Compositional evaluation on Japanese textual entailment and similarity. *TACL*, 10:1266–1284, 2022.

[269] H. Yanaka, K. Mineshima, D. Bekki, and K. Inui. Do neural models learn systematicity of monotonicity inference in natural language? In *Proceedings of ACL*, pp. 6105–6117, 2020.

[270] H. Yanaka, K. Mineshima, D. Bekki, K. Inui, and J. Bos *et al.* Can neural networks understand monotonicity reasoning? In *Proceedings of BlackboxNLP*, pp. 31–40, 2019.

[271] H. Yanaka, K. Mineshima, and K. Inui. SyGNS: A systematic generalization testbed based on natural language semantics. In *Findings of ACL-IJCNLP*, pp. 103–119, 2021.

[272] H. Yanaka, K. Mineshima, P. Martínez-Gómez, and D. Bekki. Acquisition of phrase correspondences using natural deduction proofs. In *Proceedings of NAACL-HLT*, pp. 756–766, 2018.

[273] Z. Yang, Z. Dai, Y. Yang, J. Carbonell, and Q. V. Le *et al.* XLNet: Generalized autoregressive pretraining for language understanding. In *Proceedings of NeurIPS*, 2019.

[274] Z. Yao, Y. Sun, W. Ding, N. Rao, and H. Xiong. Dynamic word embeddings for evolving semantic discovery. In *Proceedings of the*

Eleventh ACM International Conference on Web Search and Data Mining, WSDM '18, pp. 673–681, 2018.

[275] D. Yenicelik, F. Schmidt, and Y. Kilcher. How does BERT capture semantics? a closer look at polysemous words. In *Proceedings of BlackboxNLP*, pp. 156–162, 2020.

[276] H. Zeevat. A compositional approach to discourse representation theory. *Linguistics and Philosophy*, 12(1):95–131, 1989.

[277] W. Zeng and B. Coecke. Quantum algorithms for compositional natural language processing. In *Proceedings of the 2016 Workshop on Semantic Spaces at the Intersection of NLP, Physics and Cognitive Science*, pp. 67–75, 2016.

[278] H. Zhang, H. Ding, and Y. Song. SP-10K: A large-scale evaluation set for selectional preference acquisition. In *Proceedings of ACL*, pp. 722–731, 2019.

[279] 山田育矢（監修／著），鈴木正敏，山田康輔，李凌寒矢（著）．大規模言語モデル入門．技術評論社，2023.

[280] 斎藤康毅．ゼロから作る Deep Learning 2．オライリー・ジャパン，2018.

[281] 辻井潤一．合理主義と経験主義のはざまで：内的な処理の計算モデル．人工知能，27(3):273–283，2012.

[282] 萩谷昌己，西崎真也．論理と計算のしくみ．岩波書店，2007.

[283] 人工知能学会（編）．人工知能学大事典．共立出版，2017.

[284] 小林千真，相田太一，岡照晃，小町守．BERT を用いた日本語の意味変化の分析．自然言語処理，30(2):713–747，2023.

[285] 戸次大介．日本語文法の形式理論．くろしお出版，2010.

[286] 戸次大介．合理主義言語学における部分構造論理．人工知能，27(3):304–309，2012.

[287] 戸次大介．数理論理学．東京大学出版会，2012.

[288] 戸次大介．情報解析学．2017.

[289] 奥村学（監修），高村大也（著）．言語処理のための機械学習入門．コロナ社，2010.

[290] 大西琢朗．論理学．昭和堂，2021.

[291] 岡崎直観, 荒瀬由紀, 鈴木潤, 鶴岡慶雅, 宮尾祐介. 自然言語処理の基礎. オーム社, 2022.

[292] 黒橋禎夫. 自然言語処理〔三訂版〕. 放送大学教育振興会, 2023.

[293] 田中拓郎. 形式意味論入門. 開拓社, 2016.

[294] 谷中瞳, 峯島宏次. AI は言語の基盤を獲得するか：推論の体系性の観点から. 認知科学, 31(1), 2024.

[295] 谷中瞳, 峯島宏次, P. Martínez-Gómez, 戸次大介. 自然演繹に基づく論理推論の文間類似度学習・含意関係認識への応用. 自然言語処理, 25(3):295–324, 2018.

[296] 坪井祐太, 海野裕也, 鈴木潤. 深層学習による自然言語処理. 講談社, 2017.

[297] 鹿島亮. 数理論理学. 朝倉書店, 2009.

[298] 戸田山和久. 心は（どんな）コンピュータなのか：古典的計算主義 vs. コネクショニズム. シリーズ心の哲学 II　ロボット篇, pp. 27–84. 勁草書房, 2004.

索 引

な 行

著者紹介

谷中　瞳　博士（工学）

2018 年東京大学大学院工学系研究科システム創成学専攻博士課程修了．
理化学研究所革新知能統合研究センター特別研究員，東京大学大学院情
報理工学系研究科講師を経て，東京大学大学院情報理工学系研究科准教
授（卓越研究員）．理化学研究所革新知能統合研究センター客員研究員も
兼任．計算言語学や自然言語処理に関する研究に従事し，2022 年に船井
研究奨励賞，2024 年に文部科学大臣表彰若手科学者賞を受賞している．

NDC007　280p　21cm

ことばの意味を計算するしくみ
計算言語学と自然言語処理の基礎

2024 年 10 月 9 日　　第 1 刷発行
2024 年 10 月 31 日　　第 2 刷発行

著　者　　谷中　瞳

発行者　　篠木和久

発行所　　株式会社　講談社
　　　　　〒 112-8001　東京都文京区音羽 2-12-21
　　　　　　　販売　(03)5395-5817
　　　　　　　業務　(03)5395-3615

KODANSHA

編　集　　株式会社　講談社サイエンティフィク
　　　　　代表　堀越俊一
　　　　　〒 162-0825　東京都新宿区神楽坂 2-14　　ノービィビル
　　　　　　　編集　(03)3235-3701

本文データ制作　藤原印刷株式会社
印刷・製本　株式会社ＫＰＳプロダクツ

Printed in Japan

ISBN 978-4-06-536984-5

講談社の自然科学書

※表示価格には消費税（10%）が加算されています。　　　　　「2024年10月現在」

講談社サイエンティフィク　https://www.kspub.co.jp/